경영수학

기본과 핵심

Business Mathematics
The Fundamentals and Core

조 건 · 김재윤

도서출판 청람

머리말

경영수학은 학생들이 기존의 다양한 수학적인 이론들을 먼저 습득한 후 이를 활용하여 다양한 경영관련 문제들을 해결할 수 있는 능력은 물론 합리적이고 논리적인 사고력을 향상시킬 수 있도록 도움을 주고자 하는 학문이다. 또한 경영수학은 대부분의 경영대학 학부에서 개설되고 있는 가장 기초적이면서도 중요한 과목 중의 하나이며 주로 한 학기용 교과목으로 운영된다. 그럼에도 불구하고 기존의 수많은 경영수학 한글교재들은 경영학과 관련된 내용뿐만 아니라 경제학이나 사회과학 전반에 관련된 내용들이 포괄적으로 포함되어 있음으로 인해 내용이 너무 방대하여 한 학기용 학부수준의 경영수학 교재로 사용하기에는 가성비가 매우 낮은 것이 사실이다. 이에 본 저자들은 순전히 경영학 관련 분야로만 한정하여 학부 수준의 경영학 전반을 공부하는 데 필요한 경영수학의 기본과 핵심개념들만을 모아 학생들이 이를 좀 더 쉽게 이해하고 활용할 수 있도록 정리함으로써 한 학기용 경영수학 한글교재로 적합한 본 교재를 발간하기로 결심하였다.

참고로, 본 저자들은 경영수학을 한글과 영어로 각각 20년과 15년 이상 동안 가르쳐오고 있는데 5년 전까지만 하더라도 한 학기용 영어교재 선정의 어려움으로 인하여 불가피하게 한글강의와 영어강의 모두 한글교재를 사용해 왔다. 물론 영어강의에서는 영어교재가 필요한 학생들을 위해 몇 권의 영어교재를 부교재로 소개해 주었지만 영어교재는 한글교재에 비해 가격이 상대적으로 비쌀 뿐만 아니라 대부분의 경영수학 관련 영어교재들 또한 경영수학 한글교재들과 마찬가지로 경영학과 관련된 내용뿐만 아니라 경제학이나 사회과학 전반에 관련된 내용을 포괄적으로 다루고 있기 때문에 한 학기용 경영수학 영어교재로 사용하기에는 무리가 있음을 실감하였다. 더군다나 글로벌화/세계화 추세로 인하여 각 대학의 경영학 전공 외국인 학생들이 급증함으로써 경영수학 수업을 영어로 진행하는 대학들 또한 급증하고 있었음에도 불구하고 한 학기용 경영수학 영어강의에 적합한 영어교재가 전무하다는 현실이 매우 안타까웠다. 이에 본 저자 중 한 명인 조 건 교수는 이러한 안타까운 현실을 극복해보고자 오로지 경영학 관련 분야로만 한정하여 한 학기용 교재로 적합한 경영수학 영어교재를 집필하기로 결심하고 2014년에 졸고『Business Mathematics – The Fundamentals and Core –』를 발간하였다.

본 교재는 2014년도에 발간된 이 영어교재를 근간으로 하여 김재윤 교수의 풍부한 경영수학 강의경험을 바탕으로 경영학을 공부하는 학생들이 수학의 기본과 핵심을 좀 더 알기쉽게 이해하고 습득한 지식들을 다양한 응용문제들을 해결하는 데 활용해볼 수 있도록 이를 좀 더 알기쉽고 상세하게 수정 · 보완한 것이다.

본 교재는 총 9장으로 구성되어 있다. 제1장에서는 집합, 명제, 절대값, 구간 등과 같은 본 교재에서 사용될 기본 개념들을 간략히 소개한다. 제2장에서는 함수와 관련된 여러 가지 핵심개념들을 소개하고, 제3장에서는 행렬의 정의와 행렬의 연산 및 다양한 종류의 행렬들을 소개한다. 제4장에서는 행렬식의 정의와 행렬식의 성질, 그리고 역행렬을 구하는 방법 등에 대해 살펴보고, 제5장에서는 세 가지의 기본 행 연산을 이용하여 1차연립방정식을 푸는 가우스 소거법과 가우스–조르단 소거법에 대해 설명한다. 제6장에서는 함수의 극한과 극한의 기본 성질, 그리고 함수의 연속성 등에 대해 살펴보고, 제7장에서는 미분의 정의 및 도함수 공식들, 그리고 로피탈의 정리 등을 소개하며, 제8장에서는 함수의 그래프를 그리는 방법에 대해 논의한다. 마지막으로 제9장에서는 지수함수와 로그함수의 도함수 구하는 방법과 연금의 미래가치, 선불연금의 미래가치, 연금의 현재가치, 선불연금의 현재가치 등과 같은 다양한 경영관련 응용문제들을 소개한다.

본 저자들은 본 교재를 집필함에 있어 나름대로 최선을 다했음에도 불구하고 혹시라도 본 교재에 오류가 있다면 이는 전적으로 저자들에게 모든 책임이 있음은 당연하다. 아울러 본 저자들은 본 교재와 관련된 어떠한 제안이나 충고의 말씀도 겸허하고 감사하게 수용할 것임을 약속드린다.

본 교재의 발간을 위해 노고를 아끼지 않으시고 열성을 다해 주신 도서출판 청람의 이수영 사장님을 비롯한 관계자 모든 분들께 깊은 감사의 말씀을 드린다. 마지막으로 가족들의 격려와 헌신적인 사랑에도 다시 한번 고마움을 전한다.

2019년 7월 용봉동에서

저자 일동

차례

| 제4장 | 행렬식

| 제5장 | 1차연립방정식

| 제6장 | 극한과 연속성

| 제7장 | 미분

| 제8장 | 함수의 그래프

| 제9장 | 지수함수와 로그함수

제 1 장

기본 개념

제 1 장 기본 개념

본 장에서는 본 교재에서 사용될 기본 개념들을 간략히 소개한다. 본 장에서 소개될 주제들은 집합(set)과 부분집합(subset)의 정의, 다양한 집합의 종류, 집합의 연산(set operations), 집합의 원소의 개수, 명제(proposition)의 정의, 필요충분조건(necessary and sufficient condition)과 동치(equivalent)의 개념, 절대값(absolute value), 그리고 구간(interval) 등이다.

1.1 집합의 기본

경영수학을 포함한 모든 수학의 응용 분야에서 가장 기본적인 개념 중 하나는 집합이다. 우리는 집합을 다음과 같이 직관적으로 간략히 정의할 수 있다.

정의 1.1 집합(Set)

집합은 어떤 대상들의 잘 정의된 모임(well-defined collection of objects)이다. 여기서 대상들(objects)은 숫자, 문자, 이름 등 어떤 것도 될 수 있다.

정의 1.1에서 매우 중요한 사실은 집합의 대상들은 잘 정의되어져야 한다는 것이다. 즉, 잘 정의되지 않는 대상들의 모임은 집합이 아니라는 것에 유의해야 한다.

예제 1.1

대상들의 모임인 다음 두 가지 예를 고려해보자.

1) 경영수학 수업을 수강하고 있는 모든 학생들의 모임

2) 경영수학 수업을 수강하고 있는 똑똑한 학생들의 모임

예제 1.1에서 모임 1)의 대상들은 명확하게 잘 정의되어 있기 때문에 모임 1)은 집합인 반면, 모임 2)에서는 대상이 되는 학생들의 똑똑함에 대한 공식적인 기준이 없어 대상들이 잘 정의되지 않기 때문에 모임 2)는 집합이 아니다.

정의 1.2 원소(Element)

집합의 각 대상을 원소라고 한다.

일반적으로 집합은 S, X, Y, A, B 등과 같이 대문자로 나타내고, 집합의 원소는 s, x, y, a, b 등과 같이 소문자로 나타낸다.

집합을 표현하는 방법으로는 원소나열법(tabular form)과 조건제시법(set-builder form)이 있다.

원소나열법에서는 모든 원소들을 중괄호 안에 쉼표로 구분하여 나열하고, 조건제시법에서는 중괄호 안을 수직선 "|"를 이용하여 두 부분으로 구분한 후 수직선 "|" 왼쪽에는 대표원소를, 수직선 "|" 오른쪽에는 대표원소가 충족해야 할 내용을 각각 기술한다.

예제 1.2

집합 X가 다섯 개의 원소 1, 3, 5, 7, 9로 구성되어 있다면 X는 다음과 같이 원소나열법으로 표현할 수 있다.

$$X = \{1, 3, 5, 7, 9\}$$

또한, X를 다음과 같이 조건제시법으로 표현할 수 있다.

$$X = \{x \mid x \text{는 홀수이고 } 1 \le x \le 10\}$$

이때 조건제시법으로 표현된 위 집합 X는 "x는 홀수이고 $1 \le x \le 10$을 만족하는 원소 x들의 집합"(혹은 "X는 원소 x들의 집합으로써 x는 홀수이고 $1 \le x \le 10$을 만족한다")라고 읽는다.

이제, 집합의 원소를 표현하는 데 유용한 표기법을 소개한다. 만약 x가 X의 원소라면 $x \in X$로 나타내고 "x는 X에 속한다"(혹은 "x는 X의 원소이다")라고 읽고, 만약 x가 X의 원소가 아니라면 $x \notin X$로 나타내고 "x는 X에 속하지 않는다"(혹은 "x는 X의 원소가 아니다")라고 읽는다.

예제 1.3

$X = \{1,3,5,7,9\}$라고 하자. 그러면 1은 X의 원소이기 때문에 $1 \in X$로 나타낼 수 있고, 2는 X의 원소가 아니기 때문에 $2 \notin X$로 나타낼 수 있다.

이제 집합의 원소의 개수(the number of elements in the set)에 의해 정의되는 두 가지 유형의 집합인 유한집합(finite set)과 무한집합(infinite set)을 소개한다. 편의상, $n(A)$를 집합 A의 원소의 개수라고 하자.

정의 1.3 유한집합(Finite Set)

집합 A의 원소의 개수가 유한하면(즉, $n(A) < \infty$이면) 집합 A를 유한집합이라고 한다.

특히, 원소를 하나도 포함하지 않은 집합을 공집합(empty set or null set)이라고 하고 기호 $\varnothing$로 나타낸다. 예를 들면, $A = \{x | x \ge 0$ 이고 $x < 0\}$는 공집합이다(즉, $A = \varnothing$).

정의 1.4 무한집합(Infinite Set)

집합 A의 원소의 개수가 무한하면(즉, $n(A) = \infty$이면) 집합 A를 무한집합이라고 한다.

예제 1.4

집합 $X=\{1,3,5,7,9\}$는 $n(X)=5$이기 때문에 유한집합이지만, 집합 $Y=\{y|y$는 홀수$\}$는 $n(Y)=\infty$이기 때문에 무한집합이다. 사실, 집합 Y는 원소나열법으로 $Y=\{1,3,5,7,9,\cdots\}$와 같이 나타낼 수 있다. 이때 집합 내에 사용된 마지막 3개의 점 "$\cdots$"은 원소의 개수가 무한하기 때문에 전부 나열할 수는 없으나 나열되어져야 할 원소들이 무엇인지 짐작할 수 있을 경우에 사용된다.

참고로, 수학에서는 특정한 대문자가 특정 집합을 나타내는 데 사용되기도 한다. 이에 관한 몇 가지 예를 살펴보면 다음과 같다.

1) $\mathbb{R}=\{x|x$는 실수$\}$
2) $\mathbb{N}=\{x|x$는 자연수$\}=\{1,2,3,\cdots\}$
3) $\mathbb{Z}=\{x|x$는 정수$\}=\{\cdots,-3,-2,-1,0,1,2,3,\cdots\}$
4) $\mathbb{Q}=\{x|x$는 유리수$\}=\left\{\frac{m}{n}\,|\,m,n\in\mathbb{Z}\right.$, 그리고 $\left.n\neq 0\right\}$
5) $\mathbb{R}^{+}=\{x|x$는 양의 실수$\}=\{x\in\mathbb{R}\,|\,x>0\}$
6) $\mathbb{R}^{-}=\{x|x$는 음의 실수$\}=\{x\in\mathbb{R}\,|\,x<0\}$

정의 1.5 부분집합(Subset)

두 집합 A, B에 대하여 만약 모든 원소 $x\in A$가 $x\in B$이면 A는 B의 부분집합이라고 하고 $A\subseteq B$로 나타낸다.

즉, A의 모든 원소가 B의 원소일 때 A는 B의 부분집합이라고 한다. 보통 $A\subseteq B$는 "A는 B에 포함된다" 또는 "A는 B의 부분집합이다"라고 읽는다.

예제 1.5

1) $\mathbb{Q}$, $\mathbb{Z}$, $\mathbb{N}$, $\mathbb{R}^{+}$, $\mathbb{R}^{-}$는 $\mathbb{R}$의 부분집합이다(즉, $\mathbb{Q}$, $\mathbb{Z}$, $\mathbb{N}$, $\mathbb{R}^{+}$, $\mathbb{R}^{-}\subseteq\mathbb{R}$).
2) $X=\{1,3,5,7,9\}$는 $Y=\{y\in\mathbb{R}|y$는 홀수$\}$의 부분집합이다(즉, $X\subseteq Y$).

3) 공집합 $\varnothing$는 모든 집합의 부분집합이다.

만약 A가 B의 부분집합이 아니라면 A와 B의 관계는 $A \not\subset B$로 나타낸다.

예제 1.6

$X = \{1,3,5,7,9\}$이고 $S = \{1,3,5,7,10\}$이라고 하자. 그러면 $9 \in X$이고 $9 \notin S$이기 때문에 X는 S의 부분집합이 아니다(즉, $X \not\subset S$).

정의 1.6 멱집합(Power Set)

집합 A의 멱집합은 A의 모든 부분집합의 모임으로 정의되며, 2^A로 나타낸다.

예제 1.7에서도 볼 수 있듯이, 멱집합 2^A의 원소의 개수는 $2^{n(A)}$임을 알 수 있다(즉, $n(2^A) = 2^{n(A)}$).

예제 1.7

$A = \{1,2,3\}$이라고 할 때 A의 멱집합 2^A는 $\{\varnothing, A, \{1\}, \{2\}, \{3\}, \{1,2\}, \{1,3\}, \{2,3\}\}$이고, $n(A) = 3$이므로 멱집합 2^A의 원소의 개수는 $n(2^A) = 8 = 2^3 = 2^{n(A)}$임을 알 수 있다.

정의 1.7 집합의 상등(Equality of Sets)

두 집합 A와 B가 같은 원소로 구성되어 있으면 집합 A와 집합 B는 서로 동일(상등)하다고 하며 $A = B$로 나타낸다.

정의 1.7에서 소개된 집합의 상등 개념은 부분집합의 개념을 활용하여 다음과 같이 정리할 수 있다.

$A=B$가 성립하기 위한 필요충분조건(if and only if)은 i) $A \subseteq B$이고 동시에 ii) $B \subseteq A$이다. (1.1)

이때 (1.1)에서 필요충분조건이라는 말은 "$A=B$"가 성립하면 "i) $A \subseteq B$이고 동시에 ii) $B \subseteq A$"가 성립하고, 또한 "i) $A \subseteq B$이고 동시에 ii) $B \subseteq A$"가 성립하면 "$A=B$"가 성립함을 의미한다. 사실, "$A=B$"와 "i) $A \subseteq B$이고 동시에 ii) $B \subseteq A$"는 동치(equivalent)라고도 하며, "필요충분조건"과 "동치"의 개념에 대해서는 1.3절에서 좀 더 논의하기로 한다.

예제 1.8

$A=\{1,2,3,4\}$이고 $B=\{x \in N \mid 1 \le x \le 4\}$라고 하자. 이때 집합 A와 B는 완전히 동일한 원소를 갖고 있기 때문에 이들은 서로 동일하다(즉, $A=B$).

참고로, 만약 두 집합 A와 B가 동일하지 않으면 "$A \neq B$"로 표시한다.

정의 1.8 진부분집합(Proper Subset)

다음의 두 가지 조건을 만족할 때 A는 B의 진부분집합이라고 하고 $A \subsetneq B$로 표시한다.

1) A는 B의 부분집합(즉, $A \subseteq B$)이고,
2) $A \neq B$이다.

예제 1.9

1) $\mathbb{Q}$, $\mathbb{Z}$, $\mathbb{N}$, $\mathbb{R}^{+}$, $\mathbb{R}^{-}$는 $\mathbb{R}$의 진부분집합이다(즉, $\mathbb{Q} \subsetneq \mathbb{R}$, $\mathbb{Z} \subsetneq \mathbb{R}$, $\cdots$, $\mathbb{R}^{-} \subsetneq \mathbb{R}$).
2) 어떠한 집합 A도 자신의 진부분집합이 아니다.

이제, 다음의 예제를 이용하여 집합 간의 관계를 단순하고 유용한 방법으로 나타내는 데 사용되는 벤다이어그램(Venn diagram)을 소개한다. 일반적으로 벤다이어그램에서 집합은 원으로 표시된다.

예제 1.10

1) 만약 A가 B의 부분집합이라면 A와 B의 부분집합 관계는 〈그림 1.1〉과 같은 벤다이어그램으로 나타낼 수 있다.

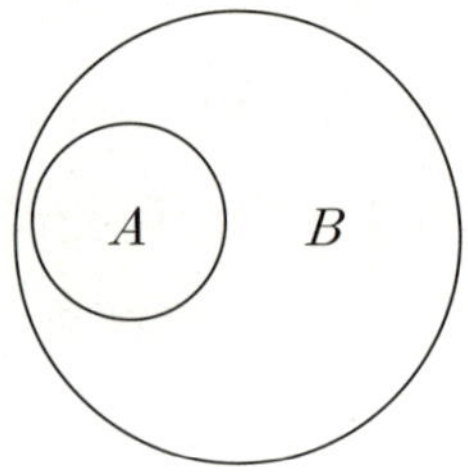

〈그림 1.1〉 $A \subseteq B$

2) 만약 $X=\{1,3,5,7,9\}$이고 $S=\{1,3,5,7,10\}$이면 X와 S의 집합관계는 〈그림 1.2〉와 같은 벤다이어그램으로 나타낼 수 있다.

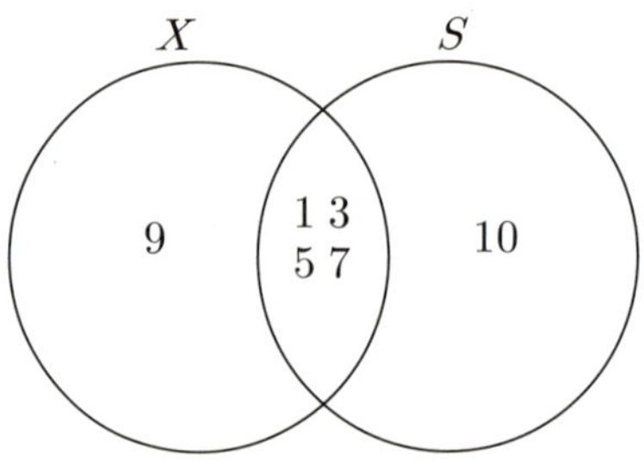

〈그림 1.2〉 X와 S의 집합관계

1.2 집합 연산

이 절에서는 합집합(union), 교집합(intersection), 차집합(difference), 그리고 여집합(complement)과 같은 다양한 집합 연산(set operations)을 소개한다. 이때 필요시 모든 집합들은 전체집합(universal set) U의 부분집합이라고 가정한다. 예를 들어, 경영수학 수업을 수강하는 모든 학생들의 집합에 대하여 논의할 때 대학교에 재학 중인 모든 학생들의 모임을 전체집합으로 사용할 수 있다. 일반적으로 전체집합은 벤다이어그램에서 직사각형으로 나타낸다.

정의 1.9 **합집합(Union)**

두 집합 A와 B에 대하여 A와 B의 합집합은 $A \cup B$로 나타내고,
$A \cup B = \{x | x \in A \text{ 또는 } x \in B\}$로 정의된다.

즉, A와 B의 합집합은 A 또는 B에 속하는 모든 원소들의 집합으로 두 집합 A와 B의 원소들을 중복되지 않게 모두 나열함으로써 구할 수 있다. $A \cup B$는 "A와 B의 합집합," "A 유니언 B," 혹은 "A 컵(cup) B"라고 읽고, 〈그림 1.3〉에 제시된 벤다이어그램의 음영 부분으로 표시할 수 있다.

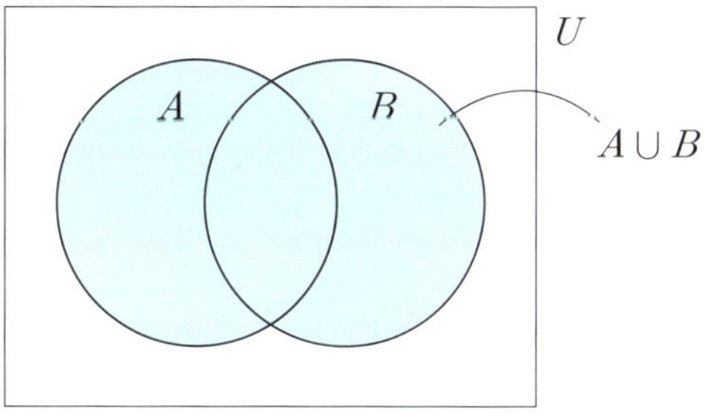

〈그림 1.3〉 $A \cup B$는 음영으로 표시된 영역

예제 1.11

집합 $A = \{1,2,3,4\}$와 $B = \{3,4,5,6\}$가 주어져 있다고 할 때 $A \cup B = \{1,2,3,4,5,6\}$이다.

정의 1.10 **교집합(Intersection)**

두 집합 A와 B에 대하여 A와 B의 교집합은 $A \cap B$로 나타내고,
$A \cap B = \{x | x \in A \text{ 이고 } x \in B\}$로 정의된다.

즉, A와 B의 교집합은 두 집합 A와 B에 동시에 속하는 원소들을 중복되지 않게 모두 나열함으로써 구할 수 있다. $A \cap B$는 "A와 B의 교집합," "A 인터섹션 B," 혹은 "A 캡(cap) B"라고 읽고, 〈그림 1.4〉에 제시된 벤다이어그램의 음영 부분으로 표시할 수 있다.

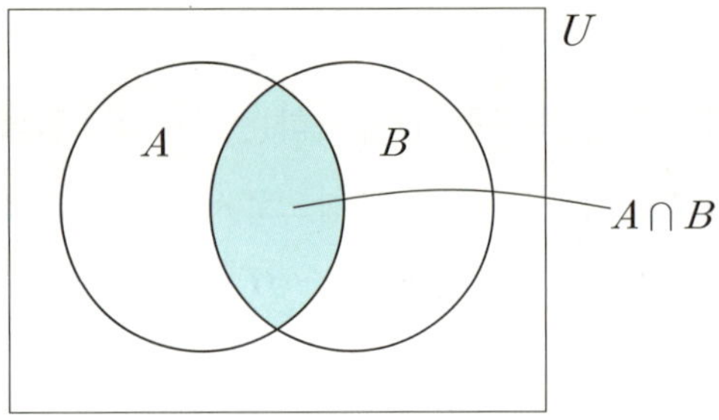

〈그림 1.4〉 $A \cap B$는 음영으로 표시된 영역

예제 1.12

집합 $A=\{1,2,3,4\}$와 $B=\{3,4,5,6\}$가 주어져 있다고 할 때 $A \cap B=\{3,4\}$이다.

이제 $A \cup B$의 원소의 개수를 구하는 방법에 대해 살펴보기로 한다. 〈그림 1.5〉에 주어진 벤다이어그램에서 $n(A)=s+r$, $n(B)=t+r$, $n(A \cap B)=r$이라고 하면 $A \cup B$의 원소의 개수는

$$n(A \cup B)=s+r+t=(s+r)+(t+r)-r=n(A)+n(B)-n(A \cap B)$$

임을 알 수 있으며, 결과적으로 식 (1.2)를 도출할 수 있다.

$$n(A \cup B)=n(A)+n(B)-n(A \cap B) \tag{1.2}$$

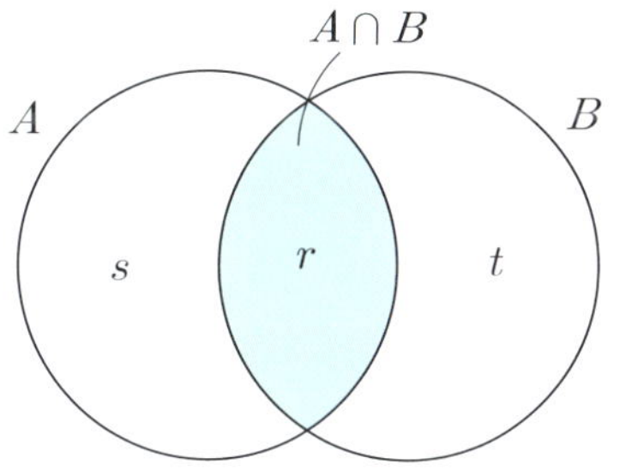

〈그림 1.5〉 $n(A)=s+r$, $n(B)=t+r$, $n(A\cap B)=r$

특히, A와 B가 서로 소(disjoint)이면(즉, $A\cap B=\varnothing$ 이면) $n(A\cap B)=0$이기 때문에 $n(A\cup B)=n(A)+n(B)$가 성립한다.

정의 1.11 차집합(Difference)

두 집합 A와 B에 대하여 A와 B의 차집합은 $A-B$로 나타내고,
$A-B=\{x|x\in A$ 이고 $x\not\subset B\}$로 정의된다.

즉, A와 B의 차집합은 A에는 속하지만 B에는 속하지 않는 모든 원소들의 집합으로 $A-B$는 "A와 B의 차집합," "A 차집합 B," 혹은 "A 마이너스 B"라고 읽고, 〈그림 1.6〉에 제시된 벤다이어그램의 음영 부분으로 표시할 수 있다.

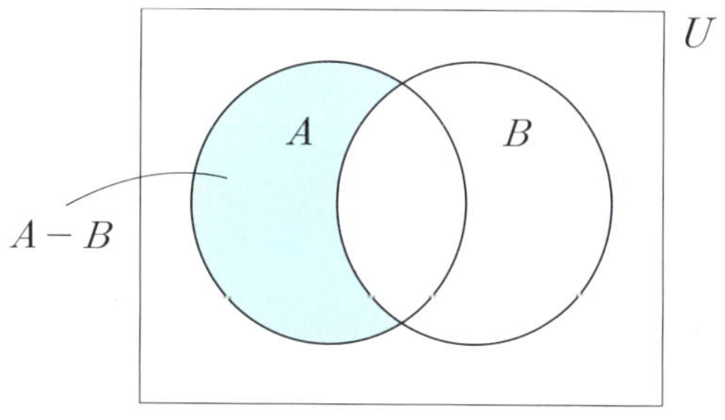

〈그림 1.6〉 $A-B$는 음영으로 표시된 영역

예제 1.13

집합 $A=\{1,2,3,4\}$와 $B=\{3,4,5,6\}$가 주어져 있다고 할 때 $A-B=\{1,2\}$이다.

정의 1.12 여집합(Complement)

집합 A에 대하여 A의 여집합은 A^c로 나타내고,

$A^c=\{x|x\in U$이고 $x\notin A\}$로 정의된다.

즉, A의 여집합은 집합 U와 A의 차집합이며, A^c는 "A의 여집합" 혹은 "A 투디 컴플리먼트"라고 읽고, 〈그림 1.7〉에 제시된 벤다이어그램의 음영 부분으로 표시할 수 있다.

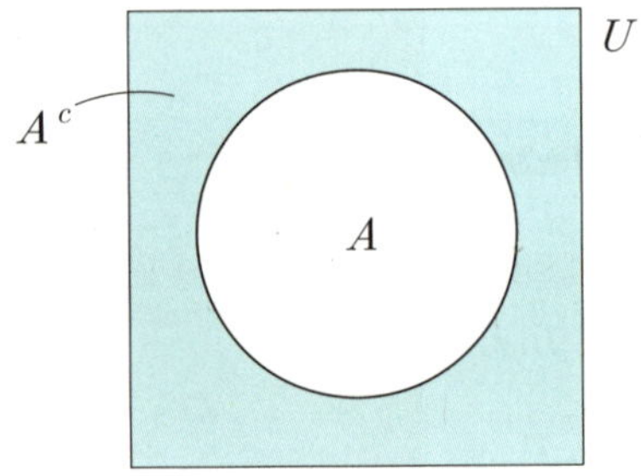

〈그림 1.7〉 A^c는 음영으로 표시된 영역

예제 1.14

$U=\{x\in N|1\le x\le 10\}$이고 $A=\{1,2,3,4\}$라고 하자. 그러면 A^c의 정의에 의해 $A^c=\{5,6,7,8,9,10\}$임을 알 수 있다.

예제 1.15

경영학부에는 1,000명의 학생이 있다. 이 중 550명과 600명의 학생이 각각 경영수학과 재무관리 수업을 수강하고, 200명의 학생이 두 수업을 모두 수강했다면 두 수업을 모두 수강하지 않은 학생들은 모두 몇 명인가?

풀이

전체집합 U는 경영학부 학생들의 집합이고 A와 B는 각각 경영수학과 재무관리를 수강한 학생들의 집합이라고 하자. 그러면 주어진 가정에 의해 $n(U)=1{,}000$,

$n(A)=550, n(B)=600, n(A\cap B)=200$이며, 두 수업을 모두 수강하지 않은 학생들의 집합은 $U-(A\cup B)$이고, 이는 〈그림 1.8〉에 주어진 벤다이어그램에서 음영으로 표시된 영역이다.

그런데 $U=\{U-(A\cup B)\}\cup(A\cup B)$이고 $\{U-(A\cup B)\}\cap(A\cup B)=\varnothing$이므로 $n(U)=n(U-(A\cup B))+n(A\cup B)$가 성립하며, 이는 $n(U-(A\cup B))=n(U)-n(A\cup B)$임을 알 수 있다. 또한 식 (1.2)에 의해 $n(A\cup B)=n(A)+n(B)-n(A\cap B)$이므로 $n(U-(A\cup B))=n(U)-\{n(A)+n(B)-n(A\cap B)\}$이다.

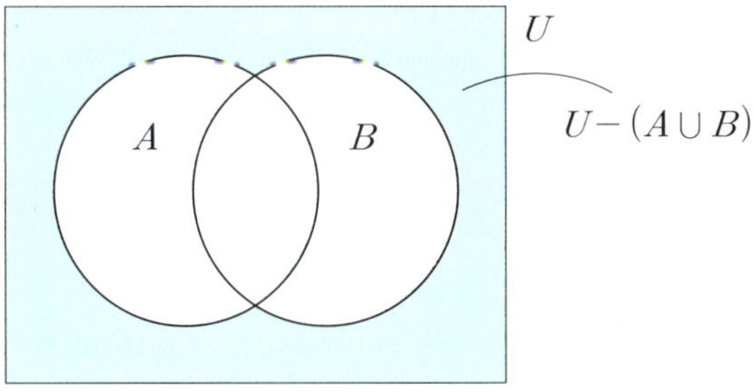

〈그림 1.8〉 $U-(A\cup B)$는 음영으로 표시된 영역

따라서 $n(U-(A\cup B))=1{,}000-\{550+600-200\}=50$이므로 경영수학과 재무관리 두 수업을 모두 수강하지 않은 학생은 50명이다.

이제 합집합, 교집합, 여집합의 연산들에 대한 매우 유용하고 중요한 특성들(properties)을 살펴보기로 한다.

정리 1.1

집합 A, B, C에 대하여 다음이 성립한다.

(1) 교환법칙(Commutative law)

(a) $A\cup B=B\cup A$

(b) $A\cap B=B\cap A$

(2) 결합법칙(Associative law)

(a) $(A\cup B)\cup C=A\cup(B\cup C)$

(b) $(A \cap B) \cap C = A \cap (B \cap C)$

(3) 분배법칙(Distribution law)

(a) $A \cup (B \cap C) = (A \cup B) \cap (A \cup C)$

(b) $A \cap (B \cup C) = (A \cap B) \cup (A \cap C)$

(4) 드모르간의 정리(De Morgan's theorem)

(a) $(A \cup B)^c = A^c \cap B^c$

(b) $(A \cap B)^c = A^c \cup B^c$

증명 | 나머지 특성들은 유사한 방법으로 쉽게 증명될 수 있기 때문에 여기서는 편의상 (1)-(a)와 (4)-(a)가 성립함을 증명하기로 한다.

(1)-(a): 식 (1.1)에 의해 $A \cup B = B \cup A$가 성립하기 위한 필요충분조건은 i) $A \cup B \subseteq B \cup A$이고 동시에 ii) $B \cup A \subseteq A \cup B$이므로 $A \cup B = B \cup A$가 성립함을 증명하기 위해서는 i)과 ii)가 성립함을 증명하면 된다. 먼저 i)을 증명하기 위해서는 정의 1.5에 의해 임의의 원소 $x \in A \cup B$에 대하여 $x \in B \cup A$임을 증명하면 된다. 이제 임의의 원소 $x \in A \cup B$에 대하여 $A \cup B$의 정의(정의 1.9)에 따라 $x \in A$ 또는 $x \in B$가 성립하며, 이는 당연히 $x \in B$ 또는 $x \in A$가 성립함을 의미하므로 $B \cup A$의 정의(정의 1.9)에 의해 $x \in B \cup A$임을 알 수 있다.

또한 i)에 대한 증명과 동일한 방법으로 ii)도 증명할 수 있기 때문에 $A \cup B = B \cup A$가 성립함에 대한 증명이 완료된다.

(4)-(a): (1)-(a)의 증명에서와 마찬가지로 $(A \cup B)^c = A^c \cap B^c$가 성립함을 증명하기 위해서는 다음의 i)과 ii)가 성립함을 증명하면 된다.

i) $(A \cup B)^c \subseteq A^c \cap B^c$

ii) $A^c \cap B^c \subseteq (A \cup B)^c$

i)을 증명하기 위해서는 $x \in (A \cup B)^c$이면 $x \in A^c \cap B^c$임을 증명하면 된다. $x \in (A \cup B)^c$이면 여집합의 정의(정의 1.12)에 의해 $x \notin A \cup B$이며, 이는 $x \notin A$이고

$x \notin B$임을 의미한다. 이는 또한 정의 1.12에 의해 $x \in A^c$이고 $x \in B^c$를 의미하므로 교집합의 정의(정의 1.10)에 의해 $x \in A^c \cap B^c$이다. 따라서 $(A \cup B)^c \subseteq A^c \cap B^c$가 성립한다.

또한 ii)를 증명하기 위해서는 $x \in A^c \cap B^c$이면 $x \in (A \cup B)^c$임을 증명하면 된다. $x \in A^c \cap B^c$이면 정의 1.10에 의해 $x \in A^c$이고 $x \in B^c$이므로 정의 1.12에 의해 $x \notin A$이고 $x \notin B$이다. 이는 $x \notin A \cup B$를 의미하며, 이는 또한 정의 1.12에 의해 $x \in (A \cup B)^c$이다. 따라서 $A^c \cap B^c \subseteq (A \cup B)^c$ 가 성립한다.

1.3 명제

본 절에서는 명제(proposition or statement), 명제의 부정(negation), 논리곱(conjunction), 논리합(disjunction), 조건명제(conditional proposition), 역(converse), 이(inverse), 대우(contrapositive), 쌍조건명제(biconditional proposition), 필요조건(necessary condition)과 충분조건(sufficient condition), 필요충분조건(necessary and sufficient condition), 동치(equivalent) 등에 대한 개념들을 소개한다.

먼저 명제의 개념을 이해하기 위해 다음의 문장들을 살펴보자.

1) 서울은 한국의 수도(capital)이다.

2) 2는 홀수(odd number)이다.

3) $x+5>0$

4) 아름답구나!

이때 1)은 참(true: T)인 문장이고 2)는 거짓(false: F)인 문장인 반면, 문장 4)는 참인지 거짓인지를 묻는 것 자체가 무의미하다. 또한 문장 3)은 $x>-5$이면 참이고 $x \le -5$이면 거짓으로 x값에 따라 문장 "$x+5>0$"에 대한 참이나 거짓의 상태가 결정된다. 1)과 2)와 같이 참과 거짓을 명확히 결정할 수 있는 문장을 명제라고 하며, 3)과 4)처럼 참과 거짓을 명확히 결정할 수 없는 문장은 명제가 아니다. 특별히

3)처럼 x값에 따라 참이나 거짓의 상태가 결정되는 문장을 조건(condition)이라고 한다.

정의 1.13 명제(Proposition)

명제는 참과 거짓을 명확히 결정할 수 있는 문장으로 정의된다.

문장의 참과 거짓을 진리값(truth value)이라고 하며 진리값을 명확히 결정할 수 있는 문장을 명제라고 한다. 참고로, 1)은 진리값이 참인 명제이고 2)는 진리값이 거짓인 명제이다. 하지만 3)과 4)는 진리값이 참인지 거짓인지 결정할 수 없기 때문에 명제가 아니다. 일반적으로 명제(혹은 조건)는 p, q, r 등으로 표시한다. 예컨대, "p: 서울은 한국의 수도이다"라고 표시하고, 이는 명제 p는 명제 "서울은 한국의 수도이다"를 나타내는 것으로 해석한다. 편의상 본 절에서는 특별한 경우를 제외하고는 명제에 대해서만 논의하기로 한다.

다음에서 명제의 부정에 대한 정의를 소개한다.

정의 1.14 부정(Negation)

명제 p에 대하여 p의 부정은 명제 p와 반대의 진리값을 갖는 명제로 정의되며, $\sim p$로 나타낸다.

즉, 명제 p가 참이면 $\sim p$는 거짓이고, p가 거짓이면 $\sim p$는 참인 명제이다. 보통 $\sim p$를 "not p" 혹은 "p의 부정"이라고 읽는다.

예제 1.16

1) p: 서울은 한국의 수도이다. (참)
   $\sim p$: 서울은 한국의 수도가 아니다. (거짓)
2) q: 2는 홀수이다. (거짓)
   $\sim q$: 2는 홀수가 아니다. (참)

다양한 명제들의 진리값을 확인하기 위해서는 진리표(truth table)를 사용하는 것이 매우 편리하다. 여기서 진리표란 열(column)에는 명제들을 나열하고 행(row)에는 "참(T)" 또는 "거짓(F)"의 모든 가능한 결합들을 나열한 후 각 결합들에 대한 관심 명제의 진리값을 나타내주는 표이다. 가장 간단한 진리표 중의 하나가 〈표 1.1〉에 나타난 명제의 부정에 대한 진리표이다.

〈표 1.1〉 $\sim p$에 대한 진리표

p	$\sim p$
T	F
F	T

이제 두 명제의 논리곱(conjunction)과 논리합(disjunction)의 개념을 살펴보자.

정의 1.15 **논리곱(Conjunction)**

두 명제 p, q에 대하여 "p와 q(p and q)"를 p와 q의 논리곱이라고 하며 $p \wedge q$로 나타낸다.

정의 1.16 **논리합(Disjunction)**

두 명제 p, q에 대하여 "p 또는 q(p or q)"를 p와 q의 논리합이라고 하며 $p \vee q$로 나타낸다.

예제 1.17

1) 두 명제 p, q가 다음과 같이 주어져 있다고 하자.

p: 서울은 한국의 수도이다.

q: 2는 홀수이다.

그러면 p와 q의 논리곱 $p \wedge q$와 논리합 $p \vee q$는 다음과 같이 나타낼 수 있다.

$p \wedge q$: 서울은 한국의 수도이고 2는 홀수이다.

$p \vee q$: 서울은 한국의 수도이거나 또는 2는 홀수이다.

2) 두 조건 p, q가 다음과 같이 주어져 있다고 하자.

p: x는 -2보다 크다(즉, $-2 < x$).

q: x는 3보다 작다(즉, $x < 3$).

그러면 p와 q의 논리곱 $p \wedge q$와 논리합 $p \vee q$는 다음과 같이 나타낼 수 있다.

$p \wedge q$: x는 -2보다 크고 3보다 작다(즉, $-2 < x < 3$).

$p \vee q$: x는 -2보다 크거나 또는 3보다 작다(즉, $x > -2$ 또는 $x < 3$).

또한, 일반적으로 다음이 성립함을 쉽게 알 수 있다.

i) $p \wedge q$의 진리값은 p와 q 둘 다 모두 참인 경우에만 참이다.

ii) $p \vee q$의 진리값은 p와 q 둘 다 모두 거짓인 경우에만 거짓이다.

실제로 논리곱 $p \wedge q$와 논리합 $p \vee q$에 대한 진리표는 〈표 1.2〉와 같다.

〈표 1.2〉 $p \wedge q$와 $p \vee q$의 진리표

p	q	$p \wedge q$	$p \vee q$
T	T	T	T
T	F	F	T
F	T	F	T
F	F	F	F

다음에서 조건명제에 대한 정의를 소개한다.

정의 1.17 조건명제(Conditional Proposition)

두 명제 p, q에 대하여 "p이면 q이다(if p then q)"를 조건명제라고 하며 $p \rightarrow q$로 나타낸다.

참고로, 조건명제 $p \rightarrow q$에서 p를 가정(hypothesis), q를 결론(conclusion)이라고 한다.

예제 1.18

다음과 같은 두 명제 p와 q가 주어져 있다고 하자.

p: 너는 기말시험에서 95점 이상의 점수를 받는다.

q: 너는 A^+ 학점을 받을 것이다.

그러면 조건명제 $p \rightarrow q$는 명제 "네가 기말시험에서 95점 이상의 점수를 받는다면 너는 A^+ 학점을 받을 것이다"를 의미한다.

이제 위 조건명제 $p \rightarrow q$의 진리값을 결정하기 위해 다음과 같은 세 가지 경우를 살펴보자.

1) p와 q 둘 다 참이다.

2) p는 참이고 q는 거짓이다.

3) p는 거짓이다.

그러면 $p \rightarrow q$의 진리값은 당연히 1)의 경우에는 참이고 2)의 경우에는 거짓인 반면, 3)의 경우에는 q의 진리값에 상관없이 $p \rightarrow q$의 진리값은 항상 참이다. 이를 이해하기 위해 다음과 같은 상황을 생각해보자. 한 교수가 학기초에 "만약 네가 기말시험에서 95점 이상의 점수를 받으면 너는 A^+ 학점을 받을 것이다"라고 약속했다고 가정하자. 그런데 만약 네가 기말시험에서 95점 이상의 점수를 받지 못했다면(즉, p가 거짓이라면) 교수가 너에게 어떤 학점을 부여하더라도(즉, q가 참 또는 거짓이라 할지라도) 아무도 그 교수가 그의 약속을 어겼다고 말할 수 없다. 결과적으로 p가 거짓이라면 $p \rightarrow q$의 진리값은 q의 진리값에 상관없이 항상 참이 되는 것이다.

일반적으로 조건명제 $p \rightarrow q$에 대한 진리표는 〈표 1.3〉과 같다.

〈표 1.3〉 $p \rightarrow q$의 진리표

p	q	$p \rightarrow q$
T	T	T
T	F	F
F	T	T
F	F	T

이제 조건명제의 역(converse), 이(inverse), 대우(contrapositive)의 개념을 소개한다.

정의 1.18 역(Converse)

조건명제 $p \rightarrow q$에 대하여 p와 q를 바꿔서 얻어진 조건명제 $q \rightarrow p$를 $p \rightarrow q$의 역이라고 한다.

정의 1.19 이(Inverse)

조건명제 $p \rightarrow q$에 대하여 $p \rightarrow q$의 가정 p와 결론 q의 부정을 이용하여 얻어진 조건명제 $\sim p \rightarrow \sim q$를 $p \rightarrow q$의 이라고 한다.

정의 1.20 대우(Contrapositive)

조건명제 $p \rightarrow q$에 대하여 $p \rightarrow q$의 가정 p와 결론 q를 부정한 후 이를 서로 바꿔서 얻어진 조건명제 $\sim q \rightarrow \sim p$를 $p \rightarrow q$의 대우라고 한다.

예제 1.19

다음 조건명제의 역, 이, 대우를 구하여라.

1) 만약 $x > 5$이면 $x > 0$이다.

2) 만약 $x^2 = y^2$이면 $x = y$이다.

3) 만약 $x^2 = 0$이면 $x = 0$이다.

풀이

1) "$x > 5$"의 부정은 "$x \le 5$"이고 "$x > 0$"의 부정은 "$x \le 0$"이므로 정의 1.18, 정의 1.19, 정의 1.20에 의해 다음과 같이 구할 수 있다.

역: 만약 $x > 0$이면 $x > 5$이다.

이: 만약 $x \le 5$이면 $x \le 0$이다.

대우: 만약 $x \le 0$이면 $x \le 5$이다.

2) "$x^2 = y^2$"의 부정은 "$x^2 \ne y^2$"이고 "$x = y$"의 부정은 "$x \ne y$"이므로 다음과 같이 구할 수 있다.

역: 만약 $x = y$이면 $x^2 = y^2$이다.

이: 만약 $x^2 \ne y^2$이면 $x \ne y$이다.

대우: 만약 $x \ne y$이면 $x^2 \ne y^2$이다.

3) "$x^2 = 0$"의 부정은 "$x^2 \ne 0$"이고 "$x = 0$"의 부정은 "$x \ne 0$"이므로 다음과 같이 구할 수 있다.

역: 만약 $x = 0$이면 $x^2 = 0$이다.

이: 만약 $x^2 \ne 0$이면 $x \ne 0$이다.

대우: 만약 $x \ne 0$이면 $x^2 \ne 0$이다.

〈표 1.3〉에서 $p \to q$의 진리표를 구할 때와 같은 방법으로 $p \to q$의 역, 이, 대우에 대한 진리표도 〈표 1.4〉와 같이 구할 수 있으며, 다음이 성립함을 알 수 있다.

1) 조건명제 $p \to q$와 그것의 대우 $\sim q \to \sim p$의 진리값은 동일하다.

2) 조건명제 $p \to q$의 역 $q \to p$와 이 $\sim p \to \sim q$의 진리값은 동일하다.
(사실 $q \to p$와 $\sim p \to \sim q$는 서로 대우이다)

〈표 1.4〉 $q \to p$, $\sim p \to \sim q$, $\sim q \to \sim p$에 대한 진리표

p	q	$\sim p$	$\sim q$	$p \to q$	$q \to p$	$\sim p \to \sim q$	$\sim q \to \sim p$
T	T	F	F	T	T	T	T
T	F	F	T	F	T	T	F
F	T	T	F	T	F	F	T
F	F	T	T	T	T	T	T

동일 ($q \to p$, $\sim p \to \sim q$)

동일 ($p \to q$, $\sim q \to \sim p$)

다음에서 쌍조건명제(biconditional proposition)의 정의를 소개한다.

정의 1.21 쌍조건명제(Biconditional Proposition)

조건명제 $p \to q$와 그것의 역 $q \to p$의 논리곱 $(p \to q) \wedge (q \to p)$를 쌍조건명제라고 하며, $p \leftrightarrow q$로 나타낸다.

쌍조건명제 $p \leftrightarrow q$에 대한 진리표는 〈표 1.5〉와 같다.

〈표 1.5〉 $p \leftrightarrow q$에 대한 진리표

p	q	$p \to q$	$q \to p$	$p \leftrightarrow q$
T	T	T	T	T
T	F	F	T	F
F	T	T	F	F
F	F	T	T	T

〈표 1.5〉에서 볼 수 있듯이, $p \leftrightarrow q$의 진리값은 p와 q가 동일한 진리값을 가질 경우에만 참이며, 또한 p와 q가 동일한 진리값을 가질 경우에는 $p \to q$와 $q \to p$ 모두 참인 진리값을 갖는다.

일반적으로 진리값이 참인 조건명제 $p \to q$는 $p \Rightarrow q$로 나타내고 진리값이 거짓인 조건명제 $p \to q$는 $p \not\Rightarrow q$로 나타낸다.

예를 들어, 예제 1.19에 있는 조건명제들은 다음과 같이 나타낼 수 있다.

1) 조건명제 "$x>5$이면 $x>0$이다"는 참이기 때문에 $x>5 \Rightarrow x>0$으로 나타낸다.

2) $x^2=y^2$일지라도 $x=y$는 항상 성립하지 않을 수 있기 때문에 조건명제 "$x^2=y^2$이면 $x=y$이다"는 $x^2=y^2 \not\Rightarrow x=y$로 나타낸다(사실 $x^2=y^2$이면 $x=y$이거나 $x=-y$이다).

3) 조건명제 "$x^2=0$이면 $x=0$이다"는 참이므로 당연히 $x^2=0 \Rightarrow x=0$으로 나타낼 수 있다.

이제 필요조건(necessary condition), 충분조건(sufficient condition), 그리고 필요충분조건(necessary and sufficient condition)의 개념을 살펴보자.

정의 1.22 **필요조건과 충분조건(Necessary Condition and Sufficient Condition)**

진리값이 참인 조건명제 $p \rightarrow q$에서

1) q는 p이기 위한 필요조건이라고 한다.
2) p는 q이기 위한 충분조건이라고 한다.

예제 1.20

예제 1.19의 조건명제 1)과 3)의 진리값은 참이므로 다음과 같이 말할 수 있다.

1) 조건명제 1)의 결론 "$x>0$"은 가정 "$x>5$"이기 위한 필요조건이고, 가정 "$x>5$"는 결론 "$x>0$"이기 위한 충분조건이다.
2) 조건명제 3)의 결론 "$x=0$"은 가정 "$x^2=0$"이기 위한 필요조건이고, 가정 "$x^2=0$"은 결론 "$x=0$"이기 위한 충분조건이다.

정의 1.23 **필요충분조건(Necessary and Sufficient Condition)**

두 명제 p와 q에 대하여 만약 $p \Rightarrow q$ 이고 $q \Rightarrow p$이면 $p \Leftrightarrow q$로 나타내며, p는 q이기 위한 필요충분조건(혹은 q는 p이기 위한 필요충분조건)이라고 한다.

특히, $p \Leftrightarrow q$가 성립할 때 p와 q는 동치(equivalent)라고 하며, "p if and only if q"라고도 읽는다.

예제 1.21

예제 1.19의 조건명제 3)을 고려해보자. $x^2 = 0 \Rightarrow x = 0$임을 알 수 있으며, 3)의 역 "만약 $x = 0$이면 $x^2 = 0$이다" 또한 참임을 쉽게 알 수 있으므로 $x = 0 \Rightarrow x^2 = 0$이다. 따라서 $x^2 = 0$과 $x = 0$은 동치이다(즉, $x^2 = 0 \Leftrightarrow x = 0$ 혹은 $x^2 = 0$ if and only if $x = 0$이다).

1.4 절대값

절대값(absolute value)은 다음과 같이 정의된다.

정의 1.24 절대값(Absolute Value)

임의의 실수 $x \in \mathbb{R}$에 대하여 x의 절대값은 다음과 같이 정의되며, $|x|$로 나타낸다.

$$|x| = \begin{cases} x & \text{만약 } x \geq 0\text{이면} \\ -x & \text{그렇지 않으면.} \end{cases}$$

모든 수의 절대값은 항상 음수가 아니라는 사실에 유의해야 한다(즉, 모든 $x \in \mathbb{R}$에 대해 $|x| \geq 0$이다).

예제 1.22

1) $|5| = 5$

2) $|-5| = -(-5) = 5$

3) $|7-3| = |4| = 4$

4) $|3-7| = |-4| = 4$

기하학적으로 살펴보면, 〈그림 1.9〉에서 볼 수 있듯이 $|x|$는 실직선(real line)상에서 x와 원점(origin) 간의 거리(distance)를 나타내는 것으로 해석할 수 있다.

〈그림 1.9〉 x와 원점 간의 거리

일반적으로 실직선상의 두 점 x와 y 사이의 거리는 〈그림 1.10〉에서처럼 $|x-y|$(또는 $|y-x|$)로 나타낼 수 있다.

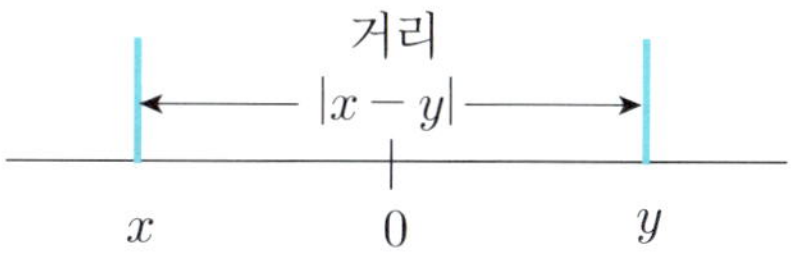

〈그림 1.10〉 x와 y 사이의 거리

또한, 〈그림 1.11〉에서 볼 수 있듯이 임의의 $a \in \mathbb{R}^{+}$에 대하여 다음이 성립함을 쉽게 알 수 있다.

1) $|x| < a$와 $-a < x < a$는 동치이다(즉, $|x| < a \Leftrightarrow -a < x < a$).

2) "$|x| > a$"와 "$x > a$ 또는 $x < -a$"는 동치이다(즉, $|x| > a \Leftrightarrow x > a$ 또는 $x < -a$).

사실, $|x|$는 실직선상에서 x와 원점 간의 거리를 나타내므로 $|x| < a$를 만족하는 모든 $x \in \mathbb{R}$은 $-a < x < a$를 만족하고 또한 그 역도 성립한다. 따라서 집합 $\{x \in \mathbb{R} \mid |x| < a\}$ $=\{x \in \mathbb{R} \mid$ 실직선상에서 x와 원점 간의 거리가 a보다 작다$\}$ $=$ $\{x \in \mathbb{R} \mid -a < x < a\}$가 성립한다.

유사하게 집합 $\{x \in \mathbb{R} \mid |x| > a\} = \{x \in \mathbb{R} \mid$ 실직선상에서 x와 원점 간의 거리가 a보다 크다$\} = \{x \in \mathbb{R} \mid x > a$ 또는 $x < -a\}$도 성립한다.

〈그림 1.11〉 $|x| < a$와 $|x| > a$

일반적으로, 모든 $x, y \in \mathbb{R}$에 대하여 다음과 같은 절대값의 특성이 성립한다.

1) $|x| = |-x|$

2) $|xy| = |x||y|$ (1.3)

3) 삼각부등식(triangle inequality) $|x+y| \le |x| + |y|$

예제 1.23

다음의 절대값들을 부등식으로 표시하라.

1) $|2x-7| < 2$

2) $|3x+4| > 5$

풀이

1) $|2x-7| < 2$는 $-2 < 2x-7 < 2$와 동치이고, 이는 $-2+7 < 2x < 2+7$이므로 $\frac{5}{2} < x < \frac{9}{2}$로 표시할 수 있다.

2) $|3x+4| > 5$는 $3x+4 > 5$ 또는 $3x+4 < -5$와 동치이다.

이때 만약 $3x+4 > 5$이면 $3x > 5-4$이므로 $x > \frac{1}{3}$로 표시할 수 있고, 만약 $3x+4 < -5$이면 $3x < -5-4$이므로 $x < -3$으로 표시할 수 있다. 따라서, $|3x+4| > 5$는 $x > \frac{1}{3}$ 또는 $x < -3$로 표시할 수 있다.

1.5 구간

구간은 경영수학에서 자주 사용되는 개념이며 다음과 같이 정의된다.

정의 1.25 구간(Interval)

$a < b$인 $a, b \in \mathbb{R}$에 대하여 네 가지 종류의 구간 $[a,b]$, (a,b), $[a,b)$, $(a,b]$에 대한 정의는 다음과 같다.

1) 폐구간(closed interval)

$[a,b] = \{x \in \mathbb{R} \mid a \leq x \leq b\}$

2) 개구간(open interval)

$(a,b) = \{x \in \mathbb{R} \mid a < x < b\}$

3) 반개구간(half-open intervals)

$[a,b) = \{x \in \mathbb{R} \mid a \leq x < b\}$와 $(a,b] = \{x \in \mathbb{R} \mid a < x \leq b\}$.

구간에서 소괄호(parenthesis) 표시는 구간에 포함되지 않는 끝점(endpoint)을 나타내며, 대괄호(bracket) 표시는 구간에 포함되는 끝점을 나타낸다. 또한, 임의의 $a \in \mathbb{R}$에 대하여 $[a, \infty) = \{x \in \mathbb{R} \mid a \leq x\}$, $(a, \infty) = \{x \in \mathbb{R} \mid a < x\}$, $(-\infty, a] = \{x \in \mathbb{R} \mid x \leq a\}$, $(-\infty, a) = \{x \in \mathbb{R} \mid x < a\}$ 등을 무한구간(infinite intervals)이라고 한다. 특히, $(-\infty, \infty) = \{x \in \mathbb{R} \mid -\infty < x < \infty\}$는 실수의 집합 $\mathbb{R}$을 나타낸다.

지금까지 소개된 구간들을 실직선상에 표시해보면 〈그림 1.12〉와 같다.

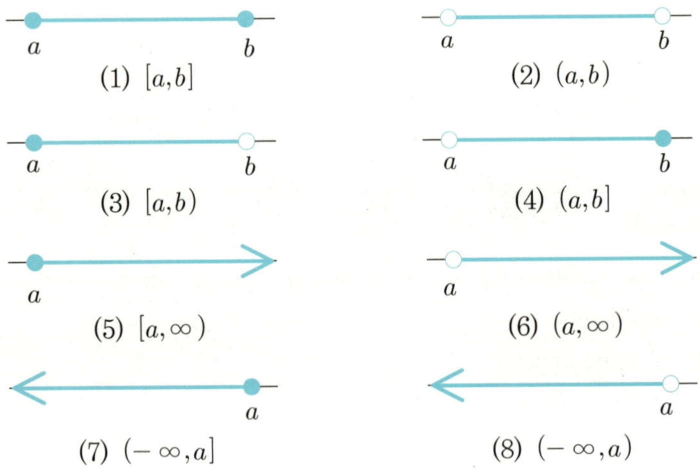

〈그림 1.12〉 다양한 형태의 구간들

01. 집합 $X=\{1,2,3,4\}$의 모든 부분집합을 구하라.

02. 다음의 집합들을 원소나열법과 조건제시법으로 표시하라.

(1) 5보다 작거나 같은 자연수들의 집합

(2) 5보다 큰 자연수들의 집합

(3) -3보다 크고 3보다 작거나 같은 정수들의 집합

03. $U=\{x \in N \mid 2 \le x \le 10\}$, $A=\{2,4,6,8\}$, $B=\{2,3,4,5\}$라고 할 때 다음의 집합들을 구하라.

(1) $A \cup B$ (2) $A \cap B$ (3) $A-B$ (4) A^c

(5) B^c (6) $(A \cup B)^c$ (7) $(A \cap B)^c$

04. 두 집합 A와 B에 대하여 다음 사실들이 성립함을 증명하라.

(1) $A \cap B \subseteq A$와 $A \cap B \subseteq B$

(2) $A \cup A = A$와 $A \cap A = A$

(3) $A \cup \varnothing = A$와 $A \cap U = A$(여기서, U는 전체집합)

(4) $A \cup U = U$와 $A \cap \varnothing = \varnothing$(여기서, $\varnothing$는 공집합)

(5) $A \cup A^c = U$와 $A \cap A^c = \varnothing$

(6) $(A^c)^c = A$

(7) $A-B = A \cap B^c$

(8) 만약 $A \subseteq B$이면 $A \cap B = A$이다.

(9) $A \cup (A^c \cap B) = A \cup B$

(10) $A \cap (A^c \cup B) = A \cap B$

05. 세 집합 A, B, C에 대하여 $A-B-C=A-(B\cup C)$가 성립함을 증명하라.

06. $n(A)$를 집합 A의 원소의 개수라고 할 때

$n(A\cup B\cup C)=n(A)+n(B)+n(C)-n(A\cap B)-n(A\cap C)-n(B\cap C)+$

$n(A\cap B\cap C)$가 성립함을 증명하라.

07. 경영대학에 재학 중인 150명의 학생들이 경영수학, 재무관리, 마케팅 과목들을 다음과 같이 수강했다고 하자.

i) 60명의 학생들이 경영수학을 수강했다.

ii) 70명의 학생들이 재무관리를 수강했다.

iii) 80명의 학생들이 마케팅을 수강했다.

iv) 40명의 학생들이 경영수학과 재무관리를 수강했다.

v) 30명의 학생들이 재무관리와 마케팅을 수강했다.

vi) 20명의 학생들이 경영수학과 마케팅을 수강했다.

vii) 25명의 학생들이 경영수학과 재무관리를 수강했지만 마케팅은 수강하지 않았다.

벤다이어그램과 문제 6에 주어진 공식을 사용하여 다음의 물음에 답하여라.

(1) 세 수업을 모두 수강하지 않은 학생들은 몇 명인가?

(2) 경영수학과 마케팅은 수강하였지만 재무관리를 수강하지 않은 학생들은 몇 명인가?

(3) 경영수학만 수강한 학생들은 몇 명인가?

08. 정리 1.1 (1)-(b), (2), (3), (4)-(b)를 증명하라.

09. 다음을 계산하라.

(1) $|4-3|$ (2) $|-4+5|$

(3) $|-2-6|$ (4) $||-5|-|-7||$

10. 다음을 부등식으로 표시하라.

(1) $|x-3|<2$

(2) $|4x+5|<8$

(3) $|-2x-5|>3$

(4) $|-x+7|>6$

11. 두 조건 p:"$2x-5>0$"와 q:"$x>1$"에 대하여 다음을 구하라.

(1) $\sim p$

(2) $p \wedge q$

(3) $p \vee q$

(4) $p \rightarrow q$

(5) $q \rightarrow p$

(6) $\sim p \rightarrow \sim q$

(7) $\sim q \rightarrow \sim p$

(8) $p \leftrightarrow q$

12. 다음 명제들의 진리표를 구하라.

(1) $\sim\sim p$

(2) $p \wedge \sim q$

(3) $\sim p \vee q$

(4) $(p \wedge q) \rightarrow (p \vee q)$

13. 다음 명제들의 진리값을 결정하라.

(1) x가 2의 배수이면 x는 6의 배수이다.

(2) $1+3=4$와 $2+5=7$은 참이 아니다.

(3) "$5>1$이면 $2+3=5$이다"는 참이다.

(4) "$5+3=9$ if and only if $3+4=6$(즉, $5+3=9 \Leftrightarrow 3+4=6$)"은 참이 아니다.

(5) $3>2$ if and only if $3^2>2^2$.

제 2 장

함수

제 2 장 함수

본 장에서는 함수(function)와 관련된 여러 가지 핵심 개념들을 소개한다. 본 장에서 논의될 주제들은 단사함수(injective function), 전사함수(surjective function), 전단사함수(bijective function), 합성함수(composite function), 역함수(inverse function) 등에 대한 개념, 그리고 상수함수(constant function), 1차함수(linear function), 2차함수(quadratic function), 3차함수(cubic function), 유리함수(rational function), 무리함수(irrational function), 지수함수(exponential function), 로그함수(logarithmic function)들에 대한 간략한 소개 등이다.

2.1 함수의 정의

함수는 경영수학에서 가장 중요한 개념 중의 하나이다. 이는 경영환경에서 정확하게 설명되어져야 하고 평가되어져야 할 다양한 가치나 수치들이 함수로 표현될 수 있기 때문이다. 예를 들면, 자동차의 총제조비용은 생산된 자동차 대수의 함수로 표현될 수 있고, TV의 소비자 수요량은 TV 판매가격의 함수로 표현될 수 있다.

실제로, 함수는 다음과 같이 정의된다.

정의 2.1 함수(Function)

두 집합 X와 Y에 대하여 X에서 Y로의 함수 f는 X의 각 원소를 Y에 있는 하나의 원소(단 하나의 원소)에 대응하는 규칙(rule)(혹은 관계(relation))으로 정의된다.

X에서 Y로의 함수 f는 다음의 두 조건을 만족하는 규칙(관계)임을 유의하자.

1) 임의의 $x \in X$에 대하여 $f(x)=y$를 만족하는 $y \in Y$가 존재한다. 2) 임의의 $x_1, x_2 \in X$ 에 대하여, $x_1=x_2$이면 $f(x_1)=f(x_2)$이다.	(2.1)

참고로, (2.1)의 조건 1)은 X의 모든 원소가 f에 의해 Y의 원소에 대응되어져야 함을 의미하고, (2.1)의 조건 2)는 X의 각 원소는 f에 의해 Y의 단 하나의 원소에 대응되어져야 함을 의미한다.

일반적으로, 함수 f에 의한 x와 y 사이의 관계는 $y=f(x)$로 나타내고, "y는 x의 함수이다"라고 말하며, x와 y를 각각 독립변수(independent variable)와 종속변수(dependent variable)라고 부른다.

X에서 Y로의 함수 f는 $f: X \to Y$(또는 $X \xrightarrow{f} Y$)로 나타내며, 집합 X는 f의 정의역(domain)이라고 하고 $Dom(f)$로 나타내며, 집합 Y는 f의 공역(co-domain)이라고 한다.

임의의 $x \in X$에 대하여 f에 의해 x에 대응된 Y의 원소를 f에 의한 x의 상(image)이라고 하고 $f(x)$로 나타낸다. 아울러, f에 의한 정의역 X의 모든 원소들의 상들의 집합을 f의 치역(range)이라고 하고, $Rg(f)$로 나타내며, $Rg(f)$는 집합 $f(X)=\{f(x) \in Y | x \in X\}$로 표현할 수 있다. 이때 $f(X)$는 〈그림 2.1〉에서 볼 수 있듯이 공역 Y의 부분집합임을 알 수 있다.

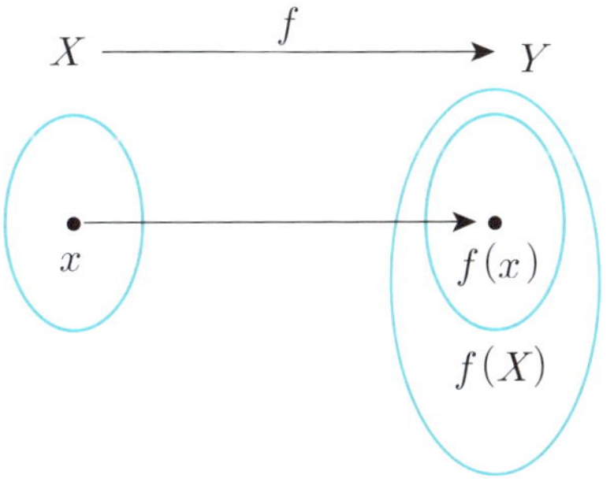

〈그림 2.1〉 $Rg(f)=f(X) \subseteq Y$

예제 2.1

1) 두 집합 $X=\{1,2,3\}$와 $Y=\{1,2,3,4\}$에 대하여 〈그림 2.2〉와 같은 X에서 Y로의 관계 f를 고려해보자.

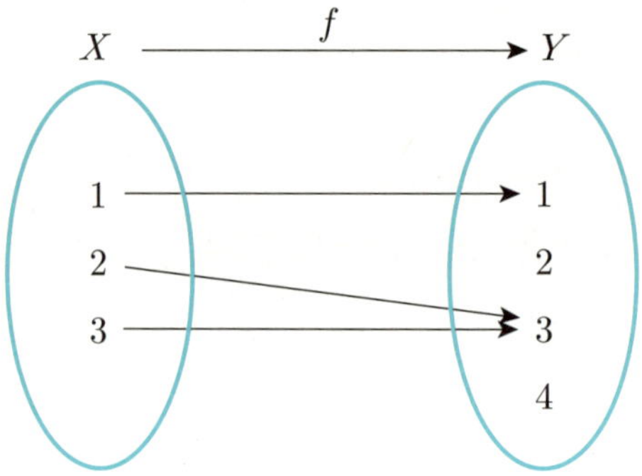

〈그림 2.2〉 X에서 Y로의 관계 f

〈그림 2.2〉에 주어진 관계 f는 X의 모든 원소가 Y의 원소에 대응((2.1)의 조건 1)이 충족)되고 있고 또한 X의 각 원소는 Y의 단 하나의 원소에 대응((2.1)의 조건 2)가 충족)되고 있기 때문에 f는 X에서 Y로의 함수이며, f의 정의역은 X이고(즉, $Dom(f)=X$), f의 치역은 $\{1,3\}$(즉, $Rg(f)=\{1,3\}$)임을 쉽게 알 수 있다.

2) 다음 그림에 주어진 X에서 Y로의 두 관계 g와 h를 고려해보자.

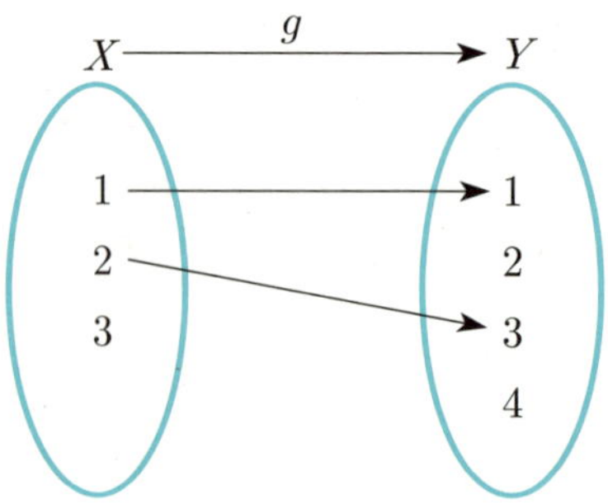

〈그림 2.3〉 X에서 Y로의 관계 g

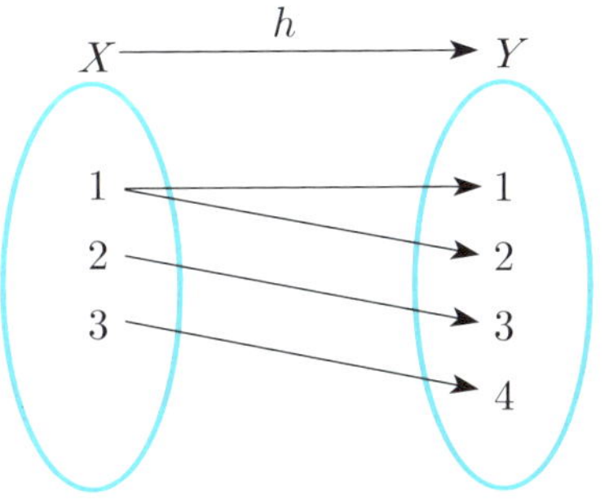

〈그림 2.4〉 X에서 Y로의 관계 h

〈그림 2.3〉에 주어진 관계 g는 X의 원소인 3을 Y의 어떤 원소에도 대응시키지 않고 있기 때문에(즉, g는 (2.1)의 조건 1)을 충족시키지 못하기 때문에), X에서 Y로의 함수가 아니다.

또한, 〈그림 2.4〉에 주어진 관계 h도 X의 원소 1을 h에 의해 Y의 두 개의 원소(1과 2)에 대응시켰기 때문에(즉, h는 (2.1)의 조건 2)를 충족시키지 못하기 때문에) X에서 Y로의 함수가 아니다.

3) $f(x)=5x-3$으로 정의된 $\mathbb{R}$에서 $\mathbb{R}$로의 관계 f를 고려해보자. 그러면 f는 $\mathbb{R}$의 임의의 원소 x를 $\mathbb{R}$에 속한 하나의 원소(단 하나의 원소) $5x-3$에 대응시키기 때문에 f는 $\mathbb{R}$에서 $\mathbb{R}$로의 함수이며, f의 정의역은 $\mathbb{R}$(즉, $Dom(f)=\mathbb{R}$)이고, f의 치역 또한 $\mathbb{R}$(즉, $Rg(f)=\mathbb{R}$)이다. 사실, f는 $\mathbb{R}$에서 $\mathbb{R}$로의 선형함수 혹은 1차함수(linear function)라고 하며, 이에 대해서는 본 장의 뒷부분에서 좀 더 상세히 설명하기로 한다.

4) $f(x)=\dfrac{1}{x-1}$로 정의된 $\mathbb{R}$에서 $\mathbb{R}$로의 관계 f를 고려해보자. 그러면 f는 $\mathbb{R}$의 원소인 1을 $\mathbb{R}$의 어떤 원소에도 대응시킬 수 없기 때문에(즉, $f(1)$이 정의되지 않아 (2.1)의 조건 1)을 충족시키지 못하기 때문에) f는 $\mathbb{R}$에서 $\mathbb{R}$로의 함수가 아니다. 그러나 $g(x)=\dfrac{1}{x-1}$로 정의된 $\mathbb{R}-\{1\}$에서 $\mathbb{R}$로의 관계 g는 $\mathbb{R}-\{1\}$이 1을 제외한 모든 실수들의 집합(즉, $\mathbb{R}-\{1\}=\{x|x\in\mathbb{R}$이고 $x\neq1\}$)이므로,

$\mathbb{R}-\{1\}$의 임의의 원소 x를 $\mathbb{R}$에 속한 하나의 원소(단 하나의 원소) $\frac{1}{x-1}$에 대응시키기 때문에 g는 $\mathbb{R}-\{1\}$에서 $\mathbb{R}$로의 함수이며, g의 정의역은 $\mathbb{R}-\{1\}$(즉, $Dom(g)=\mathbb{R})-\{1\}$이다. 사실, g는 $\mathbb{R}-\{1\}$에서 $\mathbb{R}$로의 유리함수(rational function)라고 하며, 이에 대해서도 본 장의 뒷부분에서 좀 더 소개하기로 한다. 참고로, 만약 함수 $f(x)=\frac{1}{x-1}$의 정의역이 무엇이냐고 묻는다면 우리는 $Dom(f)=\mathbb{R}-\{1\}$이라고 답해야 한다. 이는 $f(x)=\frac{1}{x-1}$로 정의된 $\mathbb{R}$에서 $\mathbb{R}$로의 관계 f가 함수가 되기 위해서는 관계 f가 $f(x)=\frac{1}{x-1}$로 정의된 $\mathbb{R}-\{1\}$에서 $\mathbb{R}$로의 관계이어야 하기 때문이다.

예제 2.2

어떤 제품을 q단위 생산하는 데 소요되는 총비용이 함수 $C(q)=30q+10{,}000$으로 주어져 있다고 하자(단위: 원).

1) 이 제품을 100단위 생산하는 데 소요되는 총비용은 얼마인가?

2) 이 제품의 100번째 단위(100 − *th* unit)를 생산하는 데 소요되는 비용은 얼마인가?

풀이

1) 제품 q단위 생산하는 데 소요되는 총비용은 $C(q)=30q+10{,}000$이므로 제품 100단위를 생산하는 데 소요되는 총비용은 당연히 $C(100)$으로 계산될 수 있으며, 이는 $C(100)=30(100)+10{,}000=13{,}000$원이다.

2) 제품의 100번째 단위를 생산하는 데 소요되는 비용은 100단위를 생산하는 데 소요되는 총비용에서 99단위를 생산하는 데 소요되는 총비용을 뺀값(즉, $C(100)-C(99)$)으로 구할 수 있으며, 이는 $C(100)-C(99)=\{30(100)+10{,}000\}-\{30(99)+10{,}000\}=30(100-99)=30$원이다.

2.2 단사함수, 전사함수, 전단사함수

본 절에서는 단사함수(injective function), 전사함수(surjective function), 전단사함수(bijective function)의 개념들을 소개한다.

정의 2.2 단사함수(Injective Function)

f를 X에서 Y로의 함수라고 하자. 임의의 $x_1, x_2 \in X$에 대하여 만약 $f(x_1) = f(x_2)$이면 $x_1 = x_2$가 성립할 때(또는, 만약 $x_1 \neq x_2$이면 $f(x_1) \neq f(x_2)$가 성립할 때) f를 단사함수라고 한다.

예제 2.3

〈그림 2.5〉에 주어진 함수 f는 정의 2.2를 만족하므로 단사함수이다.

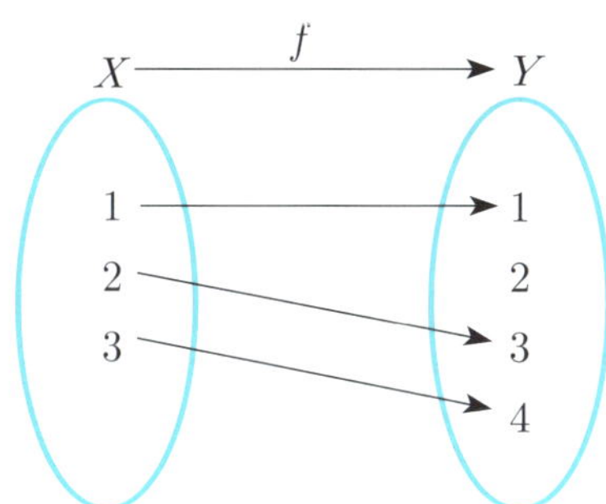

〈그림 2.5〉 X에서 Y로의 단사함수 f

참고로, 단사함수는 일대일 함수(one-to-one function)라고도 한다.

정의 2.3 전사함수(Surjective Function)

f를 X에서 Y로의 함수라고 하자. 만약 $f(X) = Y$이면 f를 전사함수라고 한다.

다시 말하면, 만약 f의 치역이 f의 공역과 같다면 f를 전사함수라고 한다. (1.1)

에서 볼 수 있듯이 $f(X)=Y$는 다음의 부분집합 관계들과 동치이다.

1) $f(X) \subseteq Y$
2) $Y \subseteq f(X)$

그런데 〈그림 2.1〉에서도 볼 수 있듯이 f가 X에서 Y로의 함수라면 조건 1)은 항상 성립한다. 따라서 만약 f가 전사함수라면 조건 2)가 만족되어야 하므로, 부분집합에 대한 정의(정의 1.5)에 의해 결과적으로 전사함수는 다음과 같이 재정의할 수 있다.

> f를 X에서 Y로의 함수라고 할 때 임의의 $y \in Y$에 대하여 $f(x)=y$를 만족하는 $x \in X$가 존재하면 f를 전사함수라고 한다. (2.2)

예제 2.4

〈그림 2.6〉에 주어진 함수 f는 정의 2.3을 만족하므로 전사함수이다.

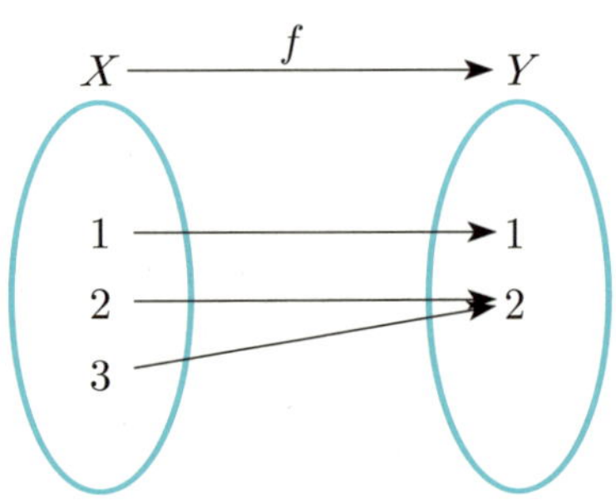

〈그림 2.6〉 X에서 Y로의 전사함수 f

참고로, 전사함수는 위로의 함수(onto function)라고도 한다.

정의 2.4 **전단사함수(Bijective Function)**

f를 X에서 Y로의 함수라고 하자. 만약 f가 단사함수이고 동시에 전사함수이면 f를 전단사함수라고 한다.

예제 2.5

〈그림 2.7〉에 주어진 함수 f는 단사함수이고 동시에 전사함수이므로 전단사함수이다.

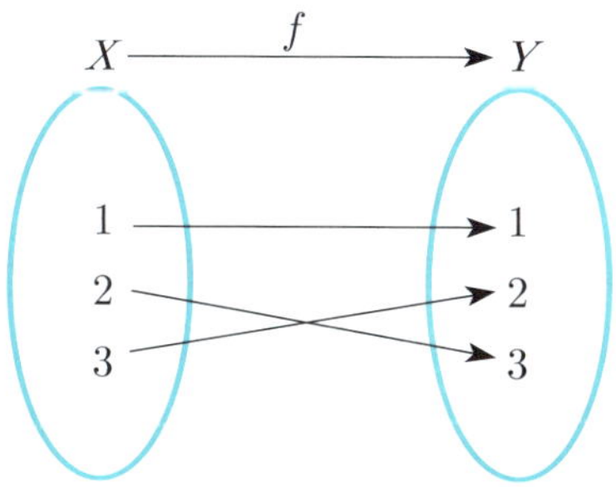

〈그림 2.7〉 X에서 Y로의 전단사함수 f

때때로, X에서 Y로의 전단사함수는 X에서 Y위로의 일대일 대응(one-to-one correspondence)이라고 부르기도 한다.

예제 2.6

$f(x)=2x-1$로 정의되는 함수 $f:\mathbb{R}\to\mathbb{R}$는 전단사함수이다. 사실, 임의의 $x_1, x_2\in\mathbb{R}$에 대하여 만약 $f(x_1)=f(x_2)$라면(즉, $2x_1-1=2x_2-1$이라면), $x_1=x_2$임을 쉽게 알 수 있으므로 f는 단사함수이다. 또한, 임의의 $y\in\mathbb{R}$에 대하여 $f(\frac{y+1}{2})=2\times\frac{y+1}{2}-1=y$를 만족하는 $\frac{y+1}{2}\in\mathbb{R}$이 존재하므로 f는 전사함수이다.

예제 2.7

1) $f(x)=x^2$으로 정의되는 함수 $f: R \to R^+ \cup \{0\}$는 전사함수이지만 단사함수는 아니다. 실제로, 임의의 $y \in R^+ \cup \{0\}$에 대하여 $f(\sqrt{y})=(\sqrt{y})^2=y$를 만족하는 $\sqrt{y} \in R$가 존재하므로 f는 전사함수이다. 그러나, 임의의 $x_1, x_2 \in R$에 대하여 만약 $f(x_1)=f(x_2)$라면(즉, $x_1^2=x_2^2$이라면) $x_1=\pm x_2$(즉, $x_1=x_2$ 또는 $x_1=-x_2$)가 성립하는데, 이는 $f(x_1)=f(x_2)$이라 할지라도 항상 $x_1=x_2$가 보장되지는 않음을 의미한다. 따라서 f는 단사함수가 아니다.

2) $g(x)=x^2$으로 정의되는 함수 $g: R^+ \to R^+$는 전단사함수이다. 사실, 임의의 $y \in R^+$에 대하여 $\sqrt{y} \in R^+$이며 또한 1)에서도 보았듯이 $g(\sqrt{y})=y$를 만족하는 $\sqrt{y} \in R^+$가 존재하므로 g는 전사함수이다. 또한, 임의의 $x_1, x_2 \in R^+$에 대하여 $g(x_1)=g(x_2)$이면 항상 $x_1=x_2$가 성립하므로 g는 명백히 단사함수이다.

2.3 합성함수

합성함수(composite function)의 개념을 소개하기 전에 먼저 함수의 상등(equality of functions)에 대한 개념을 소개한다.

정의 2.5 함수의 상등(Equality of Functions)

f와 g를 X에서 Y로의 함수라고 하자. 만약 모든 $x \in X$에 대하여 $f(x)=g(x)$이면 f와 g는 서로 동일(상등)하며, $f=g$로 나타낸다.

두 함수 f와 g가 동일하지 않으면 $f \neq g$로 나타난다.

예제 2.8

1) $f(x)=(x+1)(x-1)$와 $g(x)=x^2-1$로 정의되는 두 함수 $f: R \to R$와 $g: R \to R$가 주어져 있다고 할 때 모든 $x \in R$에 대하여 $f(x)=(x+1)(x-1)$

$= x^2 - 1 = g(x)$가 성립하므로 $f = g$임을 쉽게 알 수 있다.

2) $f(x) = x+1$로 정의되는 함수 $f : \mathbb{R} \to \mathbb{R}$와 $g(x) = x+1$로 정의되는 함수 $g : \mathbb{R}^+ \to \mathbb{R}^+$가 주어져 있다고 하자. 이때 두 함수는 서로 다른 정의역(즉, $Dom(f) \neq Dom(g)$)을 갖거나 혹은 서로 다른 치역(즉, $Rg(f) \neq Rg(g)$)을 갖기 때문에 $f \neq g$이다.

정의 2.6 합성함수(Composite Function)

두 함수 $f : X \to Y$와 $g : Y \to Z$가 주어져 있다고 하자. 그러면 $g \circ f$로 표시되는 f와 g의 합성함수는 $(g \circ f)(x) = g(f(x))$로 정의되는 X에서 Z로의 함수(즉, $g \circ f : X \to Z$)이다.

임의의 $x \in X$에 대하여 f는 x를 상 $f(x) \in Y$에 대응시키고, g는 $f(x)$를 상 $g(f(x)) \in Z$에 대응시킨다. 이때, 〈그림 2.8〉에서 보는 바와 같이 f와 g의 합성함수 $g \circ f : X \to Z$는 $x \in X$를 $g(f(x)) \in Z$에 대응시키는 함수로 정의되며, 이는 f와 g에 의해 생성된 X에서 Z로의 새로운 함수임을 알 수 있다.

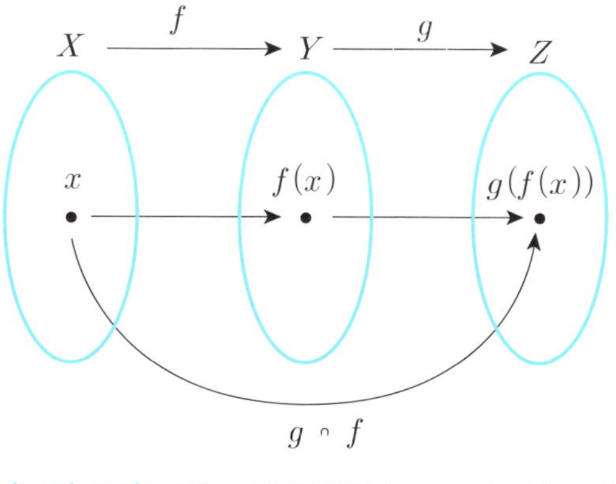

〈그림 2.8〉 f와 g의 합성함수 $g \circ f : X \to Z$

편의상 f와 g의 합성함수 $g \circ f$는 "g 써클 f"라고 읽으며, $g \circ f$의 표현에서 두 번째 함수인 g를 먼저 쓰고 첫 번째 함수인 f를 뒤에 씀에 유의하자.

그러면 〈그림 2.8〉과 동일한 상황에서 g와 f의 합성함수 $f \circ g$는 항상 잘 정의되는가? 만약 잘 정의된다면 항상 $g \circ f = f \circ g$가 성립하는가?

먼저 g와 f의 합성함수 $f \circ g$가 잘 정의되기 위해서는 $Rg(g) \subseteq X$를 만족해야 한다. 예제 2.9의 1)에서 볼 수 있듯이 만약 $Rg(g) \subseteq X$가 만족되지 않으면(즉 $Rg(g) \not\subseteq X$이면) 모든 $x \in Rg(g) - X$는 f에 의해 Y의 어떤 원소에도 대응되지 않기 때문에 g와 f의 합성함수 $f \circ g$는 잘 정의되지 않는다.

또한, 예제 2.9의 2)에서 볼 수 있듯이 비록 g와 f의 합성함수 $f \circ g$가 잘 정의된다고 할지라도 항상 $g \circ f = f \circ g$가 보장되지는 않는다.

예제 2.9

1) 세 집합 $X=\{1,2,3\}$, $Y=\{1,2,3,4\}$, $Z=\{1,2,3,4,5\}$에 대하여 두 함수 $f: X \rightarrow Y$와 $g: Y \rightarrow Z$가 〈그림 2.9〉와 같이 정의된다고 하자. 그러면 f와 g의 합성함수 $g \circ f$는 $g \circ f(1)=1$, $g \circ f(2)=4$, $g \circ f(3)=4$로 잘 정의된 함수임을 알 수 있다. 반면에, $Rg(g)=\{1,3,4,5\} \not\subseteq \{1,2,3\}=X$이므로 g와 f의 합성함수 $f \circ g$는 잘 정의되지 않는다. 실제로, $f \circ g(3)$과 $f \circ g(4)$가 Y의 어떤 원소에도 대응되지 않기 때문에 $f \circ g$는 Y에서 Y로의 함수가 아니다.

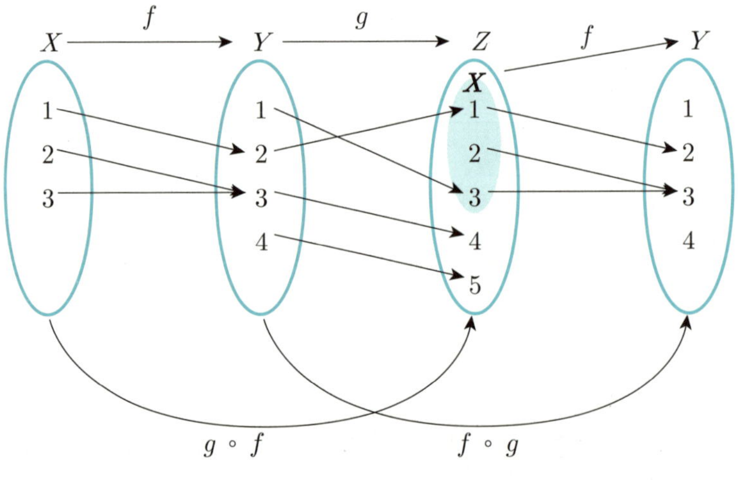

〈그림 2.9〉 $g \circ f$ 대비 $f \circ g$

2) f와 g를 각각 $f(x)=x^2+1$와 $g(x)=2x+3$로 정의되는 $\mathbb{R}$에서 $\mathbb{R}$로의 함수라고 하자. 그러면 f와 g의 합성함수 $g \circ f$는 다음과 같이 $\mathbb{R}$에서 $\mathbb{R}$로의 함수로 잘 정의된다.

$$\begin{aligned} g \circ f(x) &= g(f(x)) \\ &= 2f(x)+3 \\ &= 2(x^2+1)+3 \\ &= 2x^2+5 \end{aligned}$$

한편, g와 f의 합성함수 $f \circ g$ 또한 다음과 같이 $\mathbb{R}$에서 $\mathbb{R}$로의 함수로 잘 정의되지만 $g \circ f \neq f \circ g$임을 쉽게 알 수 있다.

$$\begin{aligned} f \circ g(x) &= f(g(x)) \\ &= (2x+3)^2+1 \\ &= 4x^2+12x+10 \end{aligned}$$

3) $\mathbb{R}$에서 $\mathbb{R}^+$로의 함수 $h(x)=(2x+1)^2$는 $f(x)=2x+1$와 $g(x)=x^2$로 정의되는 $\mathbb{R}$에서 $\mathbb{R}$로의 함수 f와 $\mathbb{R}$에서 $\mathbb{R}^+$로의 함수 g의 합성함수 $g \circ f(x)$로 간주할 수 있다.

2.4 역함수

본 절에서는 역함수(inverse function)의 정의 및 특성을 소개한다.

정의 2.7 역함수(Inverse Function)

$f: X \rightarrow Y$를 전단사함수라고 하자. 그러면 $y=f(x)$를 만족하는 임의의 $x \in X$와 $y \in Y$에 대하여 $f^{-1}(y)=x$로 정의되는 함수 $f^{-1}: Y \rightarrow X$를 f의 역함수라고 한다.

참고로, 함수 $f: X \to Y$의 역함수 $f^{-1}: Y \to X$가 존재하기 위해서는 반드시 함수 f는 전단사함수이어야 한다는 사실에 유의해야 한다. 예컨대, 예제 2.10의 2)와 3)에서도 볼 수 있듯이 전단사함수가 아닌 함수의 역함수는 존재하지 않는다는 것을 확인할 수 있다.

예제 2.10

1) 〈그림 2.10〉과 같이 정의된 전단사함수 $f: X \to Y$가 주어져 있다고 하자.

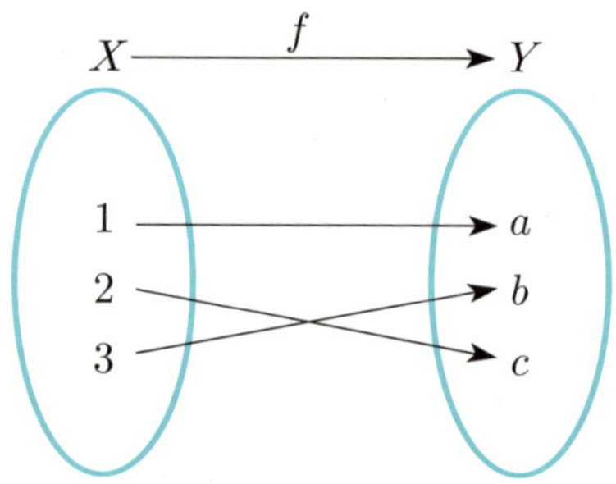

〈그림 2.10〉 X에서 Y로의 전단사함수 f

그러면 〈그림 2.11〉에서 보는 바와 같이 $f^{-1}(a)=1$, $f^{-1}(b)=3$, $f^{-1}(c)=2$와 같이 정의된 함수 $f^{-1}: Y \to X$는 f의 역함수이다.

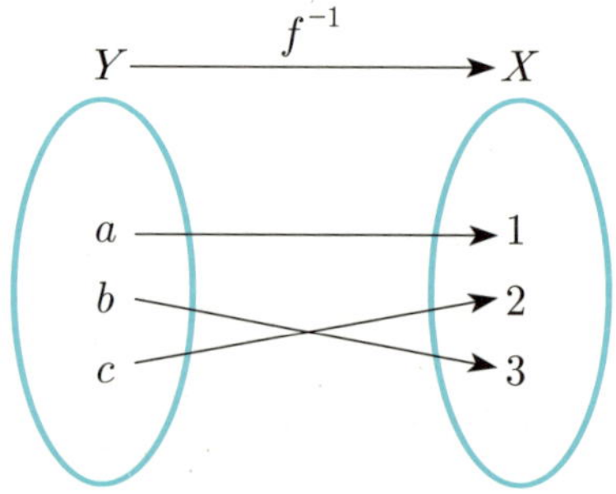

〈그림 2.11〉 f의 역함수 f^{-1}

2) 〈그림 2.12〉와 같이 정의된 함수 $g: X \to Y$가 주어져 있다고 하자.

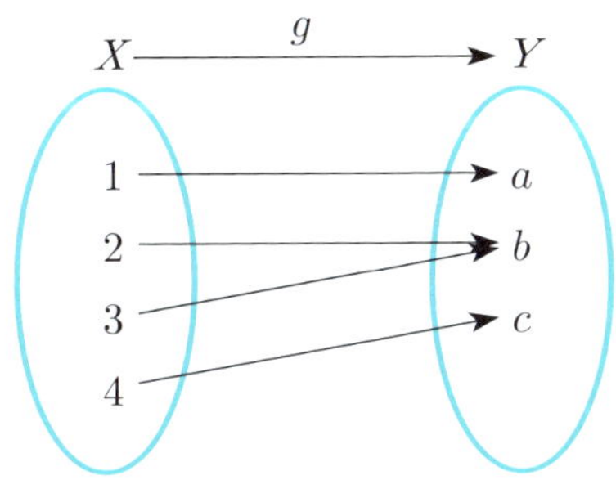

〈그림 2.12〉 X에서 Y로의 단사함수가 아닌 함수 g

그러면 g는 단사함수가 아니므로 g의 역함수 g^{-1}가 존재하지 않는다. 왜냐하면 $b \in Y$는 g^{-1}에 의해 X의 두 원소 2와 3에 대응되는데, 이는 함수가 되기 위한 조건 (2.1)의 2)에 위배되므로 g^{-1}는 함수가 아니기 때문이다.

3) 〈그림 2.13〉과 같이 정의된 함수 $h: X \to Y$가 주어져 있다고 하자.

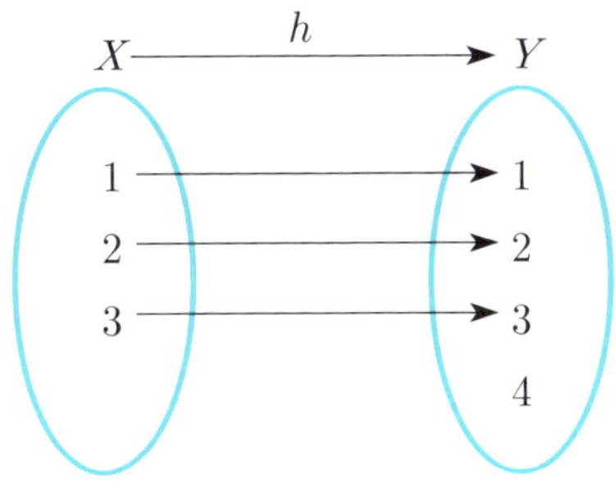

〈그림 2.13〉 X에서 Y로의 전사함수가 아닌 함수 h

그러면 h는 전사함수가 아니므로 h의 역함수 h^{-1}가 존재하지 않는다. 왜냐하면 $4 \in Y$는 h^{-1}에 의해 X의 어떤 원소에도 대응되지 않는데, 이는 함수가 되기 위한 조건 (2.1)의 1)에 위배되므로 h^{-1}는 함수가 아니기 때문이다.

만약 $f: X \to Y$가 전단사함수라면 $f^{-1}: Y \to X$도 전단사함수임을 알 수 있다. 실제로, $f: X \to Y$가 전단사함수라면 임의의 $y \in Y$에 대하여 $f(x) = y$를 만족하는 원소 $x \in X$가 유일하게 하나 존재한다. 따라서 임의의 $y \in Y$를 f^{-1}에 의해 $f(x)=y$를 만족하는 $x \in X$에 대응시키는 함수 $f^{-1}: Y \to X$를 정의한다면(즉, $f^{-1}(y)=x$로 정의한다면), f^{-1}는 잘 정의된 전단사함수가 됨을 쉽게 알 수 있다. 예컨대, 예제 2.10의 1)에 주어진 f^{-1}는 전단사함수이다.

다음에서 역함수의 특성을 소개하는 데 필요한 항등함수(identity function)의 개념을 정의한다.

정의 2.8 항등함수(Identity Function)

집합 X가 주어져 있다고 하자. 만약 모든 $x \in X$에 대하여 $f(x)=x$를 만족하면 함수 $f: X \to X$를 X상의 항등함수라고 하며, 1_X로 나타낸다.

예제 2.11

집합 $X=\{1,2,3\}$가 주어져 있다고 하자. 그러면 〈그림 2.14〉와 같이 정의된 함수 f는 X상의 항등함수이다.

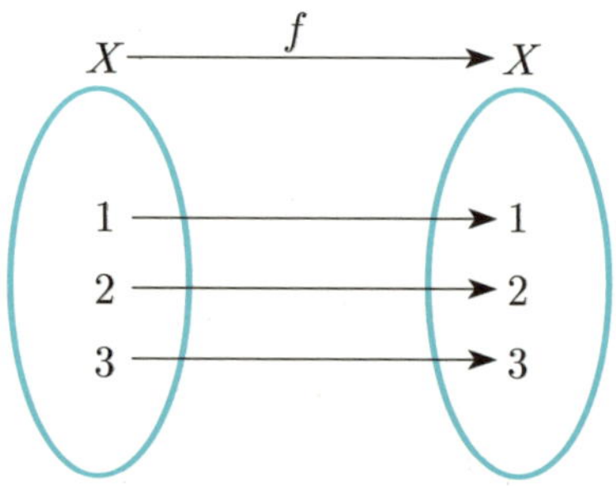

〈그림 2.14〉 X상의 항등함수 f

이제 전단사함수 $f: X \to Y$가 주어져 있다고 하고 〈그림 2.15〉와 〈그림 2.16〉에서와 같이 모든 $x \in X$와 $y \in Y$에 대하여 $f^{-1} \circ f(x)=x$와 $f^{-1} \circ f(y)=y$로 정의된 두 합성함수 $f^{-1} \circ f$ 와 $f^{-1} \circ f$를 고려해보자.

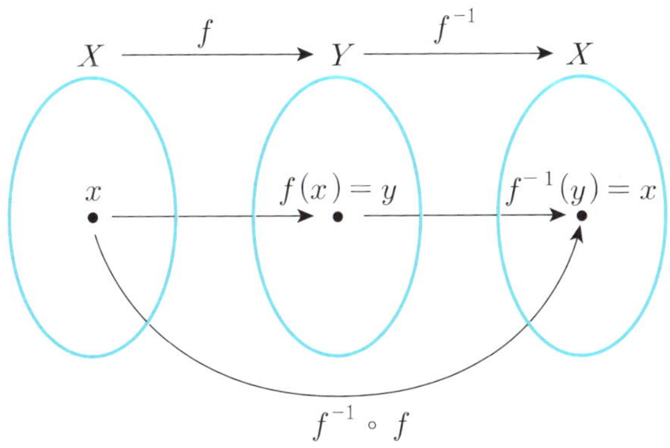

〈그림 2.15〉 $f^{-1} \circ f = 1_X$

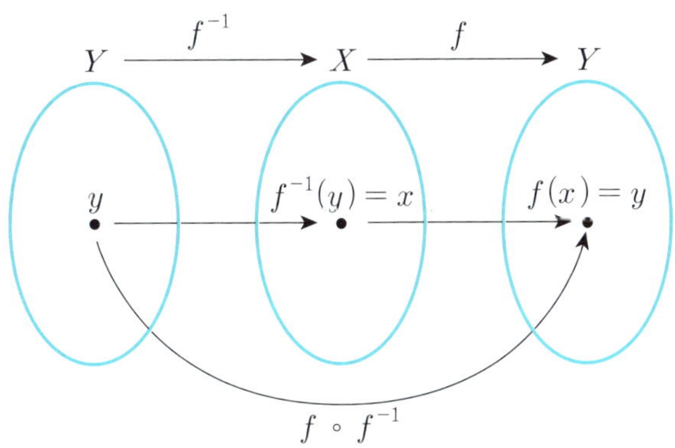

〈그림 2.16〉 $f \circ f^{-1} = 1_Y$

그러면 $f^{-1} \circ f = 1_X$와 $f \circ f^{-1} = 1_Y$가 성립함을 쉽게 알 수 있으며, 결과적으로 역함수의 특성을 나타내는 정리 2.1이 성립한다.

정리 2.1

전단사함수 $f: X \to Y$가 주어져 있다고 하자.
그러면 합성함수 $f^{-1} \circ f : X \to X$는 X상의 항등함수 1_X(즉, $f^{-1} \circ f = 1_X$)이고 $f \circ f^{-1} : Y \to Y$는 Y상의 항등함수 1_Y(즉, $f \circ f^{-1} = 1_Y$)이다.

마지막으로 전단사함수 f의 역함수(inverse function) f^{-1}를 구하는 방법에 대해 살펴보기로 보자. 앞에서 설명한 바와 같이, 일반적으로 함수 f에 의한 $x \in X$(독립변수)와 원소 $y \in Y$(종속변수) 사이의 관계는 $y = f(x)$로 나타내며(즉, 종속변수를 독립변수의 함수로 나타내며), 또한 f의 역함수 f^{-1}는 $x = f^{-1}(y)$로 구할 수 있는데, 이는 독립변수가 종속변수의 함수로 나타내진 형태이므로 일반적이지 않다. 따라서 다음과 같은 두 가지 방법을 활용하여 $x = f^{-1}(y)$를 일반적인 표현방법인(즉, 종속변수를 독립변수의 함수로 나타내는 방법인) $y = f^{-1}(x)$의 형태로 나타냄으로써 역함수 f^{-1}를 구할 수 있다.

방법 1) 먼저 $y = f(x)$에서 x를 y의 함수로 나타낸 다음 x와 y를 교환(swap)함으로써 $y = f^{-1}(x)$를 구한다. 사실, $y = f(x)$의 양변에 f^{-1}를 적용하고 정리 2.1의 $f^{-1} \circ f = 1_X$를 활용하면 $x = f^{-1}(y)$가 성립함을 알 수 있다. 이는 결과적으로 $y = f(x)$에서 x를 y의 함수로 나타낸 것임을 의미하며, $x = f^{-1}(y)$에서 x와 y를 교환함으로써 $y = f^{-1}(x)$를 구할 수 있다.

방법 2) 먼저 $y = f(x)$에서 x와 y를 교환한 다음 y를 x의 함수로 나타냄으로써 $y = f^{-1}(x)$를 구한다. 사실, $y = f(x)$에서 x와 y를 교환하면 $x = f(y)$를 얻는데, $x = f(y)$의 양변에 f^{-1}를 적용하고 정리 2.1의 $f^{-1} \circ f = 1_X$를 활용하면 $y = f^{-1}(x)$가 성립함을 알 수 있다. 이는 결과적으로 $x = f(y)$에서 y를 x의 함수로 나타낸 것임을 의미하며, 이로부터 $y = f^{-1}(x)$가 쉽게 구해짐을 알 수 있다.

예제 2.12

$y = f(x) = 2x - 1$로 정의되는 함수 $f : \mathbb{R} \to \mathbb{R}$가 주어져 있다고 하자. 그러면 f는 전단사함수임을 쉽게 알 수 있다. 이제 방법 1)과 방법 2)를 활용하여 f의 역함수 f^{-1}를 구해보자.

방법 1) 먼저 $y = 2x - 1$을 다음과 같이 x가 y의 함수인 $x = f^{-1}(y)$의 형태로 나

타낸다.

$$x=\frac{1}{2}(y+1)$$

윗식에서 x와 y를 교환함으로써 f의 역함수 $y=f^{-1}(x)$를 다음과 같이 구할 수 있다.

$$y=f^{-1}(x)=\frac{1}{2}(x+1)$$

방법 2) 먼저 $y=2x-1$에서 x와 y를 교환하여 다음과 같이 $x=f(y)$의 형태로 나타낸다.

$$x=2y-1$$

윗식에서 y를 x의 함수로 나타냄으로써 f의 역함수 $y=f^{-1}(x)$를 다음과 같이 구할 수 있다.

$$y=f^{-1}(x)=\frac{1}{2}(x+1)$$

2.5 다양한 함수들

본 절에서는 상수함수(constant function), 다항함수(polynomial function), 유리함수(rational function), 무리함수(irrational function), 지수함수(exponential function), 로그함수(logarithmic function) 등을 간략히 소개한다. 특히, 다항함수의 특별한 형태인 1차함수(linear function), 2차함수(quadratic function), 3차함수(cubic function) 등에 대해서도 간략히 소개한다.

정의 2.9 상수함수(Constant Function)

함수 $f: X \to Y$가 주어져 있다고 하자. 만약 X의 모든 원소가 Y의 같은 원소에 대응되면 f를 X에서 Y로의 상수함수라고 한다.

즉, 함수 $f: X \to Y$가 주어져 있다고 할 때, 어떤 한 원소 $y \in Y$에 대하여 $f(X) = \{y\}$가 성립하면 함수 f를 X에서 Y로의 상수함수라고 한다.

예제 2.13

두 집합 $X = \{1,2,3\}$, $Y = \{1,2,3,4\}$가 주어져 있다고 하자. 그러면 〈그림 2.17〉과 같이 정의된 함수 f는 X에서 Y로의 상수함수이다.

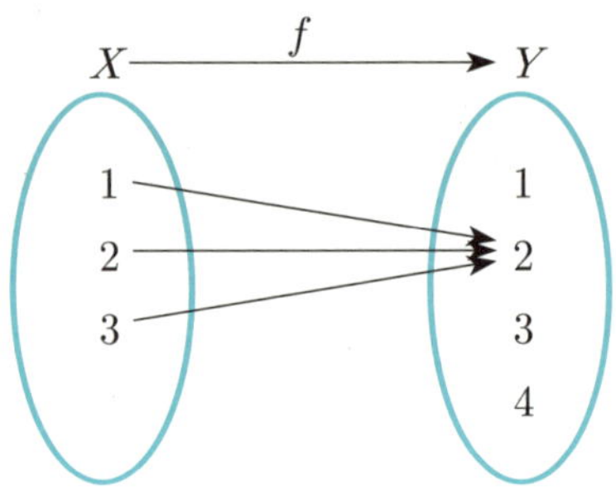

〈그림 2.17〉 X에서 Y로의 상수함수 f

정의 2.10 다항함수(Polynomial Function)

$f(x) = a_0 + a_1x + a_zx^2 + \cdots + a_nx^n$으로 정의되는 함수 $f: R \to R$을 다항함수라고 한다. 여기서 $a_i \in R$, $i = 0, 1, 2, \cdots, n$이고 $n \in N \cup \{0\}$이다.

특히, 만약 $a_n \neq 0$라면 $f(x) = a_0 + a_1x + a_zx^2 + \cdots + a_nx^n$을 차수(degree) n의 다항함수(혹은 n차 다항함수)라고 하며, 차수 n의 값에 따라 다항함수를 다음과 같이 부른다.

1) $n=0$인 경우 $f(x)=a_0$를 상수함수(constant function)라고 한다.

일반적으로 상수함수는 임의의 상수 $c \in \mathbb{R}$에 대하여 $f(x)=c$(혹은 $y=c$)의 형태로 나타내며, 이에 대한 그래프(graph)는 〈그림 2.18〉과 같이 x축(x-axis)과 평행(즉, 기울기(slope)$=0$)인 직선(straight line)이고 점(즉, y-절편(y-intercept)) $(0,c)$를 통과한다.

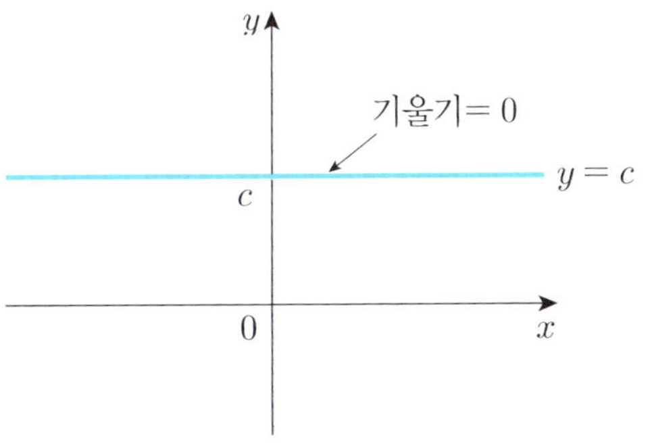

〈그림 2.18〉 상수함수 $y=c$의 그래프

2) $n=1$인 경우 $f(x)=a_0+a_1x$를 1차함수(linear function)라고 한다.

일반적으로 1차함수는 임의의 상수 $a,b \in \mathbb{R}(a \neq 0)$에 대하여 $f(x)=ax+b$(혹은 $y=ax+b$) 형태로 나타낸다. 〈그림 2.19〉에서 보는 바와 같이, $y=ax+b$의 그래프는 기울기 a와 y-절편 $(0,b)$에 의해 유일하게 결정되는 직선이다.

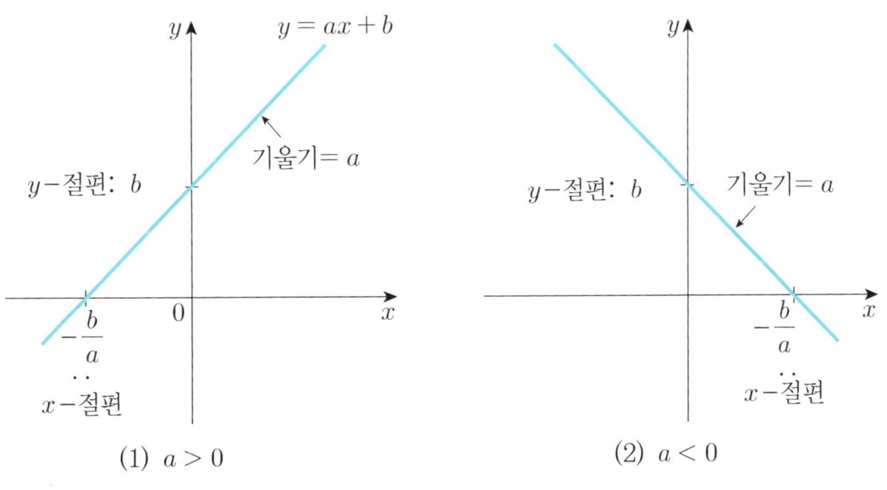

〈그림 2.19〉 1차함수 $y=ax+b$의 그래프

직선은 단지 두 점에 의해 유일하게 결정된다(즉, 두 점을 통과하는 직선은 유일하다)는 사실에 주목해야 한다. 따라서 1차함수의 그래프는 $y=ax+b$에 $y=0$과 $x=0$을 각각 대입하여 x–절편 $\left(-\dfrac{b}{a},0\right)$과 y–절편 $(0,b)$를 구한 다음 이 두 점(즉, x–절편과 y–절편)을 통과하는 직선을 구함으로써 쉽게 그릴 수 있다.

3) $n=2$인 경우 $f(x)=a_0+a_1x+a_2x^2$을 2차함수(quadratic function)라고 한다.

일반적으로 2차함수는 임의의 상수 $a,b,c\in\mathbb{R}(a\neq 0)$에 대하여 $f(x)=ax^2+bx+c$(또는 $y=ax^2+bx+c$)의 형태로 나타낼 수 있으며, 다음과 같이 완전제곱(perfect square)의 형태로 변환될 수 있음에 주목해야 한다.

$$\begin{aligned}f(x)&=ax^2+bx+c\\&=a\left\{x^2+\frac{b}{a}x+\left(\frac{b}{2a}\right)^2-\left(\frac{b}{2a}\right)^2\right\}+c\\&=a\left(x+\frac{b}{2a}\right)^2-\frac{b^2}{4a}+c\\&=a\left(x+\frac{b}{2a}\right)^2-\frac{b^2-4ac}{4a}\end{aligned}$$

이때 $\left(x+\dfrac{b}{2a}\right)^2\geq 0$이므로 만약 $a>0$이면 $f(x)$는 $x=-\dfrac{b}{2a}$에서 최소값 $-\dfrac{b^2-4ac}{4a}$를 갖는 반면, 만약 $a<0$라면 $f(x)$는 $x=-\dfrac{b}{2a}$에서 최대값 $-\dfrac{b^2-4ac}{4a}$를 갖는다. 실제로 $y=ax^2+bx+c$의 그래프는 〈그림 2.20〉에서도 볼 수 있듯이 $x=-\dfrac{b}{2a}$를 대칭축(axis of symmetry)으로 하고, $\left(-\dfrac{b}{2a},-\dfrac{b^2-4ac}{4a}\right)$를 꼭지점(vertex)으로 하는 포물선(parabola)이다.

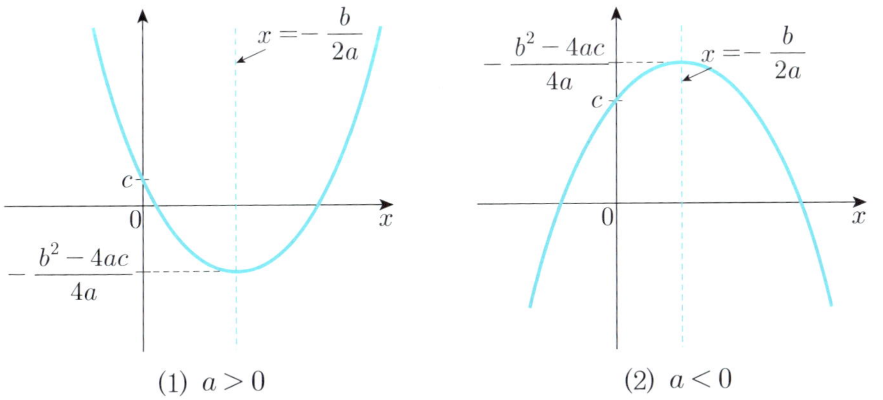

〈그림 2.20〉 2차함수 $y=ax^2+bx+c$의 그래프

사실, $y=ax^2+bx+c$의 그래프는 꼭지점, y-절편, x-절편을 구함으로써 간단히 그릴 수 있다. 앞에서도 설명하였듯이, $y=ax^2+bx+c$에 $x=0$을 대입하면 $y=c$이므로, y-절편 $(0,c)$는 쉽게 구할 수 있다. 또한, x-절편을 구하기 위해서는 $y=ax^2+bx+c$에 $y=0$을 대입하여 얻어진 2차방정식(quadratic equation) $ax^2+bx+c=0$을 풀어야 한다. 그런데 $ax^2+bx+c=a\left(x+\dfrac{b}{2a}\right)^2-\dfrac{b^2-4ac}{4a}$이므로 다음과 같이 2차방정식의 해를 구함으로써 x-절편을 구할 수 있다.

$$\begin{aligned} ax^2+bx+c=0 &\Rightarrow a\left(x+\frac{b}{2a}\right)^2-\frac{b^2-4ac}{4a}=0 \\ &\Rightarrow \left(x+\frac{b}{2a}\right)^2=\frac{b^2-4ac}{4a^2} \\ &\Rightarrow x+\frac{b}{2a}=\pm\frac{\sqrt{b^2-4ac}}{2a} \\ &\Rightarrow x=\frac{-b\pm\sqrt{b^2-4ac}}{2a} \end{aligned}$$

따라서, x-절편은 $\left(\dfrac{-b-\sqrt{b^2-4ac}}{2a},0\right)$과 $x=\left(\dfrac{-b+\sqrt{b^2-4ac}}{2a},0\right)$이다. 특

히, 2차방정식 $ax^2+bx+c=0$의 해 $x=\dfrac{-b\pm\sqrt{b^2-4ac}}{2a}$를 근의 공식(quadratic formula)이라고 한다.

4) $n=3$인 경우 $f(x)=a_0+a_1x+a_2x^2+a_3x^3$을 3차함수(cubic function)라고 한다.

일반적으로 3차함수는 임의의 상수 $a, b, c, d\in\mathbb{R}(a\neq 0)$에 대하여 $f(x)=ax^3+bx^2+cx+d$(또는 $y=ax^3+bx^2+cx+d$)의 형태로 나타낼 수 있으며, 이에 대한 그래프는 〈그림 2.21〉과 같다. 3차함수의 그래프를 그리는 방법에 대해서는 제7장에서 자세히 다루기로 한다.

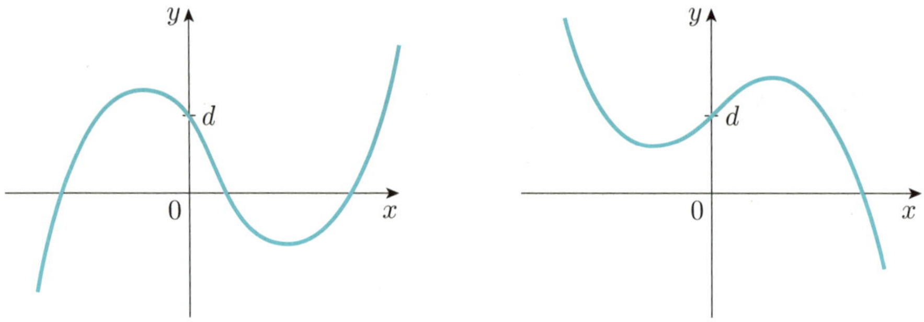

(1) $a>0$ (2) $a<0$

〈그림 2.21〉 3차함수 $y=ax^3+bx^2+cx+d$의 그래프

예제 2.14

1) 용봉주식회사에서는 자동차를 생산하는 데 1대당 5,000,000원의 고정비(fixed cost)와 1,000,000원의 변동비(variable cost)가 소요된다고 하자. 그러면 자동차 x대를 생산하는 데 소요되는 총비용은 1차함수 $f(x)=5{,}000{,}000+1{,}000{,}000x$로 나타낼 수 있다.

2) CNU유치원에서는 50m의 울타리를 이용해서 직사각형의 정원에 경계를 표시하려고 한다. 이때 정원의 길이(length)를 x라고 할 때 정원의 너비(width)는 $25-x$가 되며, 또한 정원의 넓이(area)는 2차함수 $f(x)=x(25-x)$로 나타낼 수 있다.

정의 2.11 유리함수(Rational Function)

$g(x)$와 $h(x)(h(x) \neq 0)$를 다항함수라고 하자. 그러면 $f(x)=\dfrac{g(x)}{h(x)}$로 정의되는 함수 $f:\mathbb{R} \to \mathbb{R}$을 유리함수라고 한다.

예제 2.15

제품 x단위를 생산하는 데 소요되는 총비용을 $C(x)=100+2x+x^2$이라고 하자. 그러면 제품 한 단위당 평균 비용은 유리함수 $f(x)=\dfrac{C(x)}{x}=\dfrac{100+2x+x^2}{x}$으로 구해진다.

정의 2.12 무리함수(Irrational Function)

만약 함수 $f(x)$를 어떠한 유리함수로도 나타낼 수 없다면 $f(x)$를 무리함수라고 한다.

예제 2.16

1) $f(x)=\sqrt{x+1}$는 무리함수이다.

2) $y=\sqrt{4-x^2}$는 무리함수이다.

정의 2.13 지수함수(Exponential Function)

임의의 상수 $a \in \mathbb{R}^+ - \{1\}$에 대하여 $f(x)=a^x$로 정의되는 함수 $f:\mathbb{R} \to \mathbb{R}^+$를 지수함수라고 한다. 여기서 a를 밑수(base), x를 지수(exponent)라고 한다.

특히, e를 $\lim\limits_{n \to \infty}(1+\dfrac{1}{n})^n = e \approx 2.71828182\cdots$로 정의된 무리수라고 할 때, 만약 $a=e$이면 $f(x)=e^x$를 자연지수함수(natural exponential function)라고 하며, 이는 제9장에서 연속복리하에서의 원리금(balance under continuously compounding interest)을 설명할 때 사용된다. 참고로, 극한(limit)의 개념은 제6장에서 소개하기로 한다.

정의 2.14 로그함수(Logarithmic Function)

임의의 상수 $a \in \mathbb{R}^{+} - \{1\}$에 대하여 $x = a^{f(x)}$로 정의되는 함수 $f : \mathbb{R}^{+} \to \mathbb{R}$을 로그함수라고 하며, $f(x) = \log_a x$로 나타낸다. 여기서 a를 밑수(base), x를 진수(antilogarithm)라고 한다.

지수함수 $y = f(x) = a^x$는 전단사함수이므로 역함수가 존재함은 쉽게 알 수 있다. 사실, 로그함수 $y = \log_a x$가 지수함수 $y = a^x$의 역함수이다. 왜냐하면 지수함수 $y = a^x$에서 x와 y를 교환함으로써 $y = a^x$의 역함수 $x = a^y$가 구해지며 $y = \log_a x$는 단지 y를 x의 함수로 나타낸 $x = a^y$의 또 다른 표현일 뿐이기 때문이다.

특히, 만약 $a = 10$이면 $f(x) = \log_{10} x$를 상용로그함수(common logarithmic function)라고 하고, $a = e$이면 $f(x) = \log_e x$를 자연로그함수(natural logarithmic function)라고 하며 $f(x) = \ln x$로 나타낸다. 로그함수에 대해서도 제9장에서 좀 더 상세히 설명할 것이다.

01. 다음 관계들의 함수 여부를 판단하라.

(1)

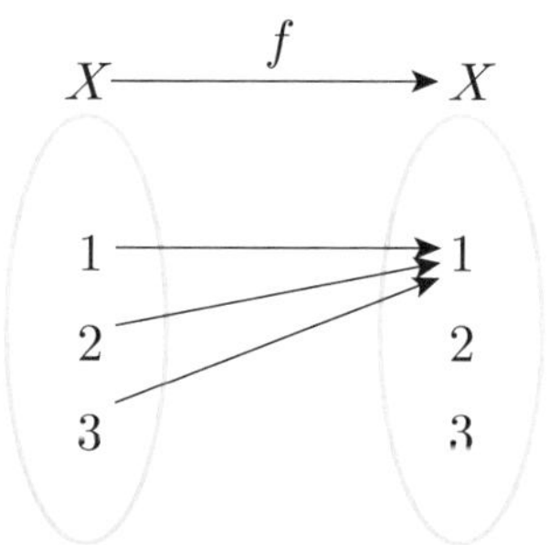

(2)

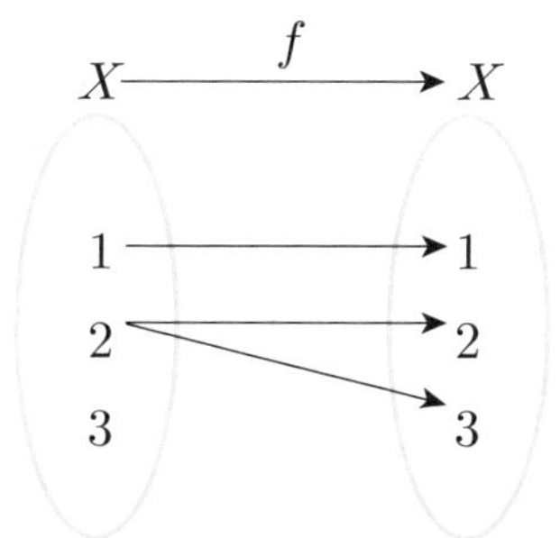

(3)

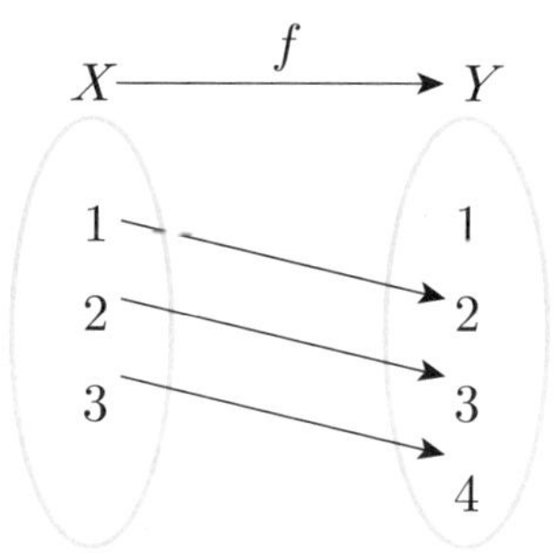

(4)

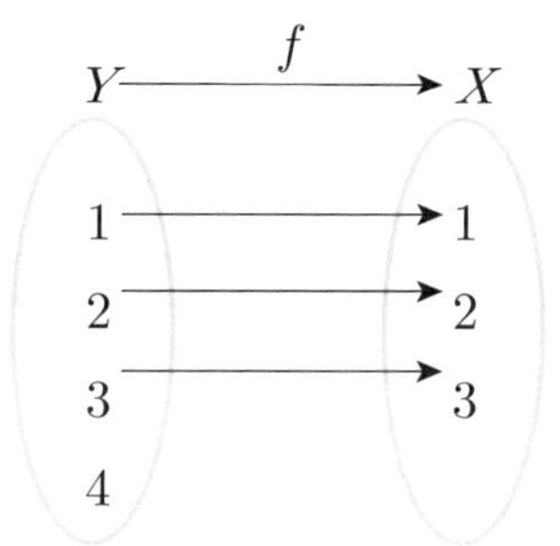

02. 집합 $X=\{1,2,3\}$와 $Y=\{1,2\}$가 주어져 있다고 하자. 그러면 X에서 Y로의 서로 다른 함수는 모두 몇 개이며, 또한 그것들은 무엇인가?

03. 다음과 같이 정의되는 함수 $f:\mathbb{R}\rightarrow\mathbb{R}$가 주어져 있다고 하자.

$$f(x)=\begin{cases} x-1 & \text{만약 } x\le 0 \text{이면} \\ x+1 & \text{그렇지 않으면} \end{cases}$$

$f(-1)$, $f(0)$, $f(1)$, $f(\sqrt{2})$, $f(\pi)$를 구하라.

04. 집합 $X=\{1,2,3\}$에 대하여 $f:X\rightarrow X$는 다음과 같이 정의되는 함수라고 할 때 f의 치역은 무엇인가?

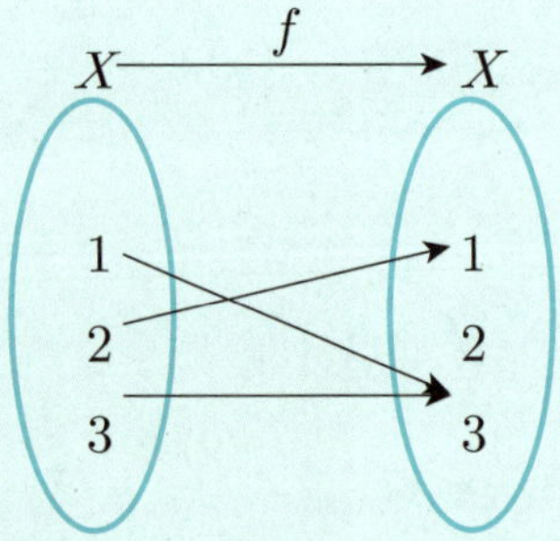

05. 다음 함수들의 정의역을 구하라.

(1) $f(x) = -2x+5$

(2) $f(x) = x^2+1$

(3) $f(x) = \dfrac{4}{2x-3}$

(4) $f(x) = \dfrac{x}{x+1}$

(5) $f(x) = \dfrac{x}{x^2+5}$

(6) $f(x) = \sqrt{3x-9}$

06. 제품 q단위를 생산하는 데 소요되는 총비용이 함수 $C(q) = q^2+100q-50$로 주어진다고 하자.

(1) 제품 5단위를 생산하는 데 소요되는 총비용을 구하라.

(2) 5번째 단위의 제품을 생산하는 데 소요되는 총비용을 구하라.

07. 다음과 같이 주어진 $\mathbb{R}$에서 $\mathbb{R}$로의 함수들에 대하여 단사함수, 전사함수, 전단사함수 여부를 결정하라.

(1) $f(x) = 3x+10$

(2) $f(x) = x^2-2x+2$

(3) $f(x) = |x|$

(4) $f(x) = \begin{cases} \sqrt{x-2} & \text{만약 } x \ge 2\text{이면} \\ x & \text{그렇지 않으면} \end{cases}$

08. $f(x)=3x^2+2x$와 $g(x)=x-1$로 정의된 $\mathbb{R}$에서 $\mathbb{R}$로의 함수 f와 g가 주어져 있다고 하자.

(1) $g \circ f(x)$를 구하라.

(2) $f \circ g(x)$를 구하라.

09. 다음과 같이 정의된 $\mathbb{R}$에서 $\mathbb{R}$로의 함수 h가 주어져 있다고 하자. 이때 $h(x)=g \circ f(x)$인 $f(x)$와 $g(x)$를 구하라.

(1) $h(x)=(x+1)^2-3(x+1)+5$

(2) $h(x)=\dfrac{7}{x^2+3}$

(3) $h(x)=\sqrt{3x^2+1}$

(4) $h(x)=\sqrt{x^2+2}-\dfrac{1}{x^2+3}$

10. 다음 함수들의 역함수를 구하라.

(1) $f(x)=-6x+7$로 정의된 함수 $f:\ \mathbb{R}\rightarrow\mathbb{R}$

(2) $f(x)=\dfrac{1}{2}(x-9)$로 정의된 함수 $f:\ \mathbb{R}\rightarrow\mathbb{R}$

(3) $f(x)=\dfrac{1}{x}$로 정의된 함수 $f:\ \mathbb{R}^+\rightarrow\mathbb{R}^+$

(4) $f(x)=\sqrt{x-3}$으로 정의된 함수 $f:[3,\infty)\rightarrow[0,\infty)$,
여기서 $[3,\infty)=\{x\in\mathbb{R}\,|\,x\geq 3\}$이고 $[0,\infty)=\{x\in\mathbb{R}\,|\,x\geq 0\}$

(5) $f(x)=(x-1)^2+2$로 정의된 함수 $f:[1,\infty)\rightarrow[2,\infty)$,
여기서 $[1,\infty)=\{x\in\mathbb{R}\,|\,x\geq 1\}$이고 $[2,\infty)=\{x\in\mathbb{R}\,|\,x\geq 2\}$

11. x-절편과 y-절편을 구하여 다음에 주어진 1차함수들의 그래프를 그려라.

(1) $y=2x+3$ (2) $y=-2x+3$

(3) $y=2x-3$ (4) $y=-2x-3$

12. 꼭지점, x-절편, y-절편 등을 구하여 다음에 주어진 2차함수들의 그래프를 그려라.

(1) $f(x)=2x^2+5x+2$

(2) $y=x^2-5$

(3) $f(x)=-2x^2+9x-4$

(4) $y=-3x^2+2x+1$

제 3 장

행렬

제 3 장 행렬

행렬(matrix)은 행(row)과 열(column)에 나열된 숫자들의 직사각형 배열(rectangular array)이다. 행렬은 1차연립방정식(system of linear equations), 최적화이론(optimization theories), 게임이론(game theories), 통계학(statistics) 등과 관련된 다양한 응용문제들을 해결하는 데 광범위하게 사용된다.

본 장에서는 먼저 행렬의 정의를 소개한 후 행렬의 합(addition of matrices), 행렬의 스칼라곱(scalar multiplication of matrix), 행렬의 곱(matrix multiplication) 등을 정의한다. 아울러, 행렬의 연산들(matrix operations)을 소개하고 다양한 종류의 행렬 및 부분행렬의 곱(product by submatrices)의 개념에 대해 간략히 소개한다.

3.1 행렬

일반적으로 경영환경에서 발생되는 의사결정문제들에 대한 최적의 해를 구하기 위해 다양한 유형의 자료들이 수집되고 분석되는데, 이러한 자료들을 다음과 같이 정의된 행렬이라고 불리는 형태로 저장하여 효율적으로 활용할 수 있다.

정의 3.1 **행렬(Matrix)**

모든 $i=1,2,\cdots,m$과 $j=1,2,\cdots,n$에 대하여 $a_{ij}\in\mathbb{R}$이라고 하자. 그러면 $A=\begin{pmatrix} a_{11} & a_{12} & \cdots & a_{1n} \\ a_{21} & a_{22} & \cdots & a_{2n} \\ \vdots & \vdots & & \vdots \\ a_{m1} & a_{m2} & \cdots & a_{mn} \end{pmatrix}$와 같은 형태로 나열된 mn개의 숫자 a_{ij}들의 배열(array of numbers a_{ij})을 $m\times n$ 행렬이라고 한다.

A를 $m\times n$ 행렬이라고 할 때 $m\times n$을 행렬 A의 크기(size)(또는 차수(order))라고 하며, 보통 'm by n'이라고 읽는다. 특히 행렬 A에 나열되어 있는 숫자 a_{ij}를 행렬 A의 (i,j) 성분(entry) 또는 (i,j) 원소(element)라고 하며, 가끔 A를 $A=(a_{ij})$ (또는 $A=(a_{ij})_{m\times n}$)로 나타낸다. 아울러, 임의의 $i=1,2,\cdots,m$과 $j=1,2,\cdots,n$에 대하여 $1\times n$ 행렬 $(a_{i1}\,a_{i2}\ldots a_{in})$을 $i-$번째 행벡터($i-th$ row vector)(또는 $i-$번째 행($i-th$ row))이라고 하고 $m\times 1$ 행렬 $\begin{pmatrix} a_{1j} \\ a_{2j} \\ \vdots \\ a_{mj} \end{pmatrix}$를 $j-$번째 열벡터($j-th$ column vector)(또는 $j-$번째 열($j-th$ column))이라고 한다. 참고로, 행렬 A의 (i,j) 성분 또는 (i,j) 원소 a_{ij}를 $i-$번째 행과 $j-$번째 열의 성분(간략히 i행j열의 성분) 또는 i행j열의 원소라고도 부른다.

예제 3.1

한 자동차 회사에서는 3종류의 자동차를 생산하는데 각 자동차는 3가지 공정을 거치며, 각각의 공정들은 〈표 3.1〉과 같은 작업시간을 필요로 한다고 하자.

〈표 3.1〉 공정별 작업시간

	공정 1	공정 2	공정 3
자동차 1	1	2	3
자동차 2	2	1	2
자동차 3	1	1	2

그러면 〈표 3.1〉에 주어진 자료는 3×3 행렬 $A = \begin{pmatrix} 1 & 2 & 3 \\ 2 & 1 & 2 \\ 1 & 1 & 2 \end{pmatrix}$와 같이 저장할 수 있다.

정의 3.2 행렬의 상등(Equality of Matrices)

두 행렬 $A = (a_{ij})_{m \times n}$와 $B = (b_{kl})_{s \times t}$가 주어져 있다고 할 때 다음의 두 가지 조건을 만족하면 두 행렬 $A = (a_{ij})_{m \times n}$와 $B = (b_{kl})_{s \times t}$는 서로 동일(상등)하다고 하며, $A = B$로 나타낸다.

1) $m = s$이고 $n = t$이다.

2) 만약 $i = k$이고 $j = l$이면 $a_{ij} = b_{kl}$이다.

참고로, 정의 3.2에서 조건 1)은 두 행렬의 크기가 같음을 의미하며, 조건 2)는 모든 i, j에 대하여 두 행렬의 (i,j) 성분이 같음을 의미한다. 또한, 만약 두 행렬 A와 B가 서로 동일하지 않다면 "$A \neq B$"로 나타낸다.

예제 3.2

1) 두 행렬 $A = \begin{pmatrix} 1 & 2 & 3 \\ 4 & 5 & 6 \end{pmatrix}$와 $B = \begin{pmatrix} 1 & 4 \\ 2 & 5 \\ 3 & 6 \end{pmatrix}$가 주어져 있다고 하자. 그러면 두 행렬 A와 B는 크기가 서로 다르기 때문에 $A \neq B$이다. 실제로 행렬 A의 크기는 2×3인 반면 행렬 B의 크기는 3×2이다.

2) 두 행렬 $A = \begin{pmatrix} 1 & 2 \\ 3 & 4 \end{pmatrix}$와 $B = \begin{pmatrix} 1 & 2 \\ 3 & 5 \end{pmatrix}$가 주어져 있다고 하자. 그러면 A의 $(2,2)$ 성분 a_{22}는 4(즉, $a_{22} = 4$)이고 B의 $(2,2)$ 성분은 5(즉, $b_{22} = 5$)로써 서로 같지 않기 때문에 $A \neq B$이다.

3.2 행렬의 연산

본 절에서는 행렬의 합(addition of matrices), 행렬의 스칼라곱(scalar multiplication of matrix), 행렬의 곱(matrix multiplication) 등을 정의하고 다

양한 행렬의 연산들(matrix operations)을 소개한다.

$Mat_{m\times n}(\mathbb{R})=\{(a_{ij})_{m\times n}|a_{ij}\in\mathbb{R}\}$을 모든 $m\times n$ 행렬들의 집합이라고 하자. 그러면 행렬의 합을 다음과 같이 정의할 수 있다.

정의 3.3 행렬의 합(Addition of Matrices)

두 개의 $m\times n$ 행렬 $A=(a_{ij})$, $B=(b_{ij})\in Mat_{m\times n}(\mathbb{R})$가 주어져 있다고 하자. 그러면 $A+B$로 표현되는 두 행렬 A와 B의 합은 $A+B=(a_{ij}+b_{ij})$로 정의된다.

정의 3.3에서도 볼 수 있듯이 두 행렬 A와 B의 합 $A+B$의 (i,j) 성분은 A와 B의 각 (i,j) 성분의 합(즉, $a_{ij}+b_{ij}$)으로 정의되므로 당연히 서로 다른 크기를 갖는 두 행렬의 합은 정의될 수 없음에 유의해야 한다.

예제 3.3

1) 두 개의 2×3 행렬 $A=\begin{pmatrix}1&2&3\\4&5&6\end{pmatrix}$와 $B=\begin{pmatrix}1&0&1\\0&1&2\end{pmatrix}$가 주어져 있다고 하자. 그러면 두 행렬 A와 B의 합은 $A+B=\begin{pmatrix}1+1&2+0&3+1\\4+0&5+1&6+2\end{pmatrix}=\begin{pmatrix}2&2&4\\4&6&8\end{pmatrix}$로 구해진다.

2) 2×2 행렬 $A=\begin{pmatrix}1&2\\3&4\end{pmatrix}$와 2×1 행렬 $B=\begin{pmatrix}1\\2\end{pmatrix}$가 주어져 있다고 하자. 그러면 두 행렬 A와 B의 크기가 서로 다르기 때문에 두 행렬 A와 B의 합 $A+B$는 정의될 수 없다.

이제 다음과 같이 행렬의 스칼라곱을 정의한다.

정의 3.4 행렬의 스칼라곱(Scalar Multiplication of Matrix)

$m\times n$ 행렬 $A=(a_{ij})\in Mat_{m\times n}(\mathbb{R})$와 임의의 상수(스칼라) $c\in\mathbb{R}$가 주어져 있다고 하자. 그러면 cA로 표현되는 c에 의한 A의 스칼라곱은

$cA=(ca_{ij})=\begin{pmatrix}ca_{11}&ca_{12}&\cdots&ca_{1n}\\ca_{21}&ca_{22}&\cdots&ca_{2n}\\\vdots&\vdots&&\vdots\\ca_{m1}&ca_{m2}&\cdots&ca_{mn}\end{pmatrix}$로 정의된다.

정의 3.4에서도 볼 수 있듯이 c에 의한 A의 스칼라곱 cA의 (i,j) 성분은 A의 (i,j) 성분에 스칼라 c를 곱한 것(즉, ca_{ij})으로 정의됨을 알 수 있다.

예제 3.4

2×3 행렬 $A=\begin{pmatrix} 1 & 2 & -1 \\ -1 & 0 & 3 \end{pmatrix}$가 주어져 있다고 하자. 그러면

$$2A=\begin{pmatrix} 2\times 1 & 2\times 2 & 2\times(-1) \\ 2\times(-1) & 2\times 0 & 2\times 3 \end{pmatrix}=\begin{pmatrix} 2 & 4 & -2 \\ -2 & 0 & 6 \end{pmatrix}$$ 이고,

$$-A=\begin{pmatrix} (-1)\times 1 & (-1)\times 2 & (-1)\times(-1) \\ (-1)\times(-1) & (-1)\times 0 & (-1)\times 3 \end{pmatrix}=\begin{pmatrix} -1 & -2 & 1 \\ 1 & 0 & -3 \end{pmatrix}$$ 이다.

임의의 $A, B\in Mat_{m\times n}(\mathbb{R})$에 대하여 A와 B의 뺄셈은 $A-B$로 나타내며, 정의 3.3과 정의 3.4에 의해 $A-B=A+(-1)B$ 로 정의되는 것을 쉽게 알 수 있다. 또한 $A-B$의 (i,j) 성분은 A와 B의 각 (i,j) 성분의 차(즉, $a_{ij}-b_{ij}$)임을 알 수 있다.

예제 3.5

2×3 행렬 $A=\begin{pmatrix} 1 & 2 & 3 \\ -1 & -2 & -3 \end{pmatrix}$와 $B=\begin{pmatrix} 3 & 1 & 2 \\ 1 & -1 & 2 \end{pmatrix}$가 주어져 있다고 하자.

그러면 $A-B=\begin{pmatrix} 1-3 & 2-1 & 3-2 \\ -1-1 & -2-(-1) & -3-2 \end{pmatrix}=\begin{pmatrix} -2 & 1 & 1 \\ -2 & -1 & -5 \end{pmatrix}$이다.

일반적으로 행렬의 합과 행렬의 스칼라곱에 대해 다음의 성질들(properties)이 성립한다.

정리 3.1

$A, B, C\in Mat_{m\times n}(\mathbb{R})$이라고 할 때 다음이 성립한다.

1) 교환법칙(commutative law)

$A+B=B+A$

2) 결합법칙(associative law)
$(A+B)+C=A+(B+C)$
3) 덧셈에 대한 항등원(identity element for addition)
$A+O=O+A=A$를 만족하는 $O \in Mat_{m \times n}(\mathbb{R})$이 존재한다(여기서, O는 모든 (i,j) 성분이 0인 $m \times n$ 영행렬(zero matrix)이며, 행렬 A의 덧셈에 대한 항등원(identity element)이라고 한다).
4) 덧셈에 대한 역원(inverse element for addition)
$A+(-A)=(-A)+A=O$을 만족하는 $-A \in Mat_{m \times n}(\mathbb{R})$가 존재한다(여기서, $-A$를 행렬 A의 덧셈에 대한 역원(inverse element)이라고 한다).

증명 | 성질 1)~4)는 정의 3.3과 3.4를 적용함으로써 쉽게 증명할 수 있으므로 연습문제로 남겨두고자 한다.

이제 경영 관련 문제들을 해결하는데 널리 사용되는 행렬의 곱(matrix multiplication)에 대한 개념을 설명하기로 한다. 먼저 두 행렬의 곱이 어떻게 정의되는지에 대해 다음 정의에서 살펴보기로 한다.

정의 3.5 행렬의 곱(Matrix Multiplication)

두 개의 행렬 $A=(a_{ij}) \in Mat_{m \times n}(\mathbb{R})$와 $B=(b_{jk}) \in Mat_{n \times p}(\mathbb{R})$가 주어져 있다고 하자. 그러면 AB로 표현되는 두 행렬 A와 B의 곱은 $m \times p$ 행렬이며, $AB=(c_{ik})_{m \times p}$로 정의된다. 여기서, AB의 (i,k) 성분 c_{ik}는 $c_{ik}=\sum_{j=1}^{n} a_{ij}b_{jk}$로 정의된다.

정의 3.5에서도 볼 수 있듯이, 두 행렬 A와 B의 곱 AB가 잘 정의되기 위해서는 반드시 A의 열 개수와 B의 행 개수가 같아야 한다는 점에 유의해야 한다. 사실, 정의 3.5에서 AB의 (i,k) 성분 c_{ik}는 $c_{ik}=\sum_{j=1}^{n} a_{ij}b_{jk}$로 정의되는데, 이는 행렬 A의 i행에 있는 (i,j) 성분 a_{ij}와 행렬 B의 k열에 있는 (j,k) 성분 b_{jk}를 서로 곱하여 더함으로써 구해진다는 것을 의미한다. 따라서, AB의 (i,k) 성분 c_{ik}가 잘 정의되기 위해서는 행렬 A의 i행에 있는 (i,j) 성분의 개수(즉, A의 열 개수 n)와 행렬 B의 k열에 있는 (j,k) 성분의 개수(즉, B의 행 개수 n)가 같아야 함을 알 수 있다.

예제 3.6

1) 두 행렬 $A=(1\ \ 2\ \ 3)$와 $B=\begin{pmatrix}4\\5\\6\end{pmatrix}$가 주어져 있다고 하자. 그러면 A는 1×3 행렬이고 B는 3×1 행렬이므로 A와 B의 곱 AB는 잘 정의되며, AB는 1×1 행렬인 스칼라(상수)이다. 실제로, $AB=(1\ \ 2\ \ 3)\begin{pmatrix}4\\5\\6\end{pmatrix}=(1\times4+2\times5+3\times6)=(32)=32$ 이다.

2) 두 행렬 $A=\begin{pmatrix}1&2\\3&4\end{pmatrix}$와 $B=\begin{pmatrix}5\\6\end{pmatrix}$가 주어져 있다고 하자. 그러면 A는 2×2행렬이고 B는 2×1행렬이므로, A와 B의 곱 AB는 2×1행렬로 잘 정의되며, $AB=\begin{pmatrix}1\times5+2\times6\\3\times5+4\times6\end{pmatrix}=\begin{pmatrix}17\\39\end{pmatrix}$이다.

3) 두 행렬 $A=\begin{pmatrix}1\\2\end{pmatrix}$와 $B=\begin{pmatrix}3&4\\-1&1\end{pmatrix}$가 주어져 있다고 하자. 그러면 A는 2×1 행렬이고 B는 2×2 행렬이므로 A의 열 개수와 B의 행 개수가 같지 않기 때문에 A와 B의 곱 AB는 정의될 수 없다.

4) 다음과 같은 1차연립방정식이 주어져 있다고 하자(1차연립방정식에 대해서는 제5장에서 구체적으로 논의한다).

$$\begin{cases}x_1+\ x_2=5\\2x_1+3x_2=2\end{cases}$$

이는 다음과 같이 행렬의 곱을 활용하여 $Ax=b$의 형태로 간략히 나타낼 수 있다. 여기서, 행렬 A, x, b 는 각각 $A=\begin{pmatrix}1&1\\2&3\end{pmatrix}$, $x=\begin{pmatrix}x_1\\x_2\end{pmatrix}$, $b=\begin{pmatrix}5\\2\end{pmatrix}$이다.

5) 용봉주식회사에서는 두 종류의 중형 자동차와 두 종류의 고급 자동차를 생산하여 다음과 같은 가격으로 자동차를 판매할 예정이다.

(단위: 원)

	자동차 1	자동차 2
중형	20,000,000	25,000,000
고급	60,000,000	80,000,000

그런데 용봉주식회사에서는 중형 자동차와 고급 자동차에 대해서 각각 10%, 15% 할인된 가격으로 자동차를 판매하기로 결정하였다고 한다. 이때 다음과 같은 행렬의 곱을 활용함으로써 각 자동차에 대한 실제 판매가격을 구할 수 있다.

$$\begin{pmatrix} 0.9 & 0 \\ 0 & 0.85 \end{pmatrix}\begin{pmatrix} 20,000,000 & 25,000,000 \\ 60,000,000 & 80,000,000 \end{pmatrix} = \begin{pmatrix} 18,000,000 & 22,500,000 \\ 51,000,000 & 68,000,000 \end{pmatrix}.$$

일반적으로 다음과 같은 행렬의 연산들이 성립한다.

정리 3.2

$A=(a_{ij})\in Mat_{m\times n}(\mathbb{R})$, $B=(b_{jk})$, $C=(c_{jk})\in Mat_{n\times p}(\mathbb{R})$, $D=(d_{kl})\in Mat_{p\times q}(\mathbb{R})$가 주어져 있다고 할 때 다음이 성립한다.

1) 결합법칙(associative law)
$A(BD)=(AB)D$

2) 분배법칙(distributive law)
$A(B+C)=AB+AC$와
$(B+C)D=BD+CD$

증명 1)~2)에 대한 증명은 정의 3.3과 정의 3.5를 활용하면 어렵지 않게 할 수 있으므로 연습문제로 남겨두고자 한다.

비고 3.1

1) 일반적으로 행렬의 곱에서 교환법칙은 성립하지 않는다.

예를 들어, $A=(1\ 2)$이고 $B=\begin{pmatrix}3\\4\end{pmatrix}$일 때 $AB=(1\ \ 2)\begin{pmatrix}3\\4\end{pmatrix}=1\times3+2\times4=11$인 반면, $BA=\begin{pmatrix}3\\4\end{pmatrix}(1\ \ 2)=\begin{pmatrix}3\times1 & 3\times2\\4\times1 & 4\times2\end{pmatrix}=\begin{pmatrix}3 & 6\\4 & 8\end{pmatrix}$이므로 $AB\neq BA$임을 쉽게 알 수 있다.

2) $AB=AC$이고 $A\neq O$이라고 할지라도 $B=C$가 항상 성립하지는 않는다 (즉, 행렬의 곱에서 소거법칙(cancellation law)은 성립하지 않는다).
예를 들어, $A=\begin{pmatrix}1 & -1\\1 & -1\end{pmatrix}$, $B=\begin{pmatrix}1 & 2\\1 & 3\end{pmatrix}$, $C=\begin{pmatrix}0 & 2\\0 & 3\end{pmatrix}$이라고 할 때
$AB=\begin{pmatrix}0 & -1\\0 & -1\end{pmatrix}=AC$이고 $A\neq O$이지만 $B\neq C$임을 알 수 있다.

3) 비록 $A\neq O$이고 $B\neq O$이라고 하더라도 $AB=O$이 성립할 수 있다.
예를 들어, $A=\begin{pmatrix}1 & 1\\1 & 1\end{pmatrix}$이고 $B=\begin{pmatrix}-1 & 0\\1 & 0\end{pmatrix}$이라고 할 때 명백히 $A\neq O$이고 $B\neq O$임에도 불구하고 $AB=\begin{pmatrix}0 & 0\\0 & 0\end{pmatrix}=O$임을 알 수 있다.

3.3 다양한 종류의 행렬

본 절에서는 정방행렬(square matrix), 단위행렬(identity matrix), 대각행렬(diagonal matrix), 삼각행렬(triangular matrix), 전치행렬(transpose of matrix), 대칭행렬(symmetric matrix), 역행렬(inverse matrix) 등과 같은 다양한 종류의 행렬을 소개한다.

정의 3.6 정방행렬(Square Matrix)

같은 수의 행과 열을 가진 행렬을 정방행렬이라고 한다.

예제 3.7

$A=\begin{pmatrix}1&2\\3&4\end{pmatrix}$와 $B=\begin{pmatrix}1&2&3\\4&5&6\\7&8&9\end{pmatrix}$는 행과 열의 수가 각각 2개와 3개로 동일하므로 정방행렬이다.

정의 3.7 항등행렬(Identity Matrix)

$A=(a_{ij})\in Mat_{n\times n}(\mathbb{R})$가 주어져 있다고 하자. 만약 임의의 $i,j=1,2,\cdots,n$에 대하여

$$a_{ij}=\begin{cases}1 & \text{만약 } i=j\text{이면}\\ 0 & \text{그렇지 않으면}\end{cases}$$

이라고 할 때 A를 $n\times n$ 항등행렬이라고 하고 I_n으로 나타낸다.

즉, $n\times n$ 항등행렬은 $I_n=\begin{pmatrix}1&0&\cdots&0\\0&1&\cdots&0\\\vdots&\vdots&&\vdots\\0&0&\cdots&1\end{pmatrix}$로 정의됨을 알 수 있으며, 다음과 같은 성질이 성립함을 쉽게 증명할 수 있다.

정리 3.3

$A=(a_{ij})\in Mat_{n\times n}(\mathbb{R})$가 주어져 있다고 할 때 $AI_n=I_nA=A$가 성립한다.

증명 | b_{jk}를 I_n의 (j,k) 성분이라고 하고 c_{ik}를 AI_n의 (i,k) 성분이라고 하자. 그러면 정의 3.7에 의해

$$b_{jk}=\begin{cases}1 & \text{만약 } j=k\text{이면}\\ 0 & \text{그렇지 않으면}\end{cases}$$

이며, 또한 정의 3.5에 의해 임의의 $i,k=1,2,\cdots,n$에 대하여 $c_{ik}=\sum_{j=1}^{n}a_{ij}b_{jk}$ 임을 알 수 있다. 따라서 임의의 $i,k=1,2,\cdots,n$에 대하여 $c_{ik}=a_{ik}$가 성립하기 때문에 $AI_n=A$가 성립한다. 유사한 방법으로 $I_nA=A$도 성립함을 증명할 수 있다.

비고 3.2

만약 $A \in Mat_{m\times n}(\mathbb{R})$이면 $AI_n = I_mA = A$가 성립한다. 특히, $A \in Mat_{n\times n}(\mathbb{R})$이면 $AI_n = I_nA = A$가 성립하므로 $n\times n$ 항등행렬 I_n을 행렬의 곱셈에 대한 항등원(identity element for multiplication)이라고 한다.

예제 3.8

2×3 행렬 $A=\begin{pmatrix}1&2&3\\4&5&6\end{pmatrix}$가 주어져 있다고 하자. 그러면 $I_2A=\begin{pmatrix}1&0\\0&1\end{pmatrix}\begin{pmatrix}1&2&3\\4&5&6\end{pmatrix}$ $=\begin{pmatrix}1&2&3\\4&5&6\end{pmatrix}=A$가 성립하며, $AI_3=\begin{pmatrix}1&2&3\\4&5&6\end{pmatrix}\begin{pmatrix}1&0&0\\0&1&0\\0&0&1\end{pmatrix}=\begin{pmatrix}1&2&3\\4&5&6\end{pmatrix}=A$가 성립한다.

정의 3.8 대각행렬(Diagonal Matrix)

$A=(a_{ij})\in Mat_{n\times n}(\mathbb{R})$가 주어져 있다고 하자. 만약 $i\neq j$를 만족하는 임의의 $i,j=1,2,\cdots,n$에 대하여 $a_{ij}=0$이면 A를 $n\times n$ 대각행렬이라고 한다.

정의 3.8에서 볼 수 있듯이, 대각행렬은 주대각선(main diagonal)을 제외한 모든 원소가 0이어야 함을 의미하므로 결과적으로 $\begin{pmatrix}*&0&\cdots&0\\0&*&\cdots&0\\\vdots&\vdots&&\vdots\\0&0&\cdots&*\end{pmatrix}$의 형태를 갖는 정방행렬임을 알 수 있다(여기서 *는 임의의 상수이다).

예제 3.9

다음의 행렬들은 대각행렬이다.

$$A=\begin{pmatrix}1&0&0\\0&2&0\\0&0&3\end{pmatrix},\ B=\begin{pmatrix}1&0&0\\0&0&0\\0&0&0\end{pmatrix},\ I_2=\begin{pmatrix}1&0\\0&1\end{pmatrix},\ O=\begin{pmatrix}0&0&0&0\\0&0&0&0\\0&0&0&0\\0&0&0&0\end{pmatrix}$$

이제 삼각행렬(triangular matrix)에 대한 정의를 소개하기로 한다. 삼각행렬은 상위삼각행렬(upper triangular matrix)과 하위삼각행렬(lower triangular matrix)로 구분된다.

정의 3.9 **삼각행렬(Triangular Matrix)**

$A=(a_{ij})\in Mat_{n\times n}(\mathbb{R})$가 주어져 있다고 하자.

1) 만약 $i>j$인 임의의 $i,j=1,2,\cdots,n$에 대하여 $a_{ij}=0$이면(즉, 주대각선 아래의 모든 원소들이 0이면) A를 상위삼각행렬(upper triangular matrix)이라고 한다.
2) 만약 $i<j$인 임의의 $i,j=1,2,\cdots,n$에 대하여 $a_{ij}=0$이면(즉, 주대각선 위의 모든 원소들이 0이면) A를 하위삼각행렬(lower triangular matrix)이라고 한다.

예제 3.10

1) $A=\begin{pmatrix}1&2&3\\0&4&5\\0&0&6\end{pmatrix}$, $B=\begin{pmatrix}0&1&2\\0&0&3\\0&0&4\end{pmatrix}$, $C=\begin{pmatrix}0&0&0\\0&0&0\\0&0&0\end{pmatrix}$은 상위삼각행렬이다.

2) $D=\begin{pmatrix}1&0&0\\2&3&0\\4&5&6\end{pmatrix}$, $E=\begin{pmatrix}1&0&0\\2&0&0\\3&4&0\end{pmatrix}$, $C=\begin{pmatrix}0&0&0\\0&0&0\\0&0&0\end{pmatrix}$은 하위삼각행렬이다.

정의 3.10 **전치행렬(Transpose of Matrix)**

$A=(a_{ij})\in Mat_{m\times n}(\mathbb{R})$가 주어져 있다고 하자. 그러면 A의 전치(또는 A의 전치행렬)는 A^T라고 나타내며 $A^T=(a_{ji})\in Mat_{n\times m}(\mathbb{R})$로 정의된다.

즉, A의 전치행렬 A^T는 A의 행과 열을 서로 교환함으로써 얻어지는 행렬이므로, A가 $m\times n$ 행렬이면 A^T는 $n\times m$ 행렬임을 알 수 있다.

예제 3.11

2×3 행렬 $A=\begin{pmatrix}1&2&3\\4&5&6\end{pmatrix}$가 주어져 있다고 하자. 그러면 3×2 행렬 $A^T=\begin{pmatrix}1&4\\2&5\\3&6\end{pmatrix}$

는 A의 전치행렬이다.

정리 3.4

$A=(a_{ij})$, $B=(b_{ij})\in Mat_{m\times n}(\mathbb{R})$, $C=(c_{jk})\in Mat_{n\times p}(\mathbb{R})$에 대하여 다음이 성립한다.

1) $(A+B)^T=A^T+B^T$

2) $(A^T)^T=A$

3) $(AC)^T=C^TA^T$.

증명 | 1)과 2)는 행렬의 합과 전치행렬의 정의를 적용하면 쉽게 증명된다. 3)을 증명하기 위해, 먼저 AC는 잘 정의된 $m\times p$ 행렬임에 유의하자. 따라서 $(AC)^T$는 $p\times m$ 행렬임을 알 수 있다. 한편, C^T와 A^T가 각각 $p\times n$ 행렬과 $n\times m$ 행렬이기 때문에 C^TA^T는 $p\times m$ 행렬로 잘 정의된다. 더욱이 d_{ik}를 AC의 (i,k) 성분이라고 하면 $d_{ik}=\sum_{j=1}^{n}a_{ij}c_{jk}$이고, 이는 전치행렬의 정의에 따라 $(AC)^T$의 (k,i) 성분이다. 이제 $C^T=(x_{kj})\in Mat_{p\times n}(\mathbb{R})$이고 $A^T=(y_{ji})\in Mat_{n\times m}(\mathbb{R})$이라고 하자. 그러면 전치행렬의 정의에 의해 $x_{kj}=c_{jk}$이고 $y_{ji}=a_{ij}$이다. 따라서 모든 $k=1,2,\cdots,p$, $i=1,2,\cdots,m$에 대하여 e_{ki}를 C^TA^T의 (k,i) 성분이라고 할 때 다음이 성립한다.

$$
\begin{aligned}
C^TA^T\text{의 }(k,i)\text{ 성분} &= e_{ki} \\
&= \sum_{j=1}^{n}x_{kj}y_{ji} \\
&= \sum_{j=1}^{n}c_{jk}a_{ij} \\
&= \sum_{j=1}^{n}a_{ij}c_{jk} \\
&= d_{ik} \\
&= (AC)^T\text{의 }(k,i)\text{ 성분}
\end{aligned}
$$

따라서 $(AC)^T = C^T A^T$가 성립한다.

정의 3.11 **대칭행렬(Symmetric Matrix)**

$A = (a_{ij}) \in Mat_{n\times n}(\mathbb{R})$가 주어져 있다고 할 때 $A = A^T$이면(즉, 모든 $i, j = 1, 2 \cdots, n$에 대하여 $a_{ij} = a_{ji}$이면) A를 대칭행렬이라고 한다.

예제 3.12

다음의 행렬들은 대칭행렬이다.

$$A = \begin{pmatrix} 1 & 2 & 3 \\ 2 & 0 & 4 \\ 3 & 4 & 5 \end{pmatrix} \qquad B = \begin{pmatrix} 1 & -1 & 0 \\ -1 & 1 & 2 \\ 0 & 2 & 1 \end{pmatrix} \qquad I_3 = \begin{pmatrix} 1 & 0 & 0 \\ 0 & 1 & 0 \\ 0 & 0 & 1 \end{pmatrix}$$

정의 3.12 **역행렬(Inverse Matrix)**

$A = (a_{ij}) \in Mat_{n\times n}(\mathbb{R})$가 주어져 있다고 하자. 그러면 $AB = BA = I_n$을 만족시키는 행렬 $B \in Mat_{n\times n}(\mathbb{R})$를 A의 역행렬이라고 하고 A^{-1}로 나타낸다.

특히 행렬 A가 역행렬을 가지면 A를 가역적(invertible)이라고 하며 또한 A를 가역행렬(invertible matrix)이라고 한다.

예제 3.13

1) 2×2 행렬 $A = \begin{pmatrix} 1 & 2 \\ 3 & 4 \end{pmatrix}$와 $B = \begin{pmatrix} -2 & 1 \\ \frac{3}{2} & -\frac{1}{2} \end{pmatrix}$가 주어져 있다고 하자. 그러면 $AB = \begin{pmatrix} 1 & 0 \\ 0 & 1 \end{pmatrix} = BA$임을 쉽게 알 수 있으므로 $B = A^{-1}$(또는 $A = B^{-1}$)이다.

2) 2×2 행렬 $A = \begin{pmatrix} 1 & 1 \\ 1 & 1 \end{pmatrix}$가 주어져 있다고 하자. 그러면 $AB = BA = \begin{pmatrix} 1 & 0 \\ 0 & 1 \end{pmatrix}$인 $B \in Mat_{2\times 2}(\mathbb{R})$가 존재하지 않으므로 A의 역행렬은 존재하지 않는다(즉, A는 가역적이 아니다). 실제로 $B = \begin{pmatrix} b_{11} & b_{12} \\ b_{21} & b_{22} \end{pmatrix}$라고 할 때 $AB = \begin{pmatrix} 1 & 1 \\ 1 & 1 \end{pmatrix}\begin{pmatrix} b_{11} & b_{12} \\ b_{21} & b_{22} \end{pmatrix}$

$=\begin{pmatrix} b_{11}+b_{21} & b_{12}+b_{22} \\ b_{11}+b_{21} & b_{12}+b_{22} \end{pmatrix}$이므로, $AB=\begin{pmatrix} 1 & 0 \\ 0 & 1 \end{pmatrix}$을 만족하는 $b_{ij} \in \mathbb{R}(i,j=1,2)$가 존재하지 않음은 명백하다(즉, $b_{11}+b_{21}=1$과 $b_{11}+b_{21}=0$(또는 $b_{12}+b_{22}=0$과 $b_{12}+b_{22}=1$)을 동시에 만족하는 $b_{11}, b_{21} \in \mathbb{R}$(또는 $b_{12}, b_{22} \in \mathbb{R}$)이 존재하지 않음은 명백하다).

정리 3.5

A와 B를 $n \times n$ 가역행렬이라고 할 때 다음이 성립한다.

1) $(A^{-1})^{-1}=A$

2) $(AB)^{-1}=B^{-1}A^{-1}$

증명 1)을 증명하기 위해서는 A가 A^{-1}의 역행렬임을 증명하면 되는데 이는 역행렬의 정의에 의하여 $A^{-1}A=AA^{-1}=I_n$이 성립함을 증명하면 된다. 그런데 A^{-1}는 A의 역행렬이므로 $AA^{-1}=A^{-1}A=I_n$이 성립하기 때문에 $A^{-1}A=AA^{-1}=I_n$은 당연히 성립함을 알 수 있다.

2)를 증명하기 위해서는 $B^{-1}A^{-1}$가 AB의 역행렬임을 증명하면 되는데 이는 $(AB)(B^{-1}A^{-1})=(B^{-1}A^{-1})(AB)=I_n$이 성립함을 증명하면 된다. 그런데 정리 3.2의 결합법칙과 정의 3.12 및 정의 3.7에 의해 다음이 성립한다.

$$\begin{aligned}(AB)(B^{-1}A^{-1}) &= A(BB^{-1})A^{-1} \\ &= AI_nA^{-1}=AA^{-1}=I_n.\end{aligned}$$

유사하게, $(B^{-1}A^{-1})(AB)=I_n$이 성립함을 증명할 수 있다.

비고 3.3

1) $A \in Mat_{n \times n}(\mathbb{R})$이면서 가역행렬이라고 할 때 $AA^{-1} = A^{-1}A = I_n$이 성립하므로 A^{-1}를 행렬의 곱셈에 대한 역원(inverse element for multiplication)이라고 한다.

2) 제5장에서 구체적으로 논의될 다음과 같은 1차연립방정식(system of linear equations)을 살펴보자.

$$(*)\begin{cases} a_{11}x_1 + a_{12}x_2 + \cdots + a_{1n}x_n = b_1 \\ a_{21}x_1 + a_{22}x_2 + \cdots + a_{2n}x_n = b_2 \\ \quad \cdots \\ a_{n1}x_1 + a_{n2}x_2 + \cdots + a_{nn}x_n = b_n \end{cases}$$

$A = (a_{ij}) \in Mat_{n \times n}(\mathbb{R})$이라고 하고 $x = \begin{pmatrix} x_1 \\ x_2 \\ \vdots \\ x_n \end{pmatrix}$, $b = \begin{pmatrix} b_1 \\ b_2 \\ \vdots \\ b_n \end{pmatrix} \in Mat_{n \times 1}(\mathbb{R})$이라고 할 때 (*)는 $Ax = b$와 같이 행렬의 형태로 간단히 표현될 수 있다. 이때 만약 A가 가역행렬이면 (*)는 유일한 해(unique solution)를 갖는데 이는 $x = A^{-1}b$로 구할 수 있다. 사실 $Ax = b$의 양변에 A^{-1}를 곱하면 $A^{-1}(Ax) = A^{-1}b$가 되며, 또한 행렬의 결합법칙(정리 3.2 1))과 역행렬의 정의(정의 3.12)에 의해 $A^{-1}(Ax) = (A^{-1}A)x = I_n x = x$임을 알 수 있으므로 $x = A^{-1}b$가 됨을 알 수 있다.

이와 같이 1차연립방정식을 푸는 문제는 역행렬의 개념이 사용될 수 있는 좋은 사례 중의 하나이다. 하지만 이를 위해서는 다음과 같은 두 가지의 기본 질문들에 대한 논의가 선행적으로 수행되어져야 한다.

1) 행렬이 가역행렬인지 아닌지를 어떻게 알 수 있는가?
2) 가역행렬의 역행렬은 어떻게 구할 수 있는가?

이러한 문제들에 대해서는 제4장과 5장에서 상세히 설명하고자 한다.

3.4 부분행렬의 곱

$A \in Mat_{m \times n}(\mathbb{R})$이고 $B \in Mat_{n \times p}(\mathbb{R})$라고 하자. 그러면 A와 B는 여러 개의 부분행렬(submatrix)들로 분할(partition)될 수 있으며 A와 B의 곱 AB를 부분행렬

의 곱을 이용하여 계산할 수 있다. 예를 들어 A와 B는 다음과 같이 부분행렬들로 분할될 수 있다.

$$A=\begin{pmatrix} A_{11} & \vdots & A_{12} & \vdots & A_{13} \\ \cdots & \cdots & \cdots & \cdots & \cdots \\ A_{21} & \vdots & A_{22} & \vdots & A_{23} \end{pmatrix},\quad B=\begin{pmatrix} B_{11} & \vdots & B_{12} \\ \cdots & \vdots & \cdots \\ B_{21} & \vdots & B_{22} \\ \cdots & \vdots & \cdots \\ B_{31} & \vdots & B_{32} \end{pmatrix}$$

이때 $A_{ij} \in Mat_{m_i \times n_j}(\mathbb{R})$이고 $B_{jk} \in Mat_{n_j \times p_k}(\mathbb{R})$이며 $m_1+m_2=m$, $n_1+n_2+n_3=n$, $p_1+p_2=p$이다.

아울러 AB는 다음과 같이 계산된다.

$$AB=\begin{pmatrix} A_{11}B_{11}+A_{12}B_{21}+A_{13}B_{31} & A_{11}B_{12}+A_{12}B_{22}+A_{13}B_{32} \\ A_{21}B_{11}+A_{22}B_{21}+A_{23}B_{31} & A_{21}B_{12}+A_{22}B_{22}+A_{23}B_{32} \end{pmatrix}.$$

예제 3.14

3×4 행렬 $A=\begin{pmatrix} 1 & \vdots & 2 & 3 & \vdots & 4 \\ \cdots & \vdots & \cdots & \cdots & \vdots & \cdots \\ 5 & \vdots & 6 & 7 & \vdots & 8 \\ 9 & \vdots & 8 & 7 & \vdots & 6 \end{pmatrix}$와 4×2 행렬 $B=\begin{pmatrix} -1 & -2 \\ \cdots & \cdots \\ -3 & -4 \\ -5 & -6 \\ \cdots & \cdots \\ -7 & -8 \end{pmatrix}$가 주어져 있다고 하자. 또한 $A_{11}=(1)$, $A_{12}=(2\ 3)$, $A_{13}=(4)$, $A_{21}=\begin{pmatrix}5\\9\end{pmatrix}$, $A_{22}=\begin{pmatrix}6 & 7\\8 & 7\end{pmatrix}$, $A_{23}=\begin{pmatrix}8\\6\end{pmatrix}$, $B_{11}=(-1\ \ -2)$, $B_{21}=\begin{pmatrix}-3 & -4\\-5 & -6\end{pmatrix}$, $B_{31}=(-7\ \ -8)$이라고 하자.

그러면 $A=\begin{pmatrix} A_{11} & \vdots & A_{12} & \vdots & A_{13} \\ \cdots & \cdots & \cdots & \cdots & \cdots \\ A_{21} & \vdots & A_{22} & \vdots & A_{23} \end{pmatrix}$, $B=\begin{pmatrix} B_{11} \\ B_{21} \\ B_{31} \end{pmatrix}$가 되며, AB는 다음과 같이 부분행렬의 곱을 이용하여 계산할 수 있다.

$$AB=\begin{pmatrix} A_{11}B_{11}+A_{12}B_{21}+A_{13}B_{31} \\ A_{21}B_{11}+A_{22}B_{21}+A_{23}B_{31} \end{pmatrix}$$

$$
\begin{aligned}
&=\begin{pmatrix} (1)(-1\ \ -2)+(2\ \ 3)\begin{pmatrix}-3&-4\\-5&-6\end{pmatrix}+(4)(-7\ \ -8) \\ \begin{pmatrix}5\\9\end{pmatrix}(-1\ \ -2)+\begin{pmatrix}6&7\\8&7\end{pmatrix}\begin{pmatrix}-3&-4\\-5&-6\end{pmatrix}+\begin{pmatrix}8\\6\end{pmatrix}(-7\ \ -8)\end{pmatrix} \\
&=\begin{pmatrix} (-1\ \ -2)+(2(-3)+3(-5)\ \ \ 2(-4)+3(-6))+(4(-7)\ \ \ 4(-8)) \\ \begin{pmatrix}5(-1)&5(-2)\\9(-1)&9(-2)\end{pmatrix}+\begin{pmatrix}6(-3)+7(-5)&6(-4)+7(-6)\\8(-3)+7(-5)&8(-4)+7(-6)\end{pmatrix}+\begin{pmatrix}8(-7)&8(-8)\\6(-7)&6(-8)\end{pmatrix}\end{pmatrix} \\
&=\begin{pmatrix} (-1\ \ -2)+(-21\ \ -26)+(-28\ \ -32) \\ \begin{pmatrix}-5&-10\\-9&-18\end{pmatrix}+\begin{pmatrix}-53&-66\\-59&-74\end{pmatrix}+\begin{pmatrix}-56&-64\\-42&-48\end{pmatrix}\end{pmatrix} \\
&=\begin{pmatrix} (-1)+(-21)+(-28) & (-2)+(-26)+(-32) \\ \begin{pmatrix}(-5)+(-53)+(-56) & (-10)+(-66)+(-64)\\(-9)+(-59)+(-42) & (-18)+(\ \ 74)+(-48)\end{pmatrix}\end{pmatrix} \\
&=\begin{pmatrix}-50&-60\\-114&-140\\-110&-140\end{pmatrix}.
\end{aligned}
$$

비고 3.4

1) $A, B \in Mat_{m\times n}(\mathbb{R})$에 대하여 $A=\begin{pmatrix}A_{11}&A_{12}\\A_{21}&A_{22}\end{pmatrix}$, $B=\begin{pmatrix}B_{11}&B_{12}\\B_{21}&B_{22}\end{pmatrix}$라고 하자. 또한 모든 $i,j=1,2$에 대하여 $A_{ij},\ B_{ij}\in Mat_{m_i\times n_j}(\mathbb{R})$이라고 하자. 그러면 $m_1+m_2=m$, $n_1+n_2=n$이 성립하며, 모든 $i,j=1,2$에 대하여 A_{ij}와 B_{ij}는 각각 같은 크기를 갖는 A와 B의 부분행렬들이다. 따라서 $A+B$는 A와 B의 부분행렬들의 합을 이용하여 다음과 같이 구할 수 있다.

$$A+B=\begin{pmatrix}A_{11}+B_{11}&A_{12}+B_{12}\\A_{21}+B_{21}&A_{22}+B_{22}\end{pmatrix}.$$

2) 블록 대각행렬(Block Diagonal Matrix)

$A\in Mat_{m\times n}(\mathbb{R})$이라고 하자. 또한 $A_i\in Mat_{n_i\times n_i}(\mathbb{R})$이고 $n_1+n_2+\cdots+n_k=n$이라고 하자. 만약 A가 $\begin{pmatrix}A_1&0&0\cdots&0\\0&A_2&0\cdots&0\\\cdots&\cdots&\cdots\cdots&\\0&0&0\cdots&A_k\end{pmatrix}$의 형태로 분할될 수 있으면 A를 블록 내각행렬이라고 한다.

예제 3.15

1) $A=\begin{pmatrix} 1 & 2 & \vdots & 3 & 4 \\ \cdots & \cdots & \vdots & \cdots & \cdots \\ 5 & 6 & \vdots & 7 & 8 \end{pmatrix}$이고 $B=\begin{pmatrix} -1 & -2 & \vdots & -3 & -4 \\ \cdots & \cdots & \vdots & \cdots & \cdots \\ -5 & -6 & \vdots & -7 & -8 \end{pmatrix}$라고 하자. 또한 $A_{11}=(1\ \ 2)$, $A_{12}=(3\ \ 4)$, $A_{21}=(5\ \ 6)$, $A_{22}=(7\ \ 8)$, $B_{11}=(-1\ -2)$, $B_{12}=(-3\ -4)$, $B_{21}=(-5\ -6)$, $B_{22}=(-7\ -8)$라고 하자. 그러면 $A+B$는 다음과 같이 구할 수 있다.

$$A+B=\begin{pmatrix} A_{11}+B_{11} & A_{12}+B_{12} \\ A_{21}+B_{21} & A_{22}+B_{22} \end{pmatrix}$$

$$=\begin{pmatrix} (1\ \ 2)+(-1\ -2) & (3\ \ 4)+(-3\ -4) \\ (5\ \ 6)+(-5\ -6) & (7\ \ 8)+(-7\ -8) \end{pmatrix}=\begin{pmatrix} (0\ \ 0) & (0\ \ 0) \\ (0\ \ 0) & (0\ \ 0) \end{pmatrix}=\begin{pmatrix} 0 & 0 & 0 & 0 \\ 0 & 0 & 0 & 0 \end{pmatrix}.$$

2) $A=\begin{pmatrix} 1 & 0 & \vdots & 0 & 0 & 0 & \vdots & 0 \\ 1 & 1 & \vdots & 0 & 0 & 0 & \vdots & 0 \\ \cdots & \cdots & \vdots & \cdots & \cdots & \cdots & \cdots & \cdots \\ 0 & 0 & \vdots & 1 & 2 & 3 & \vdots & 0 \\ 0 & 0 & \vdots & 0 & 1 & 0 & \vdots & 0 \\ 0 & 0 & \vdots & 1 & 1 & 1 & \vdots & 0 \\ \cdots & \cdots & \vdots & \cdots & \cdots & \cdots & \vdots & \cdots \\ 0 & 0 & \vdots & 0 & 0 & 0 & \vdots & 2 \end{pmatrix}$라고 하고 $A_1=\begin{pmatrix} 1 & 0 \\ 1 & 1 \end{pmatrix}$, $A_2=\begin{pmatrix} 1 & 2 & 3 \\ 0 & 1 & 0 \\ 1 & 1 & 1 \end{pmatrix}$,

$A_3=(2)$라고 하자. 그러면 A는 $\begin{pmatrix} A_1 & 0 & 0 \\ 0 & A_2 & 0 \\ 0 & 0 & A_3 \end{pmatrix}$로 표현되므로 블록 대각행렬이다.

비고 3.5

블록 대각행렬 $A = \begin{pmatrix} A_1 & 0 & \cdots & 0 \\ 0 & A_2 & \cdots & 0 \\ \cdots & \cdots & \cdots & \vdots \\ 0 & 0 & \cdots & A_k \end{pmatrix}$가 주어져 있다고 하자.

만약 A가 가역행렬이면 A^{-1}는 $A^{-1} = \begin{pmatrix} A_1^{-1} & 0 & \cdots & 0 \\ 0 & A_2^{-1} & \cdots & 0 \\ \cdots & \cdots & \cdots & \vdots \\ 0 & 0 & \cdots & A_k^{-1} \end{pmatrix}$에 의해 구할 수 있다.

이때 모든 $i = 1, 2, \cdots, k$에 대하여 A_i가 가역행렬일 때만 A가 가역행렬이라는 사실에 유의해야 한다.

연습문제

01. $A=\begin{pmatrix}1 & 2\\3 & 4\\5 & 6\end{pmatrix}$, $B=\begin{pmatrix}-1 & 0\\2 & -3\\4 & 5\end{pmatrix}$, $C=\begin{pmatrix}3 & 4 & 5\\6 & 7 & 8\end{pmatrix}$, $D=\begin{pmatrix}-1 & 2 & -3\\4 & -5 & 6\\-7 & -8 & 9\end{pmatrix}$가 주어져 있다고 할 때 다음의 행렬 연산이 가능한지 살펴보고 가능하면 연산을 수행하라.

(1) $3A+2B$

(2) $A-5B$

(3) $A-C^T$

(4) $A-B+C$

(5) $C+5D$

(6) $D-2D^T$

02. 행렬 A와 B는 각각 2018년과 2019년에 두 물류센터(distribution center: DC) DC1과 DC2로부터 대전, 부산, 서울의 세 도시로 제품을 수송할 때 발생된 수송비(단위: 천원)를 나타낸다고 하자.

$$A=\begin{array}{c} \\ \left(\begin{array}{ccc}1{,}000 & 2{,}000 & 3{,}000\\2{,}500 & 4{,}000 & 1{,}500\end{array}\right)\end{array}\begin{array}{l}DC1\\DC2\end{array}\quad(\text{열: 대전, 부산, 서울})$$

$$B=\left(\begin{array}{ccc}1{,}300 & 2{,}700 & 3{,}400\\2{,}900 & 3{,}000 & 1{,}700\end{array}\right)\begin{array}{l}DC1\\DC2\end{array}\quad(\text{열: 대전, 부산, 서울})$$

(1) 2년 동안 각 물류센터로부터 각 도시로 제품을 수송할 때 발생된 총수송비를 나타내는 행렬을 구하라.

(2) 각 물류센터로부터 각 도시로 제품을 수송할 때 발생된 2018년과 2019년간의 수송비의 변화를 나타내는 행렬을 구하라.

03. 다음 행렬의 곱이 가능한지 살펴보고 가능하면 행렬의 곱을 구하라.

(1) $\begin{pmatrix} 1 & -1 \\ 0 & 1 \end{pmatrix}\begin{pmatrix} 2 & 3 \\ 4 & 5 \end{pmatrix}$

(2) $\begin{pmatrix} 1 & 0 & 2 \\ 3 & -1 & 4 \end{pmatrix}\begin{pmatrix} -5 \\ 2 \\ 4 \end{pmatrix}$

(3) $\begin{pmatrix} 1 \\ 2 \\ 3 \end{pmatrix}\begin{pmatrix} -4 & -5 & -6 \end{pmatrix}$

(4) $\begin{pmatrix} -1 & 2 & 0 \\ 7 & 9 & -5 \\ -8 & 4 & -3 \end{pmatrix}\begin{pmatrix} 4 & 6 & 3 \end{pmatrix}$

(5) $\begin{pmatrix} 4 & -3 \\ -1 & 7 \\ 8 & 1 \end{pmatrix}\begin{pmatrix} -2 & -1 \\ 1 & 2 \end{pmatrix}$

(6) $\begin{pmatrix} 1 & 2 & 3 \\ 4 & 5 & 6 \\ 7 & 8 & 9 \end{pmatrix}\begin{pmatrix} 1 & 4 & 7 \\ 2 & 5 & 8 \\ 3 & 6 & 9 \end{pmatrix}$

04. 용봉회사는 임원들에게 급여를 주고 또한 자사주식 지분을 보너스로 준다. 실제로 2019년에 사장은 1억원의 급여와 100주의 주식을 받았고 2명의 부사장은 각각 8천만원의 급여와 50주의 주식을 받았으며 3명의 관리감독자는 각각 7천만원의 급여와 20주의 주식을 받았다.

(1) 2×3 행렬을 이용하여 각 직급(사장, 부사장, 관리감독자)당 지급된 급여와 자사주식 지분을 나타내라.

(2) 3×1 행렬을 이용하여 각 직급당 임원의 수를 나타내라.

(3) 2019년에 회사가 임원들에게 지급한 총급여와 총 자사주식 지분을 계산하라.

05. 예제 3.6 5)에서 만약 용봉주식회사가 자동차 1과 자동차 2에 대한 판매가격을 각각 10%와 15% 할인하기로 결정했다면 자동차 1과 자동차 2에 대한 실제 판매가격은 얼마인지 행렬의 곱을 활용하여 구하라.

06. $A=\begin{pmatrix} 1 & 3 \\ 5 & -2 \end{pmatrix}$와 $B=\begin{pmatrix} -1 & 1 \\ 8 & -3 \end{pmatrix}$가 주어져 있다고 할 때 $AB=BA$가 성립하는지 확인하라.

07. $A=\begin{pmatrix} 1 & 0 & 0 & 5 \\ 0 & 1 & 0 & 7 \\ 0 & 0 & 1 & 8 \end{pmatrix}$와 $B=\begin{pmatrix} 1 & 0 & 0 \\ 0 & 1 & 0 \\ 0 & 0 & 1 \\ 1 & -1 & -1 \end{pmatrix}$가 주어져 있다고 할 때 A와 B를 몇 개의 부분행렬로 분할하여 AB를 계산하라.

08. $A=\begin{pmatrix} -1 & 0 & 2 \\ 1 & 1 & 1 \end{pmatrix}$와 $B=\begin{pmatrix} 0 & 1 & -1 \\ 1 & 2 & 3 \\ -1 & 0 & 2 \end{pmatrix}$가 주어져 있다고 할 때 $(AB)^T=B^TA^T$가 성립하는지 확인하라.

09. $A=\begin{pmatrix} 1 & 2 \\ -1 & -1 \end{pmatrix}$와 $B=\begin{pmatrix} 1 & 0 \\ -1 & 1 \end{pmatrix}$가 주어져 있다고 할 때 $(A+B)^2=A^2+2AB+B^2$이 성립하는지 확인하라.

10. 정리 3.1을 증명하여라.

11. 정리 3.2를 증명하여라.

제 4 장 행렬식

제 4 장 행렬식

행렬식(determinant)은 정방행렬에 대해서만 정의되며 특정한 방법으로 정방행렬을 스칼라(상수)에 대응시키는 함수이다. 본 장에서 논의될 주제들은 소행렬(minor)과 여인수(cofactor)의 개념, 행렬식의 정의, 행렬식의 성질, 수반행렬(adjoint matrix)의 개념, 그리고 역행렬(inverse mattrix)을 구하는 방법 등이다.

4.1 행렬식

$A=(a_{ij})\in Mat_{n\times n}(\mathbb{R})$가 주어져 있다고 하자. 그러면 Det를 $Mat_{n\times n}(\mathbb{R})$에서 $\mathbb{R}$로의 함수라고 할 때 $Det(A)$를 정방행렬 A의 행렬식이라고 하며, 보통 $|A|$로 나타낸다. 뒤에서도 상세히 논의하겠지만 $|A|$에 대한 공식적인 정의(formal definition)는 "재귀적으로(recursively) 정의"되기 때문에 편의상 2×2 행렬의 행렬식에 대한 정의를 먼저 소개할 필요가 있다. 여기서 "재귀적으로 정의"된다고 함은 $n\times n$ 행렬의 행렬식은 크기가 하나 작은 $(n-1)\times(n-1)$ 행렬에 대한 행렬식의 정의를 활용하여 정의한다는 것을 의미한다. 예컨대, 4×4 행렬의 행렬식은 3×3 행렬에 대한 행렬식의 정의를 활용하여 정의하고 3×3 행렬의 행렬식은 2×2 행렬에 대한 행렬식의 정의를 활용하여 정의함을 의미한다. 결과적으로 모든 정방행렬의 행렬식은 2×2 행렬에 대한 행렬식의 정의로부터 계산될 수 있음을 알 수 있다. 참고로, 2×2 행렬에 대한 행렬식도 재귀적으로 정의할 수 있으며, 이때 1×1 행렬에 대한 행렬식의 정의가 활용되는데, 1×1 행렬 (a)의 행렬식 $|a|$는 스칼라(상수)를 나타내며, 이는 a의 절대값이 아닌 $|a|=a$로 정의됨에 유의해야 한다(예제 4.5 1)

참조).

2×2 행렬에 대한 행렬식의 정의는 제5장에서 상세히 논의할 1차연립방정식(system of linear equations)의 해와 밀접한 관련이 있기 때문에 다음과 같은 2개의 미지수 x_1과 x_2를 갖는 1차연립방정식의 해를 구하는 방법에 대해 먼저 살펴보기로 한다.

$$\begin{cases} a_{11}x_1 + a_{12}x_2 = b_1 & (4.1) \\ a_{21}x_1 + a_{22}x_2 = b_2 & (4.2) \end{cases}$$

여기서, 모든 $i, j = 1,2$에 대하여 $a_{ij}, b_i \in \mathbb{R} - \{0\}$이라고 가정한다.

그러면 식 (4.1)과 식 (4.2)에 각각 a_{22}와 $-a_{12}$를 곱하여 얻어진 두 식을 더하면 다음 식 (4.3)을 구할 수 있다.

$$(a_{11}a_{22} - a_{12}a_{21})x_1 = a_{22}b_1 - a_{12}b_2 \tag{4.3}$$

유사한 방법으로, 식 (4.1)과 식 (4.2)에 각각 $-a_{21}$과 a_{11}을 곱하여 얻어진 두 식을 더하면 다음 식 (4.4)를 구할 수 있다.

$$(a_{11}a_{22} - a_{12}a_{21})x_2 = a_{11}b_2 - a_{21}b_1 \tag{4.4}$$

이때 다음과 같은 2가지 경우를 고려해보자.

경우 1) $a_{11}a_{22} - a_{12}a_{21} \neq 0$

경우 2) $a_{11}a_{22} - a_{12}a_{21} = 0$

경우 1)에 대해서는 식 (4.3)과 식 (4.4)의 양변을 $a_{11}a_{22}-a_{12}a_{21}$로 나눔으로써 $x_1=\dfrac{a_{22}b_1-a_{12}b_2}{a_{11}a_{22}-a_{12}a_{21}}$, $x_2=\dfrac{a_{11}b_2-a_{21}b_1}{a_{11}a_{22}-a_{12}a_{21}}$과 같은 유일한 해(unique solution)를 구할 수 있다.

경우 2)에 대해서는 1차연립방정식의 해가 무수히 많거나 혹은 해가 존재하지 않는다는 것을 알 수 있다. 실제로, 만약 $a_{11}a_{22}-a_{12}a_{21}=0$이면서 $a_{22}b_1-a_{12}b_2=0$이고 $a_{11}b_2-a_{21}b_1=0$이면 1차연립방정식의 해는 무수히 많이 존재하는 반면, 만약 $a_{11}a_{22}-a_{12}a_{21}=0$이면서 $a_{22}b_1-a_{12}b_2\neq 0$이거나 $a_{11}b_2-a_{21}b_1\neq 0$이면 1차연립방정식의 해는 존재하지 않는다.

예제 4.1

1) 다음과 같은 1차연립방정식이 주어져 있다고 하자.

$$\begin{cases} x_1+2x_2=1 \\ 3x_1+4x_2=2 \end{cases}$$

그러면 $a_{11}a_{22}-a_{12}a_{21}=1\times4-2\times3=-2\neq 0$이기 때문에 위의 1차연립방정식은 $x_1=\dfrac{a_{22}b-a_{12}b_2}{a_{11}a_{22}-a_{12}a_{21}}=\dfrac{4\times1-2\times2}{-2}=0$, $x_2=\dfrac{a_{11}b_2-a_{21}b_1}{a_{11}a_{22}-a_{12}a_{21}}=\dfrac{1\times2-3\times1}{-2}=\dfrac{1}{2}$과 같은 유일한 해를 갖는다.

2) 다음과 같은 1차연립방정식이 주어져 있다고 하자.

$$\begin{cases} x_1+2x_2=1 \\ 2x_1+4x_2=2 \end{cases}$$

그러면 $a_{11}a_{22}-a_{12}a_{21}=1\times4-2\times2=0$이면서 $a_{22}b_1-a_{12}b_2=4\times1-2\times2=0$이고 $a_{11}b_2-a_{21}b_1=1\times2-2\times1=0$이기 때문에 위의 1차연립방정식은 무수히 많은 해가 존재한다. 사실, 위의 1차연립방정식에 주어진 $x_1+2x_2=1$과 $2x_1+4x_2=2$는 동일한 1차방정식이기 때문에 위의 1차연립방정식은 x_1+

$2x_2=1$ 하나로 구성된 것으로 간주할 수 있으며, 이는 변수의 개수(2개)보다 식의 개수(1개)가 적은 경우에 해당하므로 무수히 많은 해가 존재한다. 참고로, 이러한 해들은 임의의 $t\in\mathbb{R}$에 대하여, $x_1=t,\ x_2=\dfrac{1-t}{2}$(혹은 $x_1=t,\ x_2=\dfrac{1-t}{2},\ t\in\mathbb{R}$)와 같이 나타낼 수 있다(이에 대해서는 제5장에서 좀 더 상세히 논의하기로 한다).

3) 다음과 같은 1차연립방정식이 주어져 있다고 하자.

$$\begin{cases} x_1+2x_2=1 \\ 2x_1+4x_2=3 \end{cases}$$

그러면 $a_{11}a_{22}-a_{12}a_{21}=1\times4-2\times2=0$이면서 $a_{22}b_1-a_{12}b_2=4\times1-2\times3=-2\neq0$ (혹은 $a_{11}b_2-a_{21}b_1=1\times3-2\times1=1\neq0$)이기 때문에 위의 1차연립방정식의 해는 존재하지 않는다. 사실, 위의 1차연립방정식의 첫 번째 방정식인 $x_1+2x_2=1$의 양변에 2를 곱하여 구한 $2x_1+4x_2=2$와 두 번째 방정식 $2x_1+4x_2=3$을 비교해보면 서로 모순됨을 알 수 있으므로 위의 1차연립방정식의 해는 존재하지 않는다(이에 대해서도 제5장에서 좀 더 상세히 논의하기로 한다).

이제 2×2 행렬의 행렬식을 정의하기로 하자.

제3장에서도 언급한 바와 같이, $A=\begin{pmatrix} a_{11} & a_{12} \\ a_{21} & a_{22} \end{pmatrix}$, $x=\begin{pmatrix} x_1 \\ x_2 \end{pmatrix}$, $b=\begin{pmatrix} b_1 \\ b_2 \end{pmatrix}$라고 할 때 1차연립방정식 $\begin{cases} a_{11}x_1+a_{12}x_2=b_1 \\ a_{21}x_1+a_{22}x_2=b_2 \end{cases}$은 $Ax=b$로 나타낼 수 있으며, 2×2 행렬 A의 행렬식 $|A|$는 다음과 같이 정의된다.

정의 4.1 2×2 행렬의 행렬식(Determinant of 2×2 Matrix)

$A=(a_{ij})\in Mat_{2\times2}(\mathbb{R})$가 주어져 있다고 할 때 2×2 행렬 A의 행렬식 $|A|$는 $|A|=\begin{vmatrix} a_{11} & a_{12} \\ a_{21} & a_{22} \end{vmatrix}=a_{11}a_{22}-a_{12}a_{21}$로 정의된다.

정의 4.1을 이용하여, 앞에서 언급한 2개의 미지수 x_1과 x_2를 갖는 1차연립방정식의 해를 구하는 방법을 다음과 같은 정리로 요약할 수 있다.

정리 4.1

2개의 미지수 x_1과 x_2를 갖는 1차연립방정식이 다음과 같이 주어져 있다고 하자.

$$\begin{cases} a_{11}x_1 + a_{12}x_2 = b_1 \\ a_{21}x_1 + a_{22}x_2 = b_2 \end{cases}$$

그러면 다음이 성립한다.

1) 만약 $\begin{vmatrix} a_{11} & a_{12} \\ a_{21} & a_{22} \end{vmatrix} \neq 0$이면 1차연립방정식은 유일한 해를 갖는다.

실제로, 해는 $x_1 = \dfrac{\begin{vmatrix} b_1 & a_{12} \\ b_2 & a_{22} \end{vmatrix}}{\begin{vmatrix} a_{11} & a_{12} \\ a_{21} & a_{22} \end{vmatrix}}$, $x_2 = \dfrac{\begin{vmatrix} a_{11} & b_1 \\ a_{21} & b_2 \end{vmatrix}}{\begin{vmatrix} a_{11} & a_{12} \\ a_{21} & a_{22} \end{vmatrix}}$로 구해진다(이를 크래머의 법칙(Cramer's rule)이라고 한다).

2) 만약 $\begin{vmatrix} a_{11} & a_{12} \\ a_{21} & a_{22} \end{vmatrix} = 0$이면 1차연립방정식의 해가 무수히 많거나 혹은 해가 존재하지 않는다.

참고로, 보다 일반적인 경우에 대한 크래머의 법칙은 제5장에서 논의할 것이다.

예제 4.2

예제 4.1의 1)에서와 같이 다음의 1차연립방정식이 주어져 있다고 하자.

$$\begin{cases} x_1 + 2x_2 = 1 \\ 3x_1 + 4x_2 = 2 \end{cases}$$

그러면 $\begin{vmatrix} 1 & 2 \\ 3 & 4 \end{vmatrix} = 1\times4-2\times3 = -2 \neq 0$이기 때문에 정리 4.1 1)에 의해 위의 1차연립방정식은 다음과 같은 유일한 해를 갖는다.

$$x_1 = \frac{\begin{vmatrix} 1 & 2 \\ 2 & 4 \end{vmatrix}}{\begin{vmatrix} 1 & 2 \\ 3 & 4 \end{vmatrix}} = \frac{1\times4-2\times2}{-2} = 0,\ x_2 = \frac{\begin{vmatrix} 1 & 1 \\ 3 & 2 \end{vmatrix}}{\begin{vmatrix} 1 & 2 \\ 3 & 4 \end{vmatrix}} = \frac{1\times2-1\times3}{-2} = \frac{1}{2}.$$

다음에서 임의의 정방행렬에 대한 행렬식을 공식적으로 정의하는 데 필수적인 소행렬(minor)과 여인수(cofactor)의 개념을 소개한다.

정의 4.2 소행렬(Minor)

$A=(a_{ij})\in Mat_{n\times n}(\mathbb{R})$가 주어져 있다고 할 때 A의 i-번째 행과 j-번째 열을 제거한 후 얻어진 다음과 같은 $(n-1)\times(n-1)$ 행렬 M_{ij}를 A의 (i,j) 소행렬이라고 한다.

$$M_{ij}=\begin{pmatrix} a_{11} & a_{12} & \cdots & a_{1j-1} & a_{1j+1} & \cdots & a_{1n} \\ a_{21} & a_{22} & \cdots & a_{2j-1} & a_{2j+1} & \cdots & a_{2n} \\ \cdot & \cdot & \cdots & \cdot & \cdot & \cdots & \cdot \\ a_{i-11} & a_{i-12} & \cdots & a_{i-1j-1} & a_{i-1j+1} & \cdots & a_{i-1n} \\ a_{i+11} & a_{i+12} & \cdots & a_{i+1j-1} & a_{i+1j+1} & \cdots & a_{i+1n} \\ \cdot & \cdot & \cdots & \cdot & \cdot & \cdots & \cdot \\ a_{n1} & a_{n2} & \cdots & a_{nj-1} & a_{nj+1} & \cdots & a_{nn} \end{pmatrix}.$$

정의 4.2로부터 $n\times n$ 행렬 A의 모든 소행렬의 개수는 n^2개임을 알 수 있다.

예제 4.3

3×3 행렬 $A=\begin{pmatrix} 1 & 2 & 3 \\ 4 & 5 & 6 \\ 7 & 8 & 9 \end{pmatrix}$가 주어져 있다고 하자. 그러면 모든 $i,j=1,2,3$에 대하여 A의 (i,j) 소행렬들은 다음과 같다.

$$M_{11}=\begin{pmatrix} 5 & 6 \\ 8 & 9 \end{pmatrix},\ M_{12}=\begin{pmatrix} 4 & 6 \\ 7 & 9 \end{pmatrix},\ M_{13}=\begin{pmatrix} 4 & 5 \\ 7 & 8 \end{pmatrix},$$
$$M_{21}=\begin{pmatrix} 2 & 3 \\ 8 & 9 \end{pmatrix},\ M_{22}=\begin{pmatrix} 1 & 3 \\ 7 & 9 \end{pmatrix},\ M_{23}=\begin{pmatrix} 1 & 2 \\ 7 & 8 \end{pmatrix},$$
$$M_{31}=\begin{pmatrix} 2 & 3 \\ 5 & 6 \end{pmatrix},\ M_{32}=\begin{pmatrix} 1 & 3 \\ 4 & 6 \end{pmatrix},\ M_{33}=\begin{pmatrix} 1 & 2 \\ 4 & 5 \end{pmatrix}.$$

정의 4.3 여인수(Cofactor)

$A=(a_{ij})\in Mat_{n\times n}(\mathbb{R})$가 주어져 있다고 할 때 다음과 같이 정의된 A_{ij}를 A의 (i,j) 여인수라고 한다.

$$A_{ij}=(-1)^{i+j}|M_{ij}|$$

다시 말하면, A의 (i,j) 여인수는 부호를 결정하는 $(-1)^{i+j}$와 A의 (i,j) 소행렬의 행렬식과의 곱으로 정의된다.

예제 4.4

예제 4.3에서와 같이 행렬 $A=\begin{pmatrix}1&2&3\\4&5&6\\7&8&9\end{pmatrix}$가 주어져 있다고 하자. 그러면 모든 $i,j=1,2,3$에 대하여 A의 (i,j) 여인수들을 구하면 다음과 같다.

$$A_{11}=(-1)^{1+1}|M_{11}|=\begin{vmatrix}5&6\\8&9\end{vmatrix}=5\times9-6\times8=-3,$$

$$A_{12}=(-1)^{1+2}|M_{12}|=-\begin{vmatrix}4&6\\7&9\end{vmatrix}=-(4\times9-6\times7)=6,$$

$$A_{13}=(-1)^{1+3}|M_{13}|=\begin{vmatrix}4&5\\7&8\end{vmatrix}=4\times8-5\times7=-3,$$

$$A_{21}=(-1)^{2+1}|M_{21}|=-\begin{vmatrix}2&3\\8&9\end{vmatrix}=-(2\times9-3\times8)=6,$$

$$A_{22}=(-1)^{2+2}|M_{22}|=\begin{vmatrix}1&3\\7&9\end{vmatrix}=1\times9-3\times7=-12,$$

$$A_{23}=(-1)^{2+3}|M_{23}|=-\begin{vmatrix}1&2\\7&8\end{vmatrix}=-(1\times8-2\times7)=6,$$

$$A_{31}=(-1)^{3+1}|M_{31}|=\begin{vmatrix}2&3\\5&6\end{vmatrix}=2\times6-3\times5=-3,$$

$$A_{32}=(-1)^{3+2}|M_{32}|=-\begin{vmatrix}1&3\\4&6\end{vmatrix}=-(1\times6-3\times4)=6,$$

$$A_{33}=(-1)^{3+3}|M_{33}|=\begin{vmatrix}1&2\\4&5\end{vmatrix}=1\times5-2\times4=-3.$$

이제 임의의 $n\times n$ 행렬의 행렬식을 공식적으로 정의한다.

정의 4.4 **행렬식(Determinant)**

$A=(a_{ij})\in Mat_{n\times n}(\mathbb{R})$가 주어져 있다고 하자. 그러면 A의 행렬식 $|A|$는 임의의 $i, j=1,2,\cdots,n$에 대하여 다음과 같이 정의된다.

$|A|=a_{i1}A_{i1}+a_{i2}A_{i2}+\cdots+a_{in}A_{in}$(혹은 $|A|=a_{1j}A_{1j}+a_{2j}A_{2j}+\cdots+a_{nj}A_{nj}$)

참고로, 정의 4.4에 있는 $|A|=a_{i1}A_{i1}+a_{i2}A_{i2}+\cdots+a_{in}A_{in}$를 A의 $i-$번째 행에 관한 라플라스 전개(Laplace expansion with respect to $i-th$ row)(유사하게 $|A|=a_{1j}A_{1j}+a_{2j}A_{2j}+\cdots+a_{nj}A_{nj}$를 A의 $j-$번째 열에 관한 라플라스 전개)라고 하며, 이로부터 A의 행렬식 $|A|$는 A의 임의의 행(또는 열)에 관한 라플라스 전개를 사용하여 구할 수 있음을 알 수 있다. 또한, $n\times n$ 행렬 A의 행렬식 $|A|$는 $(n-1)\times(n-1)$ 행렬인 A의 (i,j) 소행렬 M_{ij}의 행렬식에 의해 정의되는 A의 (i,j) 여인수 A_{ij}를 사용하여 정의되므로 $n\times n$ 행렬 A의 행렬식 $|A|$는 궁극적으로 재귀적인 방법(recursive way)에 의해 계산되어짐에 유의해야 한다.

예제 4.5

1) 정의 4.1에서 2×2 행렬 $A=\begin{pmatrix}a_{11} & a_{12}\\ a_{21} & a_{22}\end{pmatrix}$의 행렬식은 $|A|=a_{11}a_{22}-a_{12}a_{21}$라고 정의하였는데, 이는 정의 4.4에 제시된 행렬식의 공식적인 정의를 적용하더라도 동일한 결과가 얻어짐을 알 수 있다. 실제로, A의 첫 번째 행에 관한 라플라스 전개를 활용하면 $|A|$는 다음과 같이 구해진다.

$$\begin{aligned}|A|&=a_{11}A_{11}+a_{12}A_{12}\\&=a_{11}(-1)^{1+1}|M_{11}|+a_{12}(-1)^{1+2}|M_{12}|\\&=a_{11}|a_{22}|-a_{12}|a_{21}|\\&=a_{11}a_{22}-a_{12}a_{21}\end{aligned}$$

이와 같이 2×2 행렬 A의 행렬식도 1×1 행렬의 행렬식을 이용하여 재귀적으로 구할 수 있음을 알 수 있다.

2) 3×3 행렬 $A=\begin{pmatrix}1&2&3\\4&5&6\\7&8&9\end{pmatrix}$가 주어져 있다고 할 때 A의 첫 번째 행에 관한 라플라스 전개를 활용하면 $|A|$는 다음과 같이 구해진다.

$$\begin{aligned}|A|&=a_{11}A_{11}+a_{12}A_{12}+a_{13}A_{13}\\&=1\cdot(-1)^{1+1}|M_{11}|+2\cdot(-1)^{1+2}|M_{12}|+3\cdot(-1)^{1+3}|M_{13}|\\&=\begin{vmatrix}5&6\\8&9\end{vmatrix}-2\begin{vmatrix}4&6\\7&9\end{vmatrix}+3\begin{vmatrix}4&5\\7&8\end{vmatrix}\\&=(5\times9-6\times8)-2\times(4\times9-6\times7)+3\times(4\times8-5\times7)\\&=-3-2\times(-6)+3\times(-3)=0\end{aligned}$$

유사한 방법으로, A의 두 번째 열에 관한 라플라스 전개를 활용해서도 다음과 같이 $|A|$를 계산할 수 있다.

$$\begin{aligned}|A|&=a_{12}A_{12}+a_{22}A_{22}+a_{32}A_{32}\\&=2(-1)^{1+2}|M_{12}|+5(-1)^{2+2}|M_{22}|+8(-1)^{3+2}|M_{32}|\\&=-2\begin{vmatrix}4&6\\7&9\end{vmatrix}+5\begin{vmatrix}1&3\\7&9\end{vmatrix}-8\begin{vmatrix}1&3\\4&6\end{vmatrix}\\&=-2(4\times9-6\times7)+5(1\times9-3\times7)-8(1\times6-3\times4)\\&=-2\times(-6)+5(-12)-8(-6)=0\end{aligned}$$

여기에서도 3×3 행렬 A의 행렬식은 2×2 행렬의 행렬식을 이용하여 계산되고, 2×2 행렬은 스칼라인 1×1 행렬의 행렬식을 이용하여 계산됨으로써 궁극적으로 3×3 행렬 A의 행렬식은 재귀적으로 계산되어짐을 알 수 있다.

3) 일반적으로, 3×3 행렬 $A=\begin{pmatrix}a_{11}&a_{12}&a_{13}\\a_{21}&a_{22}&a_{23}\\a_{31}&a_{32}&a_{33}\end{pmatrix}$가 주어져 있다고 하자. 만약 A의 세번째 열에 관한 라플라스 전개를 활용하여 $|A|$를 계산하고자 한다면 $|A|$는 다음과

같이 구해진다.

$$\begin{aligned}|A| &= a_{13}A_{13}+a_{23}A_{23}+a_{33}A_{33}\\ &= a_{13}(-1)^{1+3}|M_{13}|+a_{23}(-1)^{2+3}|M_{23}|+a_{33}(-1)^{3+3}|M_{33}|\\ &= a_{13}\begin{vmatrix}a_{21} & a_{22}\\ a_{31} & a_{32}\end{vmatrix}-a_{23}\begin{vmatrix}a_{11} & a_{12}\\ a_{31} & a_{32}\end{vmatrix}+a_{33}\begin{vmatrix}a_{11} & a_{12}\\ a_{21} & a_{22}\end{vmatrix}\\ &= a_{13}(a_{21}a_{32}-a_{22}a_{31})-a_{23}(a_{11}a_{32}-a_{12}a_{31})+a_{33}(a_{11}a_{22}-a_{12}a_{21})\\ &= a_{13}a_{21}a_{32}-a_{13}a_{22}a_{31}-a_{23}a_{11}a_{32}+a_{23}a_{12}a_{31}+a_{33}a_{11}a_{22}-a_{33}a_{12}a_{21}\\ &= a_{11}a_{22}a_{33}+a_{13}a_{21}a_{32}+a_{23}a_{12}a_{31}-a_{13}a_{22}a_{31}-a_{23}a_{11}a_{32}-a_{33}a_{12}a_{21}\end{aligned}$$

사실, 3×3 행렬의 행렬식을 계산하는 효율적인 방법이 있는데 이는 다음 식 (4.5)와 같다. 참고로, 먼저 좌상으로부터 우하 방향의 3개의 빨강색 화살표에 대하여 각 화살표 상에 있는 3개의 숫자들을 곱한 후 각각 더한 다음 우상으로부터 좌하 방향의 3개의 점선 화살표에 대하여 각 화살표 상에 있는 3개의 숫자들을 곱한 후 각각 뺀 값으로 구해진다.

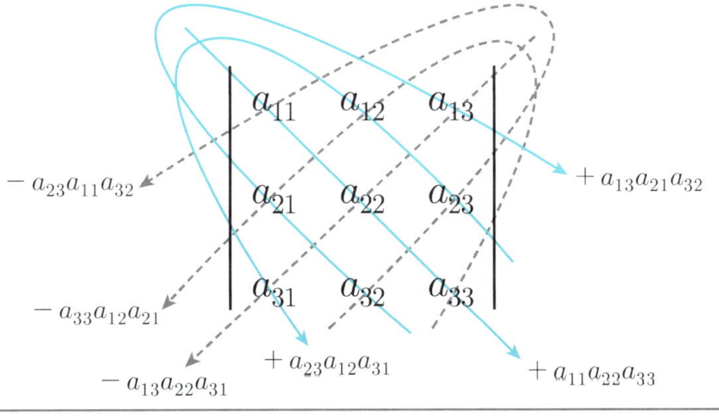

(4.5)

4) 4×4 행렬 $A=\begin{pmatrix}1 & 2 & 3 & 4\\ -1 & 0 & 1 & 0\\ 1 & 1 & 1 & 1\\ 0 & 1 & 2 & 1\end{pmatrix}$가 주어져 있다고 하자. 만약 A의 첫 번째 행에 관한 라플라스 전개를 활용하여 $|A|$를 계산하고자 한다면 $|A|$는 3)의 결과를 활용함

으로써 다음과 같이 계산할 수 있다.

$$\begin{aligned}|A| &= a_{11}A_{11}+a_{12}A_{12}+a_{13}A_{13}+a_{14}A_{14}\\ &= 1(-1)^{1+1}|M_{11}|+2(-1)^{1+2}|M_{12}|+3(-1)^{1+3}|M_{13}|+4(-1)^{1+4}|M_{14}|\\ &= \begin{vmatrix}0&1&0\\1&1&1\\1&2&1\end{vmatrix}-2\begin{vmatrix}-1&1&0\\1&1&1\\0&2&1\end{vmatrix}+3\begin{vmatrix}-1&0&0\\1&1&1\\0&1&1\end{vmatrix}-4\begin{vmatrix}-1&0&1\\1&1&1\\0&1&2\end{vmatrix}\\ &= 0-2\times0+3\times0-4\times0=0\end{aligned}$$

참고로, 예제 4.5에 소개된 모든 행렬식 $|A|$는 A의 다른 행이나 열에 관한 라플라스 전개를 활용하더라도 동일한 결과가 도출됨을 유의하기 바란다.

4.2 행렬식의 성질

본 절에서는 행렬식의 계산을 좀 더 효율적으로 할 수 있는 여러 가지 유용한 성질들(properties)을 살펴보기로 한다.

성질 1) 만약 $n\times n$ 행렬 A의 한 행이나 열의 모든 성분이 0이라면 $|A|=0$이다.

증명 ▍ A의 i–번째 행에 있는 모든 성분이 0(즉, 모든 $j=1,2,\cdots,n$에 대하여 $a_{ij}=0$)이라고 가정하자. 그러면 $|A|$는 A의 i–번째 행에 관한 라플라스 전개를 활용하여 구할 수 있으므로

$$|A|=a_{i1}A_{i1}+a_{i2}A_{i2}+\cdots+a_{in}A_{in}=0\cdot A_{i1}+0\cdot A_{i2}+\cdots+0\cdot A_{in}=0$$

이 성립함을 증명할 수 있다.

예제 4.6

$$\begin{vmatrix} 1 & 2 & 3 \\ 0 & 0 & 0 \\ 4 & 5 & 6 \end{vmatrix} = 0, \quad \begin{vmatrix} 1 & 0 & 2 \\ 3 & 0 & 4 \\ 5 & 0 & 6 \end{vmatrix} = 0.$$

성질 2) 만약 $n \times n$ 행렬 A의 한 행이나 열이 상수 k의 배수이면 A의 행렬식 $|A|$도 k의 배수이다. 다시 말하면, 만약 $A = \begin{pmatrix} a_{11} & a_{12} & \cdots & a_{1n} \\ a_{21} & a_{22} & \cdots & a_{2n} \\ \cdots & \cdots & \cdots & \cdots \\ a_{n1} & a_{n2} & \cdots & a_{nn} \end{pmatrix}$이고

$B = \begin{pmatrix} a_{11} & a_{12} & \cdots & a_{1n} \\ a_{21} & a_{22} & \cdots & a_{2n} \\ \cdots & \cdots & \cdots & \cdots \\ ka_{i1} & ka_{i2} & \cdots & ka_{in} \\ \cdots & \cdots & \cdots & \cdots \\ a_{n1} & a_{n2} & \cdots & a_{nn} \end{pmatrix}$ (또는 $B = \begin{pmatrix} a_{11} & a_{12} & \cdots & ka_{1j} & \cdots & a_{1n} \\ a_{21} & a_{22} & \cdots & ka_{2j} & \cdots & a_{2n} \\ \cdots & \cdots & & \cdots & & \cdots \\ a_{n1} & a_{n2} & \cdots & ka_{nj} & \cdots & a_{nn} \end{pmatrix}$)라고 하면, $|B| = k|A|$ 이다.

증명 | $|B|$는 B의 $i-$번째 행(또는 $j-$번째 열)에 관한 라플라스 전개를 활용하여 구할 수 있으므로

$|B| = ka_{i1}A_{i1} + ka_{i2}A_{i2} + \cdots + ka_{in}A_{in} = k(a_{i1}A_{i1} + a_{i2}A_{i2} + \ldots + a_{in}A_{in}) = k|A|$ (또는 $|B| = ka_{1j}A_{1j} + ka_{2j}A_{2j} + \cdots + ka_{nj}A_{nj} = k(a_{1j}A_{1j} + a_{2j}A_{2j} + \cdots + a_{nj}A_{nj}) = k|A|$)가 성립함을 증명할 수 있다.

예제 4.7

$A = \begin{pmatrix} 1 & 1 \\ 3 & -1 \end{pmatrix}$와 $B = \begin{pmatrix} 10 & 1 \\ 30 & -1 \end{pmatrix}$가 주어져 있다고 할 때 $B = \begin{pmatrix} 10 & 1 \\ 30 & -1 \end{pmatrix} = \begin{pmatrix} 10 \times 1 & 1 \\ 10 \times 3 & -1 \end{pmatrix}$이므로 $|B| = 10|A| = 101 \times (-1) - 1 \times 3 = -40$과 같이 구할 수 있다.

비고 4.1

$A=(a_{ij})\in Mat_{n\times n}(\mathbb{R})$가 주어져 있다고 하자. 만약 $B=kA$이면 행렬식의 성질 2)로부터 $|B|=k^n|A|$임을 쉽게 알 수 있다.

예제 4.8

$A=\begin{pmatrix}1 & 1\\ 3 & -1\end{pmatrix}$가 주어져 있다고 할 때 만약 $B=10A$이면 $B=\begin{pmatrix}10 & 10\\ 30 & -10\end{pmatrix}$이다. 그런데 $B=\begin{pmatrix}10 & 10\\ 30 & -10\end{pmatrix}=\begin{pmatrix}10\times 1 & 10\\ 10\times 3 & -10\end{pmatrix}$이므로 행렬식의 성질 2)에 의해 $|B|=10\begin{vmatrix}1 & 10\\ 3 & -10\end{vmatrix}$임을 알 수 있고 또한 $\begin{pmatrix}1 & 10\\ 3 & -10\end{pmatrix}=\begin{pmatrix}1 & 10\times 1\\ 3 & 10\times(-1)\end{pmatrix}$이므로 다시 행렬식의 성질 2)에 의해 $\begin{vmatrix}1 & 10\\ 3 & -10\end{vmatrix}=10\begin{vmatrix}1 & 1\\ 3 & -1\end{vmatrix}$임을 알 수 있다. 따라서 $|B|=10\begin{vmatrix}1 & 10\\ 3 & -10\end{vmatrix}=10\times\left(10\begin{vmatrix}1 & 1\\ 3 & -1\end{vmatrix}\right)=10^2|A|$(즉, $|B|=10^2|A|$)가 성립한다.

성질 3) $A, B, C\in Mat_{n\times n}(\mathbb{R})$가 주어져 있다고 하자. 만약 A의 $i-$번째 행(또는 $j-$번째 열)이 B와 C의 $i-$번째 행(또는 $j-$번째 열)의 합으로 표시되는 것을 제외하고는 A, B, C의 모든 행(또는 열)이 동일하다면 $|A|=|B|+|C|$이다.

다시 말하면, 만약

$$A=\begin{pmatrix}a_{11} & a_{12} & \cdots & a_{1n}\\ a_{21} & a_{22} & \cdots & a_{2n}\\ \cdots & \cdots & \cdots & \cdots\\ b_{i1}+c_{i1} & b_{i2}+c_{i2} & \cdots & b_{in}+c_{in}\\ \cdots & \cdots & \cdots & \cdots\\ a_{n1} & a_{n2} & \cdots & a_{nn}\end{pmatrix},\quad B=\begin{pmatrix}a_{11} & a_{12} & \cdots & a_{1n}\\ a_{21} & a_{22} & \cdots & a_{2n}\\ \cdots & \cdots & \cdots & \cdots\\ b_{i1} & b_{i2} & \cdots & b_{in}\\ \cdots & \cdots & \cdots & \cdots\\ a_{n1} & a_{n2} & \cdots & a_{nn}\end{pmatrix},\quad C=\begin{pmatrix}a_{11} & a_{12} & \cdots & a_{1n}\\ a_{21} & a_{22} & \cdots & a_{2n}\\ \cdots & \cdots & \cdots & \cdots\\ c_{i1} & c_{i2} & \cdots & c_{in}\\ \cdots & \cdots & \cdots & \cdots\\ a_{n1} & a_{n2} & \cdots & a_{nn}\end{pmatrix}$$

이면 $|A|=|B|+|C|$이다(이 성질은 $j-$번째 열에 대해서도 성립한다).

증명 | $|A|$는 A의 $i-$번째 행에 관한 라플라스 전개를 활용하여 다음과 같이 구할 수 있다.

$$|A|=(b_{i1}+c_{i1})A_{i1}+(b_{i2}+c_{i2})A_{i2}+\cdots+(b_{in}+c_{in})A_{in}$$

그런데

$$(b_{i1}+c_{i1})A_{i1}+(b_{i2}+c_{i2})A_{i2}+\cdots+(b_{in}+c_{in})A_{in}$$
$$=(b_{i1}A_{i1}+b_{i2}A_{i2}+\cdots+b_{in}A_{in})+(c_{i1}A_{i1}+c_{i2}A_{i2}+\cdots+c_{in}A_{in})$$

이며 $b_{i1}A_{i1}+b_{i2}A_{i2}+\cdots+b_{in}A_{in}=|B|$이고 $c_{i1}A_{i1}+c_{i2}A_{i2}+\cdots+c_{in}A_{in}=|C|$이므로 $|A|=|B|+|C|$가 성립함을 알 수 있다(j-번째 열에 관한 라플라스 전개를 활용해서도 유사한 방법으로 증명할 수 있다).

예제 4.9

$A=\begin{pmatrix}1&2&3\\3&5&6\\2&3&3\end{pmatrix}$, $B=\begin{pmatrix}1&2&3\\1&2&3\\2&3&3\end{pmatrix}$, $C=\begin{pmatrix}1&2&3\\2&3&3\\2&3&3\end{pmatrix}$가 주어져 있다고 하자. 그러면, $A=\begin{pmatrix}1&2&3\\1+2&2+3&3+3\\2&3&3\end{pmatrix}$이기 때문에 행렬식의 성질 2)에 의해 $|A|=|B|+|C|$임을 알 수 있으며, 또한 다음에서 소개될 행렬식의 성질 5)에 의해 $|B|=|C|=0$임을 알 수 있으므로 $|A|=0$임을 쉽게 계산할 수 있다.

성질 4) 만약 $n\times n$ 행렬 B가 A의 i-번째 행과 j-번째 행(또는 i-번째 열과 j-번째 열)을 서로 교환하여 얻어진 행렬이라면 $|B|=-|A|$(즉, $|A|=-|B|$)이다.

증명 | 먼저 두 이웃한 행(adjacent rows)이 교환된 경우를 고려해보기로 하자.

$n\times n$ 행렬 $B=\begin{pmatrix}a_{11}&a_{12}&\ldots&a_{1n}\\a_{21}&a_{22}&\ldots&a_{2n}\\\cdots&\cdots&\cdots&\cdots\\a_{i+1\,1}&a_{i+1\,2}&\ldots&a_{i+1\,n}\\a_{i1}&a_{i2}&\ldots&a_{\in}\\\cdots&\cdots&\cdots&\cdots\\a_{n1}&a_{n2}&\ldots&a_{nn}\end{pmatrix}$를 A의 i-번째 행과 $(i+1)$-번째 행을 교환하여 얻어진 행렬이라고 하자. 그러면 B의 $(i+1)$-번째 행에 관한 라플라스 전개에 의해 $|B|=a_{i1}B_{i+1\,1}+a_{i2}B_{i+1\,2}+\ldots+a_{in}B_{i+1\,n}$임을 알 수 있다. 이때 모든

$j=1,2,\cdots,n$ 에 대하여 $B_{i+1j}=(-1)^{i+1+j}|\widetilde{M}_{i+1,j}|$는 B의 $(i+1,j)$ 여인수이며, $\widetilde{M}_{i+1j}$는 B의 $(i+1,j)$ 소행렬이다. 그런데 모든 $j=1,2,\cdots,n$에 대하여 M_{ij}를 A의 (i,j) 소행렬이라고 하면 $\widetilde{M}_{i+1j}=M_{ij}$임을 알 수 있으며, 결과적으로 $B_{i+1j}=(-1)^{i+1+j}|M_{ij}|=-(-1)^{i+j}|M_{ij}|=-A_{ij}$가 성립한다. 따라서

$$\begin{aligned}|B| &= a_{i1}(-A_{i1})+a_{i2}(-A_{i2})+\ldots+a_{in}(-A_{in})\\ &=-(a_{i1}A_{i1}+a_{i2}A_{i2}+\ldots+a_{in}A_{in})\\ &=-|A|\end{aligned}$$

임을 알 수 있다(즉, 이웃한 행을 교환할 때마다 행렬식에 -1이 곱해진다).

이제, $n\times n$ 행렬 $B=\begin{pmatrix} a_{11} & a_{12} & \ldots & a_{1n} \\ a_{21} & a_{22} & \ldots & a_{2n} \\ \cdots & \cdots & \cdots & \cdots \\ a_{j1} & a_{j2} & \ldots & a_{jn} \\ \cdots & \cdots & \cdots & \cdots \\ a_{i1} & a_{i2} & \cdots & a_{in} \\ \cdots & \cdots & \cdots & \cdots \\ a_{n1} & a_{n2} & \cdots & a_{nn} \end{pmatrix}$를 $i<j$인 A의 i–번째 행과 j–번째 행을 교환하여 얻어진 행렬이라고 하자. 그러면 B의 i–번째 행을 j–번째 행으로 옮기기 위해서는 $j-i$번의 이웃한 행의 교환이 필요하다. 이때 B의 j–번째 행은 B의 $(j-1)$–번째 행에 위치해 있을 것이므로 이를 B의 i–번째 행으로 옮김으로써 행렬 A를 얻기 위해서는 $j-i-1$번의 이웃한 행의 교환이 추가적으로 필요하다. 따라서 행렬 B로부터 행렬 A를 얻는데 필요한 이웃한 행의 총 교환 횟수는 $(j-i)+(j-i-1)=2j-2i-1$로 홀수이며, 또한 앞에서 이웃한 행을 교환할 때마다 행렬식에 -1이 곱해짐을 증명하였으므로 $|B|=(-1)^{2j-2i-1}|A|=-|A|$임을 알 수 있다(열 교환의 경우에도 유사한 방법으로 증명할 수 있다).

예제 4.10

$A=\begin{pmatrix}1&2&3\\4&5&6\\7&8&9\end{pmatrix}$, $B=\begin{pmatrix}4&5&6\\1&2&3\\7&8&9\end{pmatrix}$, $C=\begin{pmatrix}5&4&6\\2&1&3\\8&7&9\end{pmatrix}$가 주어져 있다고 하자. 그러면, B는

A의 첫 번째 행과 두 번째 행을 서로 교환하여 얻어지기 때문에 $|B|=-|A|=0$이다. 또한, C는 B의 첫 번째 열과 두 번째 열을 서로 교환하여 얻어지기 때문에 $|C|=-|B|=0$임을 알 수 있다. 사실, C는 A의 첫 번째 행과 두 번째 행을 서로 교환한 다음 첫 번째 열과 두 번째 열을 서로 재교환(즉, 2번의 행 또는 열교환)함으로써 얻어질 수 있기 때문에 행렬식의 성질 4)에 의해 $|C|=(-1)^2|A|=0$임을 알 수 있다.

성질 5) 만약 $n \times n$ 행렬 A의 임의의 두 행(또는 두 열)이 동일하면 $|A|=0$이다.

증명 | A의 $i-$번째 행과 $j-$번째 행이 동일하다고 가정하자.

만약 B를 A의 $i-$번째 행과 $j-$번째 행을 교환하여 얻어진 행렬이라면 행렬식의 성질 4)에 의해 $|B|=-|A|$이다. 그런데 A의 $i-$번째 행과 $j-$번째 행은 동일하다고 가정했기 때문에 두 행을 교환해도 행렬은 변하지 않으므로 $B=A$임을 알 수 있으며 결과적으로 $|A|=-|A|$가 성립한다. 따라서 $2|A|=0$으로부터 $|A|=0$임을 알 수 있다.

예제 4.11

$A=\begin{pmatrix} 1 & 2 & 3 \\ 4 & 5 & 6 \\ 1 & 2 & 3 \end{pmatrix}$, $B=\begin{pmatrix} 1 & -2 & -2 \\ 3 & 4 & 4 \\ 7 & 6 & 6 \end{pmatrix}$가 주어져 있다고 하자. 그러면, A의 첫 번째 행과 세 번째 행이 동일하기 때문에 행렬식의 성질 5)에 의해 $|A|=0$이다. 또한 B의 두 번째 열과 세 번째 열이 동일하기 때문에 이 또한 행렬식의 성질 5)에 의해 $|B|=0$이다.

이제 다음의 정리가 성립함을 알 수 있다.

정리 4.2

$A=(a_{ij})\in Mat_{n\times n}(\mathbb{R})$가 주어져 있다고 하자. 그러면 다음이 성립한다.

$$a_{i1}A_{j1}+a_{i2}A_{j2}+\cdots+a_{in}A_{jn}=\begin{cases}|A| & \text{만약 } i=j\text{이면}\\ 0 & \text{그렇지 않으면}\end{cases}$$

(유사하게 $a_{1i}A_{1j}+a_{2i}A_{2j}+\cdots+a_{ni}A_{nj}=\begin{cases}|A| & \text{만약 } i=j\text{이면}\\ 0 & \text{그렇지 않으면}\end{cases}$).

증명 ┃ 만약 $i=j$라면 정의 4.4에 의해 $a_{i1}A_{j1}+a_{i2}A_{j2}+\cdots+a_{in}A_{jn}=|A|$가 성립하는 것은 명백하다. 이제 $i\neq j$에 대하여 행렬 B를 B의 $i-$번째 행과 $j-$번째 행(또는 $i-$번째 열과 $j-$번째 열)이 동일하다는 것을 제외하고는 A와 동일한 $n\times n$ 행렬이라고 하자. 그러면 행렬식의 성질 5)에 의해 $|B|=0$이다. 또한 B의 $j-$번째 행에 관한 라플라스 전개에 의해 $|B|=a_{i1}B_{j1}+a_{i2}B_{j2}+\cdots+a_{in}B_{jn}$이다. 이때 모든 $k=1,2,\cdots,n$에 대하여 $B_{jk}=(-1)^{j+k}|\widetilde{M}_{jk}|$는 B의 (j,k) 여인수이며, $\widetilde{M}_{jk}$는 B의 (j,k) 소행렬이다. 그런데 모든 $k=1,2,\cdots,n$에 대하여 M_{jk}를 A의 (j,k) 소행렬이라고 하면 행렬 B의 정의에 의해 $\widetilde{M}_{jk}=M_{jk}$임을 알 수 있으므로, 결과적으로 $B_{jk}=(-1)^{j+k}|\widetilde{M}_{jk}|=(-1)^{j+k}|M_{jk}|=A_{jk}$임을 알 수 있다. 따라서

$$a_{i1}A_{j1}+a_{i2}A_{j2}+\cdots+a_{in}A_{jn}=a_{i1}B_{j1}+a_{i2}B_{j2}+\cdots+a_{in}B_{jn}=|B|=0$$

이 됨을 알 수 있다(유사한 방법으로 $i\neq j$에 대하여 $a_{1i}A_{1j}+a_{2i}A_{2j}+\cdots+a_{ni}A_{nj}=0$이 성립함을 증명할 수 있다).

성질 6) 만약 $n\times n$ 행렬 A의 한 행(또는 열)이 다른 행(또는 열)의 상수배(constant multiple)라면 $|A|=0$이다.

증명 ┃ $i<j$라고 가정하고 A의 $i-$번째 행이 $j-$번째 행의 k배라고 하자.

$$(즉,\ A=\begin{pmatrix} a_{11} & a_{12} & \cdots & a_{1n} \\ a_{21} & a_{22} & \cdots & a_{2n} \\ \cdot & \cdot & \cdots & \cdot \\ ka_{j1} & ka_{j2} & \cdots & ka_{jn} \\ \cdot & \cdot & \cdots & \cdot \\ a_{j1} & a_{j2} & \cdots & a_{jn} \\ \cdot & \cdot & \cdots & \cdot \\ a_{n1} & a_{n2} & \cdots & a_{nn} \end{pmatrix} \leftarrow i\text{-번째 행}).$$

그러면 행렬식의 성질 2)에 의해 $|A|=k\begin{vmatrix} a_{11} & a_{12} & \cdots & a_{1n} \\ a_{21} & a_{22} & \cdots & a_{2n} \\ \cdot & \cdot & \cdots & \cdot \\ a_{j1} & a_{j2} & \cdots & a_{jn} \\ \cdot & \cdot & \cdots & \cdot \\ a_{j1} & a_{j2} & \cdots & a_{jn} \\ \cdot & \cdot & \cdots & \cdot \\ a_{n1} & a_{n2} & \cdots & a_{nn} \end{vmatrix}$이다. 그런데, 우변에 있는 행렬식에서 i-번째 행과 j-번째 행이 동일하기 때문에 행렬식의 성질 5)에 의해 이 행렬식은 0이고, 결과적으로 $|A|=k\times 0=0$임을 증명할 수 있다.

예제 4.12

$A=\begin{pmatrix} 1 & 2 & 3 \\ 2 & 4 & 6 \\ 7 & 8 & 9 \end{pmatrix}$가 주어져 있다고 하자. 그러면, A의 두 번째 행이 A의 첫 번째 행의 2배이므로 행렬식의 성질 6)에 의해 $|A|=0$이다.

성질 7) $n\times n$ 행렬 A의 한 행(또는 열)의 상수배를 A의 다른 행(또는 열)에 더한 행렬의 행렬식은 $|A|$와 동일하다(즉, $|A|$의 한 행(또는 열)의 상수배를 다른 행(또는 열)에 더하여도 $|A|$는 변하지 않는다).

증명 | $i<j$라고 가정하고 B를 A의 i-번째 열의 k배를 A의 j-번째 열에 더하

여 얻어진 행렬이라고 하자(즉, $B=\begin{bmatrix} a_{11}\ a_{12} \dots a_{1i} \dots a_{1j}+ka_{1i} \dots a_{1n} \\ a_{21}\ a_{22} \dots a_{2i} \dots a_{2j}+ka_{2i} \dots a_{2n} \\ .\quad .\ \dots\ .\ \dots \qquad \dots \qquad \dots\ . \\ a_{n1}\ a_{n2} \dots a_{ni} \dots a_{nj}+ka_{ni} \dots a_{nn} \end{bmatrix}$).

↑ j–번째 열

그러면, 행렬식의 성질 3)에 의해 B의 행렬식 $|B|$는 다음과 같이 계산할 수 있다.

$$|B|=\begin{vmatrix} a_{11}\ a_{12} \dots a_{1i} \dots a_{1j} \dots a_{1n} \\ a_{21}\ a_{22} \dots a_{2i} \dots a_{2j} \dots a_{2n} \\ .\quad .\ \dots\ .\ \dots \dots \dots\ . \\ a_{n1}\ a_{n2} \dots a_{ni} \dots a_{nj} \dots a_{nn} \end{vmatrix}+\begin{vmatrix} a_{11}\ a_{12} \dots a_{1i} \dots ka_{1i} \dots a_{1n} \\ a_{21}\ a_{22} \dots a_{2i} \dots ka_{2i} \dots a_{2n} \\ .\quad .\ \dots\ .\ \dots \dots \dots\ . \\ a_{n1}\ a_{n2} \dots a_{ni} \dots ka_{ni} \dots a_{nn} \end{vmatrix}$$

그런데, 우변의 첫 번째 행렬식은 $|A|$이고 두 번째 행렬식은 행렬식의 성질 6)에 의해 0이므로 $|B|=|A|+0=|A|$임을 알 수 있다.

예제 4.13

1) $A=\begin{pmatrix} 1 & 2 & 3 \\ -1 & 1 & 0 \\ 2 & -1 & 4 \end{pmatrix}$가 주어져 있다고 하자. 그러면, 행렬식의 성질 7)에 의해 A의 두 번째 행에 A의 첫 번째 행을 더해도 행렬식 $|A|$는 변하지 않으므로 $|A|$는 다음과 같이 구해진다.

$$|A|=\begin{vmatrix} 1 & 2 & 3 \\ -1+1 & 1+2 & 0+3 \\ 2 & -1 & 4 \end{vmatrix}=\begin{vmatrix} 1 & 2 & 3 \\ 0 & 3 & 3 \\ 2 & -1 & 4 \end{vmatrix}.$$

또한 행렬식의 성질 7)에 의해 $\begin{vmatrix} 1 & 2 & 3 \\ 0 & 3 & 3 \\ 2 & -1 & 4 \end{vmatrix}$의 첫 번째 행에 -2배를 곱하여 세 번째 행에 더해도 행렬식은 변하지 않으므로 다음과 같은 결과를 얻는다.

$$\begin{vmatrix} 1 & 2 & 3 \\ 0 & 3 & 3 \\ 2 & -1 & 4 \end{vmatrix}=\begin{vmatrix} 1 & 2 & 3 \\ 0 & 3 & 3 \\ 2+(-2)\times 1 & -1+(-2)\times 2 & 4+(-2)\times 3 \end{vmatrix}=\begin{vmatrix} 1 & 2 & 3 \\ 0 & 3 & 3 \\ 0 & -5 & -2 \end{vmatrix}.$$

이제 $\begin{vmatrix}1 & 2 & 3\\0 & 3 & 3\\0 & -5 & -2\end{vmatrix}$은 첫 번째 열에 관한 라플라스 전개를 활용함으로써 다음과 같이 쉽게 구할 수 있다.

$$\begin{vmatrix}1 & 2 & 3\\0 & 3 & 3\\0 & -5 & -2\end{vmatrix}=1\times(-1)^{1+1}\begin{vmatrix}3 & 3\\-5 & -2\end{vmatrix}+0\times(-1)^{2+1}\begin{vmatrix}2 & 3\\-5 & -2\end{vmatrix}$$

$$+0\times(-1)^{3+1}\begin{vmatrix}2 & 3\\3 & 3\end{vmatrix}=\begin{vmatrix}3 & 3\\-5 & -2\end{vmatrix}=9.$$

따라서 $|A|=\begin{vmatrix}1 & 2 & 3\\-1 & 1 & 0\\2 & -1 & 4\end{vmatrix}=9$이다.

2) $A=\begin{pmatrix}1 & 2 & 3 & 4\\-1 & -3 & 0 & 1\\-2 & 4 & 5 & 1\\0 & 3 & 1 & 6\end{pmatrix}$가 주어져 있다고 하자. 그러면, $|A|$를 구하기 위해 먼저 행렬식의 성질 7)을 여러 번 적용하여 $|A|$의 첫 번째 열 $\begin{pmatrix}1\\-1\\-2\\0\end{pmatrix}$을 $\begin{pmatrix}1\\0\\0\\0\end{pmatrix}$으로 만든 다음 첫 번째 열에 관한 라플라스 전개를 활용함으로써 3×3 행렬의 행렬식으로 변환한다. 유사한 방법으로 변환된 3×3 행렬의 행렬식을 2×2 행렬의 행렬식으로 변환한 후 $|A|$를 쉽게 구할 수 있다(물론 이 과정을 거치지 않고 식 (4.5)와 같은 방법을 활용하여 3×3 행렬의 행렬식을 바로 계산함으로써 $|A|$를 구할 수도 있다). 이에 대한 구체적인 방법은 다음과 같다.

$$|A|=\begin{vmatrix}1 & 2 & 3 & 4\\-1+1 & -3+2 & 0+3 & 1+4\\-2 & 4 & 5 & 1\\0 & 3 & 1 & 6\end{vmatrix}$$

↑

(A의 첫 번째 행을 A의 두 번째 행에 더한다)

$$=\begin{vmatrix} 1 & 2 & 3 & 4 \\ 0 & -1 & 3 & 5 \\ -2 & 4 & 5 & 1 \\ 0 & 3 & 1 & 6 \end{vmatrix} \tag{4.6}$$

$$=\begin{vmatrix} 1 & 2 & 3 & 4 \\ 0 & -1 & 3 & 5 \\ -2+2\times1 & 4+2\times2 & 5+2\times3 & 1+2\times4 \\ 0 & 3 & 1 & 6 \end{vmatrix}$$

↑

((4.6)의 첫 번째 행×2를 (4.6)의 세 번째 행에 더한다)

$$=\begin{vmatrix} 1 & 2 & 3 & 4 \\ 0 & -1 & 3 & 5 \\ 0 & 8 & 11 & 9 \\ 0 & 3 & 1 & 6 \end{vmatrix} \tag{4.7}$$

$$=\begin{vmatrix} -1 & 3 & 5 \\ 8 & 11 & 9 \\ 3 & 1 & 6 \end{vmatrix} \tag{4.8}$$

↑

((4.7)의 첫 번째 열에 관한 라플라스 전개에 의해)

$$=\begin{vmatrix} -1 & 3 & 5 \\ 8+8\times(-1) & 11+8\times3 & 9+8\times5 \\ 3 & 1 & 6 \end{vmatrix}$$

↑

((4.8)의 첫 번째 행×8을 (4.8)의 두 번째 행에 더한다)

$$=\begin{vmatrix} -1 & 3 & 5 \\ 0 & 35 & 49 \\ 3 & 1 & 6 \end{vmatrix} \tag{4.9}$$

$$=\begin{vmatrix} -1 & 3 & 5 \\ 0 & 35 & 49 \\ 3+3\times(-1) & 1+3\times3 & 6+3\times5 \end{vmatrix}$$

↑

((4.9)의 첫 번째 행 ×3을 (4.9)의 세 번째 행에 더한다)

$$=\begin{vmatrix} -1 & 3 & 5 \\ 0 & 35 & 49 \\ 0 & 10 & 21 \end{vmatrix} \tag{4.10}$$

$$=-1\times\begin{vmatrix} 35 & 49 \\ 10 & 21 \end{vmatrix}$$

↑
((4.10)의 첫 번째 열에 관한 라플라스 전개에 의해)

$$=-1\times5\times7\begin{vmatrix} 7 & 7 \\ 2 & 3 \end{vmatrix} \qquad =-35\times7\begin{vmatrix} 1 & 1 \\ 2 & 3 \end{vmatrix} \qquad =-245.$$

↑ (행렬식의 성질 2)에 의해)　　↑ (행렬식의 성질 2)에 의해)

성질 8) $A, B \in Mat_{n\times n}(\mathbb{R})$가 주어져 있다고 하자. 그러면 $|AB|=|A||B|$이다.

증명 | 이는 행렬의 곱과 행렬식의 정의를 활용함으로써 어렵지 않게 증명할 수 있으므로 독자들에게 연습문제로 남겨 두기로 한다.

예제 4.14

$A=\begin{pmatrix} 1 & 2 \\ 3 & 4 \end{pmatrix}$, $B=\begin{pmatrix} 5 & 6 \\ 7 & 8 \end{pmatrix}$가 주어져 있다고 하자. 그러면, $AB=\begin{pmatrix} 1 & 2 \\ 3 & 4 \end{pmatrix}\begin{pmatrix} 5 & 6 \\ 7 & 8 \end{pmatrix}$ $=\begin{pmatrix} 19 & 22 \\ 43 & 50 \end{pmatrix}$이므로 $|AB|=\begin{vmatrix} 19 & 22 \\ 43 & 50 \end{vmatrix}=19\times50-22\times43=4$이다. 한편, $|A|=-2$이고 $|B|=-2$이므로 $|AB|=|A||B|$가 성립함을 알 수 있다.

성질 9) $A \in Mat_{n\times n}(\mathbb{R})$가 주어져 있다고 하자. 그러면 $|A|=|A^T|$이다.

증명 | 이는 수학적 귀납법(mathematical induction)으로 증명할 수 있으며, 이 또한 독자들에게 연습문제로 남겨 두기로 한다.

예제 4.15

1) $A=\begin{pmatrix}1 & 2\\3 & 4\end{pmatrix}$가 주어져 있다고 하자. 그러면, $A^T=\begin{pmatrix}1 & 3\\2 & 4\end{pmatrix}$이며 $|A|=-2=|A^T|$임을 쉽게 알 수 있다.

2) $A=\begin{pmatrix}1 & 2 & 3\\0 & 1 & 2\\-1 & 0 & 1\end{pmatrix}$가 주어져 있다고 하자. 그러면, $A^T=\begin{pmatrix}1 & 0 & -1\\2 & 1 & 0\\3 & 2 & 1\end{pmatrix}$이다. 또한, $|A|=\begin{vmatrix}1 & 2 & 3\\0 & 1 & 2\\0 & 2 & 4\end{vmatrix}=\begin{vmatrix}1 & 2\\2 & 4\end{vmatrix}=0$이고

↑

(A의 첫 번째 행을 A의 세 번째 행에 더한다)

$|A^T|=\begin{vmatrix}1 & 0 & 0\\2 & 1 & 2\\3 & 2 & 4\end{vmatrix}=\begin{vmatrix}1 & 2\\2 & 4\end{vmatrix}=0$이므로 $|A|=|A^T|$임을 알 수 있다.

↑

(A^T의 첫 번째 열을 A^T의 세 번째 열에 더한다)

성질 10) $A\in Mat_{n\times n}(\mathbb{R})$가 가역행렬이라고 하자. 그러면 $|A|\neq 0$이고 $|A^{-1}|=|A|^{-1}$이다.

증명 | A가 가역행렬이기 때문에 $AA^{-1}=A^{-1}A=I_n$을 만족하는 $A^{-1}\in Mat_{n\times n}(\mathbb{R})$가 존재한다. 따라서 행렬식의 성질 8)에 의해 $|AA^{-1}|=|A||A^{-1}|$임을 알 수 있으며, 또한 $|A||A^{-1}|=|AA^{-1}|=|I_n|=1$이고 $|A|\neq 0$이므로 $|A^{-1}|=|A|^{-1}$가 성립함을 쉽게 증명할 수 있다.

행렬식의 성질 10)에 대한 예제를 소개하기 전에 먼저 행렬식을 사용하여 가역행렬의 역행렬을 찾는 방법을 소개한다. 이를 위해 다음에서 $n\times n$ 행렬의 수반행렬(adjoint matrix)에 대한 개념을 정의한다.

정의 4.5 수반행렬(Adjoint Matrix)

$A \in Mat_{n\times n}(\mathbb{R})$가 주어져 있다고 하고 $B=(A_{ij})=\begin{pmatrix} A_{11} & A_{12} & \dots & A_{1n} \\ A_{21} & A_{22} & \dots & A_{2n} \\ . & . & \dots & . \\ A_{n1} & A_{n2} & \dots & A_{nn} \end{pmatrix}$를 A의 여인수 A_{ij}들로 구성된 $n \times n$ 행렬이라고 하자. 그러면 $B^T=\begin{pmatrix} A_{11} & A_{21} & \dots & A_{n1} \\ A_{12} & A_{22} & \dots & A_{n2} \\ . & . & \dots & . \\ A_{1n} & A_{2n} & \dots & A_{nn} \end{pmatrix}$를 A의 수반행렬이라고 하고, $adj\,A$라고 나타낸다.

이제 $n\times n$ 행렬에 대해 다음과 같은 매우 유용한 정리가 성립한다.

정리 4.3

$A \in Mat_{n\times n}(\mathbb{R})$가 주어져 있다고 하자. 그러면 다음이 성립한다.

$$A\text{가 가역행렬이다} \Leftrightarrow |A| \neq 0.$$

또한, $|A| \neq 0$이면 $A^{-1}=\dfrac{1}{|A|}adj\,A$이다.

증명 만약 A가 가역행렬이면 행렬식의 성질 10)에 의해 당연히 $|A| \neq 0$이다. 이제 $|A| \neq 0$이라고 하자. 그러면 다음이 성립한다.

$$A\left(\frac{1}{|A|}adj\,A\right)=\frac{1}{|A|}(A\,adj\,A)$$

$$=\frac{1}{|A|}\begin{pmatrix} a_{11} & a_{12} & \cdots & a_{1n} \\ a_{21} & a_{22} & \cdots & a_{2n} \\ \vdots & \vdots & \cdots & \vdots \\ a_{n1} & a_{n2} & \cdots & a_{nn} \end{pmatrix}\begin{pmatrix} A_{11} & A_{21} & \cdots & A_{n1} \\ A_{12} & A_{22} & \cdots & A_{n2} \\ \vdots & \vdots & \cdots & \vdots \\ A_{1n} & A_{2n} & \cdots & A_{nn} \end{pmatrix}$$

$$=\frac{1}{|A|}\begin{pmatrix} a_{11}A_{11}+\cdots+a_{1n}A_{1n} & a_{11}A_{21}+\cdots+a_{1n}A_{2n} & \cdots & a_{11}A_{n1}+\cdots+a_{1n}A_{nn} \\ a_{21}A_{11}+\cdots+a_{2n}A_{1n} & a_{21}A_{21}+\cdots+a_{2n}A_{2n} & \cdots & a_{21}A_{n1}+\cdots+a_{2n}A_{nn} \\ \vdots & \vdots & \cdots & \vdots \\ a_{n1}A_{11}+\cdots+a_{nn}A_{1n} & a_{n1}A_{21}+\cdots+a_{nn}A_{2n} & \cdots & a_{n1}A_{n1}+\cdots+a_{nn}A_{nn} \end{pmatrix}$$

그런데, 정리 4.2에 의해

$$a_{i1}A_{j1}+a_{i2}A_{j2}+\cdots+a_{in}A_{jn}=\begin{cases}|A| & \text{만약 } i=j\text{이면}\\ 0 & \text{그렇지 않으면}\end{cases}$$

이 성립하므로 $A\left(\frac{1}{|A|}adj\,A\right)=\frac{1}{|A|}\begin{pmatrix}|A| & 0 & \cdots & 0\\ 0 & |A| & \cdots & 0\\ \vdots & \vdots & \cdots & \vdots\\ 0 & 0 & \cdots & |A|\end{pmatrix}=I_n$임을 알 수 있다. 유사한 방법으로 $\left(\frac{1}{|A|}adj\,A\right)A=I_n$임도 증명할 수 있으므로 $A^{-1}=\frac{1}{|A|}adj\,A$임을 알 수 있으며, 이는 A가 가역행렬임을 의미한다.

예제 4.16

$A=\begin{pmatrix}1 & 2 & 3\\ 4 & 5 & 6\\ 2 & -1 & 3\end{pmatrix}$가 주어져 있다고 하자. 그러면 $|A|=-21\neq 0$이기 때문에 정리 4.3에 의해 A는 가역행렬임을 알 수 있다. 이제 정의 4.5에 소개된 수반행렬을 활용하여 A의 역행렬 A^{-1}를 구해보자. 이를 위해 먼저 모든 $i,j=1,2,3$에 대하여 A의 여인수 A_{ij}를 구하면 다음과 같다.

$$A_{11}=(-1)^{1+1}\begin{vmatrix}5 & 6\\ -1 & 3\end{vmatrix}=21,$$

$$A_{12}=(-1)^{1+2}\begin{vmatrix}4 & 6\\ 2 & 3\end{vmatrix}=0,$$

$$A_{13}=(-1)^{1+3}\begin{vmatrix}4 & 5\\ 2 & -1\end{vmatrix}=-14,$$

$$A_{21}=(-1)^{2+1}\begin{vmatrix}2 & 3\\ -1 & 3\end{vmatrix}=-9,$$

$$A_{22}=(-1)^{2+2}\begin{vmatrix}1 & 3\\ 2 & 3\end{vmatrix}=-3,$$

$$A_{23}=(-1)^{2+3}\begin{vmatrix}1 & 2\\ 2 & -1\end{vmatrix}=5,$$

$$A_{31}=(-1)^{3+1}\begin{vmatrix}2 & 3\\ 5 & 6\end{vmatrix}=-3,$$

$$A_{32} = (-1)^{3+2}\begin{vmatrix} 1 & 3 \\ 4 & 6 \end{vmatrix} = 6,$$

$$A_{33} = (-1)^{3+3}\begin{vmatrix} 1 & 2 \\ 4 & 5 \end{vmatrix} = -3.$$

따라서 A의 수반행렬 $adjA$는

$$adjA = \begin{pmatrix} A_{11} & A_{21} & A_{31} \\ A_{12} & A_{22} & A_{32} \\ A_{13} & A_{23} & A_{33} \end{pmatrix} = \begin{pmatrix} 21 & -9 & -3 \\ 0 & -3 & 6 \\ -14 & 5 & -3 \end{pmatrix}$$

이므로

$$A^{-1} = \frac{1}{|A|}adjA = -\frac{1}{21}\begin{pmatrix} 21 & -9 & -3 \\ 0 & -3 & 6 \\ -14 & 5 & -3 \end{pmatrix} = \begin{pmatrix} -1 & \frac{3}{7} & \frac{1}{7} \\ 0 & \frac{1}{7} & -\frac{2}{7} \\ \frac{2}{3} & -\frac{5}{21} & \frac{1}{7} \end{pmatrix}$$

과 같이 구할 수 있다.

또한, $|A^{-1}| = \begin{vmatrix} -1 & \frac{3}{7} & \frac{1}{7} \\ 0 & \frac{1}{7} & -\frac{2}{7} \\ 0 & \frac{1}{21} & \frac{5}{21} \end{vmatrix} = (-1)\begin{vmatrix} \frac{1}{7} & -\frac{2}{7} \\ \frac{1}{21} & \frac{5}{21} \end{vmatrix} = -\frac{1}{21}$ 이므로

↑

(A^{-1}의 첫 번째 행$\times\frac{2}{3}$를 A^{-1}의 세 번째 행에 더한다)

$|A^{-1}| = |A|^{-1}$가 성립함을 알 수 있으며, 이는 행렬식의 성질 10)이 성립함을 보여주는 한 예제이기도 하다.

제5장에서 A가 가역행렬일 때 A^{-1}를 구하는 또 다른 방법에 대하여 상세히 논의할 것이다.

연습문제

01. 라플라스 전개를 활용하여 다음 행렬의 행렬식을 계산하라.

(1) $A=\begin{pmatrix} 2 & -1 & 1 \\ 3 & 1 & 2 \\ 5 & -2 & -3 \end{pmatrix}$　　(2) $A=\begin{pmatrix} 9 & 8 \\ 7 & 6 \end{pmatrix}$

(3) $A=\begin{pmatrix} 1 & 5 & 6 \\ -2 & 0 & -3 \\ 3 & 1 & 5 \end{pmatrix}$　　(4) $A=\begin{pmatrix} 0 & 3 & 4 \\ 2 & 9 & 6 \\ 3 & 4 & 8 \end{pmatrix}$

02. 다음 행렬식을 계산하라.

(1) $\begin{vmatrix} -1 & 1 & 2 \\ 1 & 3 & 4 \\ 0 & 1 & -2 \end{vmatrix}$　　(2) $\begin{vmatrix} 3 & 4 \\ 5 & 6 \end{vmatrix}$

(3) $\begin{vmatrix} 1 & 4 & 7 \\ 2 & 5 & 8 \\ 3 & 6 & 9 \end{vmatrix}$　　(4) $\begin{vmatrix} 2 & 4 & 6 \\ 0 & 3 & 9 \\ 0 & 0 & 8 \end{vmatrix}$

(5) $\begin{vmatrix} 1 & 2 & 3 & 4 \\ -1 & 0 & 1 & 2 \\ 3 & -3 & 6 & 9 \\ 1 & 0 & 0 & 1 \end{vmatrix}$　　(6) $\begin{vmatrix} -2 & 0 & 0 & 0 \\ 3 & 7 & 0 & 0 \\ 4 & 6 & 1 & 0 \\ 1 & 2 & 0 & 3 \end{vmatrix}$

(7) $\begin{vmatrix} 3 & -3 & 3 & 3 & -3 \\ 2 & 1 & 1 & 2 & -2 \\ 1 & 0 & -1 & 3 & 4 \\ 0 & 4 & 0 & 1 & -1 \\ 5 & 0 & 0 & -2 & 3 \end{vmatrix}$　　(8) $\begin{vmatrix} 1 & 0 & 0 & 0 & 0 \\ 2 & 1 & 0 & 0 & 0 \\ 3 & 2 & 1 & 0 & 0 \\ 4 & 3 & 2 & 1 & 0 \\ 5 & 4 & 3 & 2 & 1 \end{vmatrix}$

03. $\begin{vmatrix} a_{11} & a_{12} & a_{13} \\ a_{21} & a_{22} & a_{23} \\ a_{31} & a_{32} & a_{33} \end{vmatrix}=3$이라고 할 때 다음 행렬식을 계산하라.

(1) $\begin{vmatrix} 2a_{11} & a_{12} & a_{13} \\ -6a_{21} & -3a_{22} & -3a_{23} \\ 2a_{31} & a_{32} & a_{33} \end{vmatrix}$ (2) $\begin{vmatrix} a_{11} & a_{12}-a_{13} & a_{13} \\ a_{21} & a_{22}-a_{23} & a_{23} \\ a_{31} & a_{32}-a_{33} & a_{33} \end{vmatrix}$

(3) $\begin{vmatrix} a_{11} & a_{12} & a_{13} \\ a_{21}-3a_{11} & a_{22}-3a_{12} & a_{23}-3a_{13} \\ a_{31} & a_{32} & a_{33} \end{vmatrix}$

(4) $\begin{vmatrix} a_{13} & a_{12} & a_{11} \\ a_{23} & a_{22} & a_{21} \\ a_{33} & a_{32} & a_{31} \end{vmatrix}$ (5) $\begin{vmatrix} a_{31} & a_{33} & a_{32} \\ a_{21} & a_{23} & a_{22} \\ a_{11} & a_{13} & a_{12} \end{vmatrix}$

04. (행렬식의 성질 8) A와 B를 2×2 행렬이라고 할 때 $|AB|=|A||B|$가 성립함을 증명하라.

05. (행렬식의 성질 9) A를 $n\times n$ 행렬이라고 할 때 $|A|=|A^T|$가 성립함을 증명하라.

06. 다음 행렬의 역행렬 존재 여부를 밝히고 만약 존재하면 역행렬을 구하라.

(1) $\begin{pmatrix} 1 & -1 \\ 1 & 1 \end{pmatrix}$ (2) $\begin{pmatrix} 1 & -2 \\ -3 & 6 \end{pmatrix}$

(3) $\begin{pmatrix} 1 & 0 & 0 \\ 1 & 1 & 0 \\ 1 & 1 & 1 \end{pmatrix}$ (4) $\begin{pmatrix} 1 & 0 & 1 \\ 0 & 1 & 0 \\ 1 & 0 & 1 \end{pmatrix}$

(5) $\begin{pmatrix} 1 & -1 & 4 \\ 2 & 1 & 3 \\ 1 & 2 & -2 \end{pmatrix}$ (6) $\begin{pmatrix} -1 & 2 & 6 \\ 1 & -3 & 1 \\ 0 & 0 & -1 \end{pmatrix}$

제 5 장

1차연립방정식

제 5 장 1차연립방정식

본 장에서는 다음과 같은 변수의 개수가 n개이고 1차방정식의 개수가 m개인 1차 연립방정식(system of linear equations)을 푸는 방법에 대해 논의한다.

$$\begin{cases} a_{11}x_1 + a_{12}x_2 + \cdots + a_{1n}x_n = b_1 \\ a_{21}x_1 + a_{22}x_2 + \cdots + a_{2n}x_n = b_2 \\ \quad \cdots \\ a_{m1}x_1 + a_{m2}x_2 + \cdots + a_{mn}x_n = b_m \end{cases} \tag{5.1}$$

제3장에서도 언급하였듯이, $A = (a_{ij}) \in Mat_{m \times n}(\mathbb{R})$, $x^T = (x_1 x_2 \cdots x_n) \in Mat_{1 \times n}(\mathbb{R})$, $b^T = (b_1 b_2 \cdots b_m) \in Mat_{1 \times m}(\mathbb{R})$라고 하면 $x \in Mat_{n \times 1}(\mathbb{R})$이고 $b \in Mat_{m \times 1}(\mathbb{R})$이며 (5.1)은 $Ax = b$와 같이 행렬의 형태로 나타낼 수 있다. 이처럼 1차연립방정식 (5.1)은 $Ax = b$와 같은 행렬의 형태로 변환하여 가우스 소거법(Gauss elimination method)과 가우스–조르단 소거법(Gauss–Jordan elimination method)이라고 하는 두 가지의 잘 알려진 방법으로 풀 수 있다. 이러한 방법들을 이해하기 위해서는 먼저 세 가지의 기본 행 연산(elementary row operation)에 대한 명확한 이해가 선행되어져야 한다.

5.1 기본 행 연산

기본 행 연산에는 총 세 가지가 있는데 이들에 대한 개념을 좀 더 쉽게 잘 이해하기 위해 먼저 다음과 같은 1차연립방정식을 고려해보자.

$$\begin{cases} a_{11}x_1 + a_{12}x_2 = b_1 \\ a_{21}x_1 + a_{22}x_2 = b_2 \end{cases} \tag{5.2}$$

이제 1차연립방정식 (5.2)의 해(solution)를 변화시키지 않는 다음과 같은 세 가지 경우를 살펴보기로 한다.

경우 1) 1차연립방정식 (5.2)에 있는 임의의 방정식의 양변에 0이 아닌 상수를 곱한 후 얻어진 1차연립방정식과 1차연립방정식 (5.2)의 해는 동일하다. 예컨대, $c \neq 0$인 $c \in \mathbb{R}$에 대하여 (5.2)의 첫 번째(또는 두 번째) 방정식의 양변에 c를 곱하여 얻어진 다음과 같은 1차연립방정식 (5.3)은 (5.2)와 동일한 해를 갖는다.

$$\begin{cases} ca_{11}x_1 + ca_{12}x_2 = cb_1 \\ a_{21}x_1 + a_{22}x_2 = b_2 \end{cases} \tag{5.3}$$

경우 2) 1차연립방정식 (5.2)에 있는 두 방정식을 교환한 후 얻어진 1차연립방정식과 1차연립방정식 (5.2)의 해는 동일하다. 예컨대, (5.2)의 첫 번째 방정식과 두 번째 방정식을 서로 교환하여 얻어진 다음과 같은 1차연립방정식 (5.4)는 (5.2)와 동일한 해를 갖는다.

$$\begin{cases} a_{21}x_1 + a_{22}x_2 = b_2 \\ a_{11}x_1 + a_{12}x_2 = b_1 \end{cases} \tag{5.4}$$

경우 3) 1차연립방정식 (5.2)에 있는 임의의 방정식의 양변에 0이 아닌 상수를 곱하여 이를 다른 방정식에 더한 후 얻어진 1차연립방정식과 1차연립방정식 (5.2)의 해는 동일하다. 예컨대, $c \neq 0$인 $c \in \mathbb{R}$에 대하여 (5.2)의 첫 번째 방정식의 양변에 c를 곱하여 두 번째 방정식에 더하여 얻어진 다음과 같은 1차연립방정식 (5.5)는 (5.2)와 동일한 해를 갖는다.

$$\begin{cases} a_{11}x_1 + a_{12}x_2 = b_1 \\ (a_{21}+ca_{11})x_1 + (a_{22}+ca_{12})x_2 = b_2 + cb_1 \end{cases} \tag{5.5}$$

지금까지 논의한 위 세 가지 경우를 기본 행 연산의 개념과 연결시키기 위해 먼저 첨가행렬(혹은 확대행렬, augmented matrix)을 정의한다.

정의 5.1 첨가행렬(Augmented Matrix)

$A=(a_{ij}) \in Mat_{m\times n}(\mathbb{R})$, $x^T=(x_1x_2 \cdots x_n) \in Mat_{1\times n}(\mathbb{R})$, $b^T=(b_1b_2 \cdots b_m) \in Mat_{1\times m}(\mathbb{R})$에 대하여 1차연립방정식 $Ax=b$가 주어져 있다고 하자.

그러면 $(A|b)=\begin{pmatrix} a_{11} & a_{12} & \cdots & a_{1n} & | & b_1 \\ a_{21} & a_{22} & \cdots & a_{2n} & | & b_2 \\ \vdots & \vdots & & \vdots & & \vdots \\ a_{m1} & a_{m2} & \cdots & a_{mn} & | & b_m \end{pmatrix}$로 주어진 $m\times(n+1)$ 행렬을 $Ax=b$의 첨가행렬이라고 한다(또는 1차연립방정식 $Ax=b$는 첨가행렬 $(A|b)$를 갖는다고 한다).

정의 5.1에서 임의의 $i=1,2\cdots,m$과 $j=1,2,\cdots,n$에 대하여 첨가행렬의 i번째 행은 i번째 1차방정식에 대응되고 j번째 열은 x_j의 계수에 대응되며 마지막 열인 $n+1$번째 열은 우변상수에 대응됨에 유의하자.

예제 5.1

1차연립방정식 $\begin{cases} x_1 + 2x_2 = 3 \\ 4x_1 + 5x_2 = 6 \end{cases}$이 주어져 있다고 하자.

그러면 이 1차연립방정식의 첨가행렬은 $\begin{pmatrix} 1 & 2 & | & 3 \\ 4 & 5 & | & 6 \end{pmatrix}$이다.

이제 $(A|b)=\begin{pmatrix} a_{11} & a_{12} & | & b_1 \\ a_{21} & a_{22} & | & b_2 \end{pmatrix}$를 1차연립방정식 (5.2)의 첨가행렬이라고 하자. 그러면, 앞에서 소개한 세 가지 경우를 첨가행렬의 관점에서 다음과 같이 다시 정리할 수 있다.

경우 1) $(A|b)$의 임의의 한 행에 0이 아닌 상수를 곱해 얻어진 첨가행렬을 갖는 1차연립방정식과 1차연립방정식 (5.2)의 해는 동일하다. 예컨대, $c\neq 0$인 $c\in\mathbb{R}$에 대하여 $\begin{pmatrix} ca_{11} & ca_{12} & | & cb_1 \\ a_{21} & a_{22} & | & b_2 \end{pmatrix}$를 첨가행렬로 갖는 1차연립방정식은 1차연립방정식 (5.2)와 동일한 해를 갖는다(이와 같이, 행렬의 임의의 한 행에 0이 아닌 상수를 곱하는 것을 기본 행 연산이라고 하며, 이는 세 가지 기본 행 연산 중의 하나이다).

경우 2) $(A|b)$의 임의의 두 행을 교환한 후 얻어진 첨가행렬을 갖는 1차연립방정식과 1차연립방정식 (5.2)의 해는 동일하다. 예컨대, $\begin{pmatrix} a_{21} & a_{22} & | & b_2 \\ a_{11} & a_{12} & | & b_1 \end{pmatrix}$을 첨가행렬로 갖는 1차연립방정식은 1차연립방정식 (5.2)와 동일한 해를 갖는다(이와 같이, 행렬의 임의의 두 행을 교환하는 것을 기본 행 연산이라고 하며, 이것도 세 가지 기본 행 연산 중의 하나이다).

경우 3) $(A|b)$의 임의의 한 행에 0이 아닌 상수를 곱한 후 임의의 또 다른 행에 더하여 얻어진 첨가행렬을 갖는 1차연립방정식과 1차연립방정식 (5.2)의 해는 동일하다. 예컨대, $c\neq 0$인 $c\in\mathbb{R}$에 대하여 $\begin{pmatrix} a_{11} & a_{12} & | & b_1 \\ a_{21}+ca_{11} & a_{22}+ca_{12} & | & b_2+cb_1 \end{pmatrix}$을 첨가행렬로 갖는 1차연립방정식은 1차연립방정식 (5.2)와 동일한 해를 갖는다(이와 같이, 행렬의 임의의 한 행에 0이 아닌 상수를 곱한 후 이를 임의의 또 다른 행에 더하는 것을 기본 행 연산이라고 하며, 이 또한 세 가지 기본 행 연산 중의 하나이다).

결과적으로 세 가지의 기본 행 연산(elementary row operation)은 다음과 같이 요약할 수 있다.

(세 가지의 기본 행 연산)

1) 행렬의 임의의 한 행에 0이 아닌 상수를 곱한다.
2) 행렬의 임의의 두 행을 교환한다.
3) 행렬의 임의의 한 행에 0이 아닌 상수를 곱한 후 이를 임의의 또 다른 행에 더한다.

이제 1차연립방정식의 풀이 기법인 가우스 소거법과 가우스–조르단 소거법을 설명하는 데 필요한 기약 행 사다리꼴 행렬(reduced row echelon matrix)과 행 사다리꼴 행렬(row echelon matrix)이라는 두 가지 형태(form)의 행렬을 소개한다.

정의 5.2 기약 행 사다리꼴 행렬(Reduced Row Echelon Matrix)

$A \in Mat_{m\times n}(\mathbb{R})$가 주어져 있다고 하자. 만약 A가 다음 네 가지 조건을 만족하면, A를 기약 행 사다리꼴 행렬이라고 한다.

1) A의 행들 중 모든 원소가 0인 행(zero row)이 존재하면 이는 A의 0이 아닌 원소를 갖는 행(non-zero row)보다 아래에 나타나야 한다.
2) A의 0이 아닌 원소를 갖는 행이 존재하면 왼쪽으로부터 첫 번째 0이 아닌 숫자는 1이어야 한다.
3) A의 아래쪽 행에 있는 첫 번째 1은 위쪽 행들에 있는 첫 번째 1보다 더 오른쪽에 위치해야 한다.
4) A의 0이 아닌 원소를 갖는 모든 행들의 첫 번째 1을 포함하는 열(column)의 모든 원소는 1을 제외하고는 모두 0이어야 한다.

예제 5.2

1) $\begin{pmatrix} 1 & 0 & 0 \\ 0 & 0 & 0 \\ 0 & 1 & 1 \end{pmatrix}$은 기약 행 사다리꼴 행렬이 아니다. 왜냐하면 이 행렬은 정의 5.2의 첫 번째 조건에 위배되기 때문이다(즉, 모든 원소가 0인 두 번째 행(2행)이 0이 아닌 원소를 갖는 세 번째 행(3행)보다 위쪽에 나타나 있기 때문이다). 그런데 위 행렬의 2행과 3행을 교환하는 기본 행 연산을 적용함으로써 위 행렬을 기약 행 사다리꼴로 바꿀 수 있다. 실제로, $\begin{pmatrix} 1 & 0 & 0 \\ 0 & 1 & 1 \\ 0 & 0 & 0 \end{pmatrix}$은 정의 5.2의 네 가지 조건을 모두만족하고 있기

때문에 기약 행 사다리꼴 행렬이다.

2) $\begin{pmatrix} 2 & 0 & 0 \\ 0 & 1 & 0 \\ 0 & 0 & 1 \end{pmatrix}$은 기약 행 사다리꼴 행렬이 아니다. 왜냐하면 이 행렬은 정의 5.2의 두 번째 조건에 위배되기 때문이다(즉, 1행의 첫 번째 0이 아닌 숫자가 1이 아니기 때문이다). 하지만 위 행렬의 1행에 $\frac{1}{2}$을 곱하는 기본 행 연산을 적용한 후 얻어진 행렬 $\begin{pmatrix} 1 & 0 & 0 \\ 0 & 1 & 0 \\ 0 & 0 & 1 \end{pmatrix}$은 기약 행 사다리꼴 행렬이다.

3) $\begin{pmatrix} 0 & 1 & 0 \\ 1 & 0 & 1 \\ 0 & 0 & 0 \end{pmatrix}$은 기약 행 사다리꼴 행렬이 아니다. 왜냐하면 이 행렬은 정의 5.2의 세 번째 조건에 위배되기 때문이다(즉, 2행의 첫 번째 1은 1행의 첫 번째 1보다 더 오른쪽에 위치해 있지 않기 때문이다). 하지만 1행과 2행을 바꾸는 기본 행 연산을 적용한 후 얻어진 행렬 $\begin{pmatrix} 1 & 0 & 1 \\ 0 & 1 & 0 \\ 0 & 0 & 0 \end{pmatrix}$은 기약 행 사다리꼴 행렬이다.

4) $\begin{pmatrix} 1 & 2 & 0 \\ 0 & 1 & 0 \\ 0 & 0 & 0 \end{pmatrix}$은 기약 행 사다리꼴 행렬이 아니다. 왜냐하면 이 행렬은 정의 5.2의 네 번째 조건에 위배되기 때문이다(즉, 2행의 첫 번째 1을 포함하는 열(2열)에서 0이 아닌 원소((1,2) 원소인 2)가 존재하기 때문이다). 하지만 2행에 −2를 곱하여 1행에 더하는 기본 행 연산을 적용한 후 얻어진 행렬 $\begin{pmatrix} 1 & 0 & 0 \\ 0 & 1 & 0 \\ 0 & 0 & 0 \end{pmatrix}$은 기약 행 사다리꼴 행렬이다.

5) $\begin{pmatrix} 1 & 0 & 2 \\ 0 & 1 & 1 \end{pmatrix}$, $\begin{pmatrix} 1 & 0 & 0 & 3 \\ 0 & 0 & 1 & 2 \\ 0 & 0 & 0 & 0 \end{pmatrix}$, $\begin{pmatrix} 0 & 1 & 0 \\ 0 & 0 & 1 \\ 0 & 0 & 0 \end{pmatrix}$은 모두 기약 행 사다리꼴 행렬이다.

정의 5.3 행 사다리꼴 행렬(Row Echelon Matrix)

$A \in Mat_{m \times n}(\mathbb{R})$가 주어져 있다고 하자. 만약 A가 정의 5.2의 조건 1), 2), 3)을 만족하면, A를 행 사다리꼴 행렬이라고 한다.

정의 5.2와 5.3으로부터 알 수 있듯이 모든 기약 행 사다리꼴 행렬은 당연히 행 사다리꼴 행렬이지만 그의 역이 항상 성립하는 것은 아니다. 아울러, 행 사다리꼴 행렬은 언제든지 기본 행 연산을 적절히 적용함으로써 기약 행 사다리꼴 행렬로 바꿀 수 있다.

예제 5.3

1) 예제 5.2 4)에 주어진 행렬 $\begin{pmatrix} 1 & 2 & 0 \\ 0 & 1 & 0 \\ 0 & 0 & 0 \end{pmatrix}$은 행 사다리꼴 행렬이지만 기약 행 사다리꼴 행렬은 아니다.

2) $\begin{pmatrix} 1 & 2 & 3 \\ 0 & 1 & 5 \\ 0 & 0 & 1 \end{pmatrix}$, $\begin{pmatrix} 1 & 0 & 2 & 5 \\ 0 & 0 & 1 & 2 \end{pmatrix}$, $\begin{pmatrix} 1 & 3 & 2 & 5 \\ 0 & 1 & 3 & 6 \\ 0 & 0 & 0 & 0 \end{pmatrix}$은 행 사다리꼴 행렬이다. 아울러, 이 행렬들은 각각 기본 행 연산을 적절히 적용함으로써 $\begin{pmatrix} 1 & 0 & 0 \\ 0 & 1 & 0 \\ 0 & 0 & 1 \end{pmatrix}$, $\begin{pmatrix} 1 & 0 & 0 & 5 \\ 0 & 0 & 1 & 2 \end{pmatrix}$, $\begin{pmatrix} 1 & 0 & 0 & 5 \\ 0 & 1 & 0 & 6 \\ 0 & 0 & 0 & 0 \end{pmatrix}$과 같은 기약 행 사다리꼴 행렬로 바꿀 수 있다.

기약 행 사다리꼴 행렬과 행 사다리꼴 행렬에는 한 가지 큰 차이점이 있음에 유의해야 한다. 실제로, 정의 5.2에 있는 조건 4)에 의해 기약 행 사다리꼴 행렬은 0이 아닌 원소를 갖는 모든 행들의 첫 번째 1을 포함하는 열의 모든 원소는 1을 제외하고는 모두 0(즉, 1의 위(above)와 아래(below)에 있는 모든 원소가 0)인 반면, 행 사다리꼴 행렬은 0이 아닌 원소를 갖는 모든 행들의 첫 번째 1을 포함하는 열의 원소들 중 1의 아래에 있는 모든 원소가 0이다.

5.2 가우스 소거법과 가우스-조르단 소거법

본 절에서는 일반적인 1차연립방정식 (5.1)을 푸는 두 가지 방법인 가우스 소거법과 가우스-조르단 소거법을 소개하기로 한다.

앞에서도 언급하였듯이 일반적인 1차연립방정식 (5.1)은 $A=(a_{ij})\in Mat_{m\times n}(\mathbb{R})$, $x^T=(x_1x_2\cdots x_n)\in Mat_{1\times n}(\mathbb{R})$, $b^T=(b_1b_2\cdots b_m)\in Mat_{1\times m}(\mathbb{R})$라고 할 때 $Ax=b$로 나타낼 수 있다.

이때 1차연립방정식 (5.1)을 다음과 같은 단계를 거쳐 푸는 방법을 가우스 소거법이라고 한다.

가우스 소거법(Gauss elimination method)

단계 1) 첨가행렬 $(A|b)$를 생성한다.

단계 2) 기본 행 연산을 연속적으로 적용하여 첨가행렬을 행 사다리꼴 행렬로 바꾼다.

단계 3) 행 사다리꼴 행렬을 첨가행렬로 갖는 1차연립방정식을 구한 후 맨 아래쪽에 있는 방정식을 이용하여 관련된 변수(들)의 해를 구한 다음, 위쪽 방정식(들)로 순차적으로 이동하면서 이미 구한 변수(들)의 해를 대입하여 다른 변수(들)의 해를 구하는 후방대입법(backward substitution)을 사용한다.

반면에, 1차연립방정식 (5.1)을 다음과 같은 단계를 거쳐 푸는 방법을 가우스-조르단 소거법이라고 한다.

가우스-조르단 소거법(Gauss-Jordan elimination method)

단계 1) 첨가행렬 $(A|b)$를 생성한다.

단계 2) 기본 행 연산을 연속적으로 적용하여 첨가행렬을 기약 행 사다리꼴 행렬로 바꾼다.

단계 3) 기약 행 사다리꼴 행렬을 첨가행렬로 갖는 1차연립방정식을 푼다.

참고로, 가우스-조르단 소거법의 단계 1)은 가우스 소거법 단계 1)과 동일하며, 가우스-조르단 소거법 단계 2)에서는 가우스 소거법 단계 2)에서 구해진 행 사다리꼴 행렬에 기본 행 연산들을 적용함으로써 기약 행 사다리꼴 행렬로 쉽게 바꿀 수 있다. 아울러, 가우스-조르단 소서법 단계 3)에서는 기약 행 사다리꼴 행렬을 첨가행렬로 갖는 1차연립방정식의 각 변수들에 대한 해를 가우스 소거법 단계 3)에서 활용된 후방대입법을 활용하지 않고 즉시 구할 수 있음에 유의해야 한다.

비고 5.1

1) 가우스 소거법과 가우스–조르단 소거법의 단계 2)에서 구해진 (기약) 행 사다리꼴 행렬에서 만약 0이 아닌 원소를 갖는 행의 개수가 변수의 개수와 같다면 1차연립방정식은 유일한 해를 갖는다(즉, (기약) 행 사다리꼴 행렬을 첨가행렬로 갖는 1차연립방정식에서 1차방정식의 개수와 변수의 개수가 같다면 1차연립방정식은 유일한 해를 갖는다).
2) 가우스 소거법과 가우스–조르단 소거법의 단계 2)에서 구해진 (기약) 행 사다리꼴 행렬에서 만약 0이 아닌 원소를 갖는 행의 개수가 변수의 개수보다 적다면 1차연립방정식은 무수히 많은 해를 갖는다(즉, (기약) 행 사다리꼴 행렬을 첨가행렬로 갖는 1차연립방정식에서 1차방정식의 개수가 변수의 개수보다 적다면 1차연립방정식은 무수히 많은 해를 갖는다). 이때 모든 해들은 매개변수(parameter)를 활용하여 나타내며, 이를 위해 필요한 매개변수의 개수는 '변수의 개수 – 0이 아닌 원소를 갖는 행의 개수'(즉, '변수의 개수 – 단계 3)에서 구한 1차연립방정식의 1차방정식 개수')와 같다. 실제로, 가우스 소거법의 경우 단계 3)에서 구해진 1차연립방정식의 맨 아래쪽에 있는 방정식에서 임의의 한 변수를 제외한 나머지 변수(들)에 매개변수(들)로 치환함으로써 제외된 변수에 대한 해를 매개변수로 나타낼 수 있으며, 구해진 해(들)을 위쪽 방정식(들)로 순차적으로 이동하면서 이미 구한 변수(들)의 해를 대입하고 또한 필요시 새로운 매개변수를 도입함으로써 다른 변수(들)의 해를 매개변수들로 나타낼 수 있다. 이때 혹시 모든 1차방정식에 공통으로 포함된 변수(들)이 존재하면 그 변수(들) 중 필요한 만큼의 변수(들)을 먼저 매개변수로 치환함으로써 해를 좀 더 쉽게 구할 수 있다. 반면에 가우스–조르단 소거법의 경우에는 단계 3)에서 구한 1차연립방정식에 '변수의 개수 – 1차연립방정식의 1차방정식 개수'만큼의 매개변수를 도입함으로써 모든 변수(들)의 해를 매개변수들로 즉시 나타낼 수 있다.
3) 가우스 소거법과 가우스–조르단 소거법의 단계 2)에서 구해진 (기약) 행 사다리꼴 행렬에서 0이 아닌 원소를 갖는 마지막 행의 첫 번째 1이 마지막 열에서 나타난다면(즉, $(0\ 0 \cdots 0\,|\,1)$이면), 1차연립방정식의 해는 존재하지 않는다(이러한 1차연립방정식을 근을 갖지 않는 연립방정식(inconsistent system)이라고 한다). 실제로 이 경우가 발생할 경우 $(0\ 0 \cdots 0\,|\,1)$에 대응되는 1차방정식은 $0 = 1$이 되어 이를 만족하는 1차연립방정식의 해는 존재하지 않음을 쉽게 알 수 있다.
4) 결과적으로 1차연립방정식의 해가 유일한지, 무수히 많은 해를 갖는지, 혹은 해가 존재하지 않는지에 대한 여부는 자명한 경우를 제외하고는 반드시 (기약) 행 사다리꼴 행렬(혹은 (기약) 행 사다리꼴 행렬을 첨가행렬로 갖는 1차연립방정식)을 바탕으로 하여 판단되어져야 함에 유의해야 한다.

예제 5.4

가우스 소거법과 가우스-조르단 소거법을 이용하여 다음의 1차연립방정식을 풀어라.

1) $\begin{cases} x + 2y - z = 2 \\ 2x + y + z = 1 \end{cases}$

풀이

먼저 위의 1차연립방정식은 1차방정식의 개수(2개)가 변수의 개수(3개)보다 적기 때문에 1차연립방정식은 무수히 많은 해를 갖는다는 것은 자명하다.

a) 가우스 소거법

단계 1) 다음과 같이 1차연립방정식의 첨가행렬을 생성한다.

$$\left(\begin{array}{ccc|c} 1 & 2 & -1 & 2 \\ 2 & 1 & 1 & 1 \end{array}\right) \quad \begin{array}{l} -① \\ -② \end{array}$$

단계 2) 다음과 같이 기본 행 연산을 연속적으로 적용하여 첨가행렬을 행 사다리꼴 행렬로 바꾼다.

$$\left(\begin{array}{ccc|c} 1 & 2 & -1 & 2 \\ 2 & 1 & 1 & 1 \end{array}\right) \xrightarrow{①\times(-2)+②} \left(\begin{array}{ccc|c} 1 & 2 & -1 & 2 \\ 0 & -3 & 3 & -3 \end{array}\right) \xrightarrow{②\times(-1/3)} \left(\begin{array}{ccc|c} 1 & 2 & -1 & 2 \\ 0 & 1 & -1 & 1 \end{array}\right)$$

↑ 행 사다리꼴 행렬

단계 3) 단계 2)의 행 사다리꼴 행렬에서 0이 아닌 원소를 갖는 행의 개수(2개)가 변수의 개수(3개)보다 적기 때문에 1차연립방정식은 무수히 많은 해를 갖는다는 것을 알 수 있으며, '변수의 개수 − 0이 아닌 원소를 갖는 행의 개수=3−2=1'이므로 비고 5.1 2)에서 언급하였듯이 모든 해들은 한 개의 매개변수를 활용하여 나타낼 수 있다. 실제로 해를 구하기 위해 먼저 행 사다리꼴 행렬을 첨가행렬로 갖는 1차연립방정식을 다음과 같이 구한다.

$$\begin{cases} x + 2y - z = 2 \\ \quad\;\; y - z = 1 \end{cases}$$

이제 매개변수를 $t \in \mathbb{R}$라고 할 때 y, z가 두 방정식에 공통으로 포함된 변수이고 이 중 한 변수만 매개변수로 치환해야 하므로 편의상 $z = t$라고 치환하자. 그러면 맨 아래쪽에 있는 방정식(두 번째 방정식)으로부터 $y = 1 + t$가 구해지며, y, z값을 각각 맨 윗쪽에 있는 방정식(첫 번째 방정식)에 대입하는 후방대입법을 사용하면 $x = -t$가 구해진다. 결과적으로 1차연립방정식의 해는 $x = -t$, $y = 1 + t$, $z = t$, $t \in \mathbb{R}$로 나타낼 수 있다.

b) 가우스-조르단 소거법

단계 1)은 가우스 소거법과 동일하다.

단계 2) 가우스 소거법 단계 2)에서 얻은 행 사다리꼴 행렬에 다음과 같이 기본 행 연산을 적용하여 기약 행 사다리꼴 행렬로 바꾼다.

$$\left(\begin{array}{ccc|c} 1 & 2 & -1 & 2 \\ 0 & 1 & -1 & 1 \end{array}\right) \xrightarrow{②\times(-2)+①} \left(\begin{array}{ccc|c} 1 & 0 & 1 & 0 \\ 0 & 1 & -1 & 1 \end{array}\right)$$

↑ 기약 행 사다리꼴 행렬

단계 3) 단계 2)의 기약 행 사다리꼴 행렬에서 0이 아닌 원소를 갖는 행의 개수(2개)가 변수의 개수(3개)보다 적기 때문에 1차연립방정식은 무수히 많은 해를 가지며 또한 모든 해들은 한 개의 매개변수를 활용하여 나타낼 수 있다. 가우스 소거법 단계 3)에서와 마찬가지로 실제로 해를 구하기 위해 기약 행 사다리꼴 행렬을 첨가행렬로 갖는 1차연립방정식을 구하면 다음과 같다.

$$\begin{cases} x + \quad\;\; z = 0 \\ \quad\;\; y - z = 1 \end{cases}$$

이제 매개변수를 $t \in \mathbb{R}$라고 할 때 z가 두 방정식에 공통으로 포함된 변수이므로 $z=t$라고 치환하면 맨 윗쪽에 있는 방정식(첫 번째 방정식)으로부터 $x=-t$를 구할 수 있고 맨 아래쪽에 있는 방정식(두 번째 방정식)으로부터 $y=1+t$를 즉시 구할 수 있으므로 가우스 소거법에서 활용된 후방대입법을 사용할 필요가 없음을 알 수 있다. 결과적으로 1차연립방정식의 해는 $x=-t$, $y=1+t$, $z=t$, $t \in \mathbb{R}$로 나타낼 수 있다.

---

2) $\begin{cases} x+2y+3z=1 \\ 4x+5y+6z=2 \\ 7x+8y+9z=3 \end{cases}$

풀이

a) 가우스 소거법

단계 1) 다음과 같이 1차연립방정식의 첨가행렬을 생성한다.

$$\left(\begin{array}{ccc|c} 1 & 2 & 3 & 1 \\ 4 & 5 & 6 & 2 \\ 7 & 8 & 9 & 3 \end{array}\right) \quad \begin{array}{l} -① \\ -② \\ -③ \end{array}$$

단계 2) 다음과 같이 기본 행 연산을 연속적으로 적용하여 첨가행렬을 행 사다리꼴 행렬로 바꾼다.

$$\left(\begin{array}{ccc|c} 1 & 2 & 3 & 1 \\ 4 & 5 & 6 & 2 \\ 7 & 8 & 9 & 3 \end{array}\right) \xrightarrow{①\times(-4)+②} \left(\begin{array}{ccc|c} 1 & 2 & 3 & 1 \\ 0 & -3 & -6 & -2 \\ 7 & 8 & 9 & 3 \end{array}\right) \xrightarrow{①\times(-7)+③}$$

$$\left(\begin{array}{ccc|c} 1 & 2 & 3 & 1 \\ 0 & -3 & -6 & -2 \\ 0 & -6 & -12 & -4 \end{array}\right) \quad \begin{array}{l} \\ -⑤ \\ -⑥ \end{array} \xrightarrow{⑤\times(-\frac{1}{3})} \left(\begin{array}{ccc|c} 1 & 2 & 3 & 1 \\ 0 & 1 & 2 & \frac{2}{3} \\ 0 & -6 & -12 & -4 \end{array}\right) \quad \begin{array}{l} \\ -⑦ \\ \\ \end{array}$$

$$\xrightarrow{⑦\times 6+⑥} \left(\begin{array}{ccc|c} 1 & 2 & 3 & 1 \\ 0 & 1 & 2 & \frac{2}{3} \\ 0 & 0 & 0 & 0 \end{array}\right)$$

↑ 행 사다리꼴 행렬

단계 3) 단계 2)의 행 사다리꼴 행렬에서 0이 아닌 원소를 갖는 행의 개수(2개)가 변수의 개수(3개)보다 적기 때문에 1차연립방정식은 무수히 많은 해를 가지며 또한 모든 해들은 한 개의 매개변수를 활용하여 나타낼 수 있다. 단계 2)의 행 사다리꼴 행렬을 첨가행렬로 갖는 1차연립방정식은

$$\begin{cases} x+2y+3z=1 \\ \qquad y+2z=\dfrac{2}{3} \end{cases}$$

이며, 매개변수를 $t\in\mathbb{R}$라고 할 때 두 번째 방정식에서 $z=t$라고 하면 $y=\dfrac{2}{3}-2t$가 얻어지고, 후방대입법을 활용하여 y, z값을 첫 번째 방정식에 대입하면 $x=1-2(\dfrac{2}{3}-2t)-3t=t-\dfrac{1}{3}$을 얻을 수 있다. 결과적으로 1차연립방정식의 해는 $x=t-\dfrac{1}{3}$, $y=\dfrac{2}{3}-2t$, $z=t$, $t\in\mathbb{R}$로 나타낼 수 있다.

b) 가우스–조르단 소거법

단계 1)은 가우스 소거법과 동일하다.

단계 2) 가우스 소거법 단계 2)에서 얻은 행 사다리꼴 행렬에 다음과 같이 기본 행 연산을 적용하여 기약 행 사다리꼴 행렬로 바꾼다.

$$\left(\begin{array}{ccc|c} 1 & 2 & 3 & 1 \\ 0 & 1 & 2 & \dfrac{2}{3} \\ 0 & 0 & 0 & 0 \end{array}\right) \begin{array}{c} -① \\ -② \\ \end{array} \xrightarrow{②\times(-2)+①} \left(\begin{array}{ccc|c} 1 & 0 & -1 & -\dfrac{1}{3} \\ 0 & 1 & 2 & \dfrac{2}{3} \\ 0 & 0 & 0 & 0 \end{array}\right)$$

↑ 기약 행 사다리꼴 행렬

단계 3) 단계 2)의 기약 행 사다리꼴 행렬에서 0이 아닌 원소를 갖는 행의 개수(2개)가 변수의 개수(3개)보다 적기 때문에 1차연립방정식은 무수히 많은 해를 가지며 이 해들은 한 개의 매개변수를 활용하여 나타낼 수 있다. 실제로 기약 행 사다리꼴

행렬을 첨가행렬로 갖는 1차연립방정식을 구하면

$$\begin{cases} x \qquad - \ z = -\dfrac{1}{3} \\ \qquad y \ + 2z = \ \dfrac{2}{3} \end{cases}$$

이며, 매개변수를 $t \in \mathbb{R}$라고 하고 $z=t$라고 하면 첫 번째 방정식으로부터 $x=t-\dfrac{1}{3}$이 얻어지고 두 번째 방정식으로부터 $y=\dfrac{2}{3}-2t$가 얻어진다. 결과적으로 1차연립방정식의 해는 $x=t-\dfrac{1}{3}$, $y=\dfrac{2}{3}-2t$, $z=t$, $t \in \mathbb{R}$로 나타낼 수 있다.

참고로, 원래의 1차연립방정식에서는 1차방정식의 개수와 변수의 개수가 같지만 실제로는 (기약) 행 사다리꼴 행렬에서 0이 아닌 원소를 갖는 행의 개수가 변수의 개수보다 적기 때문에(즉, (기약) 행 사다리꼴 행렬을 첨가행렬로 갖는 1차연립방정식에서 1차방정식의 개수가 변수의 개수보다 적기 때문에) 1차연립방정식은 무수히 많은 해를 갖는다는 사실을 유의해야 한다.

---

3) $\begin{cases} x + 2y + 3z = 9 \\ 4x + 3y + 2z = 6 \\ 2x - \ y + \ z = 3 \end{cases}$

풀이

a) 가우스 소거법

단계 1) 다음과 같이 1차연립방정식의 첨가행렬을 생성한다.

$$\left(\begin{array}{ccc|c} 1 & 2 & 3 & 9 \\ 4 & 3 & 2 & 6 \\ 2 & -1 & 1 & 3 \end{array}\right) \quad \begin{array}{l} -① \\ -② \\ -③ \end{array}$$

단계 2) 다음과 같이 기본 행 연산을 연속적으로 적용하여 첨가행렬을 행 사다리꼴 행렬로 바꾼다.

$$\begin{pmatrix}1 & 2 & 3 & | & 9\\ 4 & 3 & 2 & | & 6\\ 2 & -1 & 1 & | & 3\end{pmatrix} \xrightarrow{①\times(-4)+②} \begin{pmatrix}1 & 2 & 3 & | & 9\\ 0 & -5 & -10 & | & -30\\ 2 & -1 & 1 & | & 3\end{pmatrix} \xrightarrow{①\times(-2)+③}$$

$$\begin{pmatrix}1 & 2 & 3 & | & 9\\ 0 & -5 & -10 & | & -30\\ 0 & -5 & -5 & | & -15\end{pmatrix} -④ \xrightarrow{④\times(-\frac{1}{5})} \begin{pmatrix}1 & 2 & 3 & | & 9\\ 0 & 1 & 2 & | & 6\\ 0 & -5 & -5 & | & -15\end{pmatrix} \begin{matrix}\\ -⑤\\ -⑥\end{matrix}$$

$$\xrightarrow{⑤\times5+⑥} \begin{pmatrix}1 & 2 & 3 & | & 9\\ 0 & 1 & 2 & | & 6\\ 0 & 0 & 5 & | & 15\end{pmatrix} -⑦ \xrightarrow{⑦\times\frac{1}{5}} \begin{pmatrix}1 & 2 & 3 & | & 9\\ 0 & 1 & 2 & | & 6\\ 0 & 0 & 1 & | & 3\end{pmatrix}$$

↑
행 사다리꼴 행렬

단계 3) 단계 2)의 행 사다리꼴 행렬에서 0이 아닌 원소를 갖는 행의 개수(3개)와 변수의 개수(3개)가 같기 때문에 1차연립방정식은 유일한 해를 갖는다. 실제로 이 해를 구하기 위해 행 사다리꼴 행렬을 첨가행렬로 갖는 1차연립방정식을 구하면 다음과 같다.

$$\begin{cases} x+2y+3z=9 \\ \quad\;\; y+2z=6 \\ \qquad\quad\;\; z=3 \end{cases}$$

이제 후방대입법을 활용하여 세 번째 방정식의 $z=3$을 두 번째 방정식에 대입하면 $y=6-2\times3=0$이 얻어지며, $y=0, z=3$을 첫 번째 방정식에 대입하면 $x=9-2\times0-3\times3=0$이 얻어진다. 결과적으로 1차연립방정식의 유일한 해는 $x=0$, $y=0$, $z=3$이다.

b) 가우스-조르단 소거법

단계 1)은 가우스 소거법과 동일하다.

단계 2) 가우스 소거법 단계 2)에서 얻은 행 사다리꼴 행렬에 다음과 같이 기본 행 연산을 적용하여 기약 행 사다리꼴 행렬로 바꾼다.

$$\left(\begin{array}{ccc|c} 1 & 2 & 3 & 9 \\ 0 & 1 & 2 & 6 \\ 0 & 0 & 1 & 3 \end{array}\right) \begin{array}{l} -① \\ -② \\ -③ \end{array} \xrightarrow{②\times(-2)+①} \left(\begin{array}{ccc|c} 1 & 0 & -1 & -3 \\ 0 & 1 & 2 & 6 \\ 0 & 0 & 1 & 3 \end{array}\right)$$

$$\xrightarrow{③\times(-2)+②} \left(\begin{array}{ccc|c} 1 & 0 & -1 & -3 \\ 0 & 1 & 0 & 0 \\ 0 & 0 & 1 & 3 \end{array}\right) -④ \quad \xrightarrow{③\times1+④} \underbrace{\left(\begin{array}{ccc|c} 1 & 0 & 0 & 0 \\ 0 & 1 & 0 & 0 \\ 0 & 0 & 1 & 3 \end{array}\right)}_{\text{기약 행 사다리꼴 행렬}}$$

단계 3) 단계 2)의 기약 행 사다리꼴 행렬에서 0이 아닌 원소를 갖는 행의 개수(3개)와 변수의 개수(3개)가 같기 때문에 1차연립방정식은 유일한 해를 갖는다. 실제로 이 해를 구하기 위해 기약 행 사다리꼴 행렬을 첨가행렬로 갖는 1차연립방정식을 구하면

$$\begin{cases} x \qquad\quad = 0 \\ \quad\ \ y \qquad = 0 \\ \qquad\quad z = 3 \end{cases}$$

이며, 이로부터 1차연립방정식의 유일한 해는 $x=0, y=0, z=3$임을 즉시 알 수 있다.

---

4) $\begin{cases} x+2y+3z=1 \\ 4x+5y+6z=2 \\ 7x+8y+9z=4 \end{cases}$

풀이

a) 가우스 소거법

단계 1) 다음과 같이 1차연립방정식의 첨가행렬을 생성한다.

$$\left(\begin{array}{ccc|c} 1 & 2 & 3 & 1 \\ 4 & 5 & 6 & 2 \\ 7 & 8 & 9 & 4 \end{array}\right) \quad \begin{array}{l} -① \\ -② \\ -③ \end{array}$$

단계 2) 다음과 같이 기본 행 연산을 연속적으로 적용하여 첨가행렬을 행 사다리꼴 행렬로 바꾼다.

$$\left(\begin{array}{ccc|c} 1 & 2 & 3 & 1 \\ 4 & 5 & 6 & 2 \\ 7 & 8 & 9 & 4 \end{array}\right) \xrightarrow{①\times(-4)+②} \left(\begin{array}{ccc|c} 1 & 2 & 3 & 1 \\ 0 & -3 & -6 & -2 \\ 7 & 8 & 9 & 4 \end{array}\right) \xrightarrow{①\times(-7)+③}$$

$$\left(\begin{array}{ccc|c} 1 & 2 & 3 & 1 \\ 0 & -3 & -6 & -2 \\ 0 & -6 & -12 & -3 \end{array}\right) -④ \quad \xrightarrow{④\times(-\frac{1}{3})} \left(\begin{array}{ccc|c} 1 & 2 & 3 & 1 \\ 0 & 1 & 2 & \frac{2}{3} \\ 0 & -6 & -12 & -3 \end{array}\right) \begin{array}{l} \\ -⑤ \\ -⑥ \end{array}$$

$$\xrightarrow{⑤\times 6+⑥} \left(\begin{array}{ccc|c} 1 & 2 & 3 & 1 \\ 0 & 1 & 2 & \frac{2}{3} \\ 0 & 0 & 0 & 1 \end{array}\right)$$

↑
행 사다리꼴 행렬

단계 3) 단계 2)에서 구해진 행 사다리꼴 행렬에서 0이 아닌 원소를 갖는 마지막 행의 첫 번째 1이 마지막 열에서 나타났으므로(즉, 마지막 행이 $(0 \quad 0 \quad 0|1)$이므로) 1차연립방정식의 해는 존재하지 않는다.

b) 가우스–조르단 소거법

단계 1)은 가우스 소거법과 동일하다.

단계 2) 가우스 소거법 단계 2)에서 얻은 행 사다리꼴 행렬에 다음과 같이 기본 행 연산을 적용하여 기약 행 사다리꼴 행렬로 바꾼다.

$$\left(\begin{array}{ccc|c} 1 & 2 & 3 & 1 \\ 0 & 1 & 2 & \frac{2}{3} \\ 0 & 0 & 0 & 1 \end{array}\right) \begin{array}{l} -① \\ -② \\ -③ \end{array} \xrightarrow{②\times(-2)+①} \left(\begin{array}{ccc|c} 1 & 0 & -1 & -\frac{1}{3} \\ 0 & 1 & 2 & \frac{2}{3} \\ 0 & 0 & 0 & 1 \end{array}\right)$$

단계 3) 기우스 소거법에서와 마찬가지로 단계 2)에서 구해진 기약 행 사다리꼴 행렬에서 0이 아닌 원소를 갖는 마지막 행이 $(0 \quad 0 \quad 0|1)$이므로 1차연립방정식의 해는 존재하지 않는다.

위의 1차연립방정식에서도 1차방정식의 개수와 변수의 개수가 같기 때문에 마치 유일한 해가 존재하는 것처럼 보이지만 실제로는 (기약) 행 사다리꼴 행렬로부터 1차연립방정식의 해는 존재하지 않음을 알 수 있다는 사실에 유의해야 한다.

예제 5.5 응용문제

용봉제조회사에서는 소형, 중형, 대형 등 세 가지 종류의 야외 식사용 식탁을 생산한다. 각 식탁은 조립, 도색, 포장의 공정을 거쳐 생산되며 각 공정에서 요구되는 공정시간은 다음 표와 같다.

(단위: 시간)

부서	식사용 식탁		
	소형	중형	대형
조립	1	2	4
도색	1	2	3
포장	1	1	2

만약 조립부서는 300시간, 도색부서는 260시간, 포장부서는 200시간의 허용가능 공정시간을 사용하여 세 가지 종류의 식탁을 생산한다면 각 종류별 식탁은 몇 개씩 생산될 수 있는가?

풀이

x_1, x_2, x_3를 각각 소형, 중형, 대형 식사용 식탁 생산량이라고 하자. 그러면 x_1개의 소형 식탁, x_2개의 중형 식탁, x_3개의 대형 식탁을 생산하는 데 소요되는 총조립 공정시간은 $x_1+2x_2+4x_3$이며 이는 조립부서의 허용가능 공정시간인 300시간과 같아야 한다(즉, $x_1+2x_2+4x_3=300$). 유사한 방법으로 x_1개의 소형 식탁, x_2개

의 중형 식탁, x_3개의 대형 식탁을 생산하는 데 소요되는 총도색공정시간과 총포장공정시간은 각각 $x_1+2x_2+3x_3=260$과 $x_1+x_2+2x_3=200$을 만족해야 한다. 따라서 본 문제를 풀기 위해서는 다음의 1차연립방정식의 해를 구해야 하며, 이를 위해 편의상 가우스–조르단 소거법을 이용하기로 한다.

$$\begin{cases} x_1+2x_2+4x_3=300 \\ x_1+2x_2+3x_3=260 \\ x_1+\ \ x_2+2x_3=200 \end{cases}$$

단계 1) 다음과 같이 1차연립방정식의 첨가행렬을 생성한다.

$$\left(\begin{array}{ccc|c} 1 & 2 & 4 & 300 \\ 1 & 2 & 3 & 260 \\ 1 & 1 & 2 & 200 \end{array}\right) \begin{array}{l} -① \\ -② \\ -③ \end{array}$$

단계 2) 다음과 같이 기본 행 연산을 연속적으로 적용하여 첨가행렬을 기약 행 사다리꼴 행렬로 바꾼다.

$$\left(\begin{array}{ccc|c} 1 & 2 & 4 & 300 \\ 1 & 2 & 3 & 260 \\ 1 & 1 & 2 & 200 \end{array}\right) \xrightarrow{①\times(-1)+②} \left(\begin{array}{ccc|c} 1 & 2 & 4 & 300 \\ 0 & 0 & -1 & -40 \\ 1 & 1 & 2 & 200 \end{array}\right) \xrightarrow{①\times(-1)+③}$$

$$\left(\begin{array}{ccc|c} 1 & 2 & 4 & 300 \\ 0 & 0 & -1 & -40 \\ 0 & -1 & -2 & -100 \end{array}\right) \begin{array}{l} \\ -④ \\ -⑤ \end{array} \xrightarrow{④\leftrightarrow⑤} \left(\begin{array}{ccc|c} 1 & 2 & 4 & 300 \\ 0 & -1 & -2 & -100 \\ 0 & 0 & -1 & -40 \end{array}\right) \begin{array}{l} \\ -⑥ \\ -⑦ \end{array} \xrightarrow{⑥\times(-1)}$$

$$\left(\begin{array}{ccc|c} 1 & 2 & 4 & 300 \\ 0 & 1 & 2 & 100 \\ 0 & 0 & -1 & -40 \end{array}\right) -⑧ \xrightarrow{⑧\times(-2)+①} \left(\begin{array}{ccc|c} 1 & 0 & 0 & 100 \\ 0 & 1 & 2 & 100 \\ 0 & 0 & -1 & -40 \end{array}\right) \xrightarrow{⑦\times(-1)}$$

$$\left(\begin{array}{ccc|c} 1 & 0 & 0 & 100 \\ 0 & 1 & 2 & 100 \\ 0 & 0 & 1 & 40 \end{array}\right) -⑨ \xrightarrow{⑨\times(-2)+⑧} \left(\begin{array}{ccc|c} 1 & 0 & 0 & 100 \\ 0 & 1 & 0 & 20 \\ 0 & 0 & 1 & 40 \end{array}\right)$$

↑

기약 행 사다리꼴 행렬

단계 3) 단계 2)의 기약 행 사다리꼴 행렬로부터 1차연립방정식은 $x_1=100$, $x_2=20$, $x_3=40$과 같은 유일한 해를 갖는다는 것을 알 수 있다(즉, 용봉제조회사는 100개의 소형 식사용 식탁, 20개의 중형 식사용 식탁, 40개의 대형 식사용 식탁을 생산할 수 있다).

예제 5.6 응용문제

조경영 님은 기업채권을 이용하여 퇴직자들을 위한 퇴직금 수입 포트폴리오를 설계하는 재무분석가이다. 그는 지금 5억원을 다음의 세 가지 채권에 투자할 예정이며 그의 고객을 위해 1년에 3천만원의 수익을 창출하고자 할 때 그는 각 채권에 얼마씩 투자해야 하는가?

채권	연수익률
A	5%
B	7%
C	9%

풀이

x_1, x_2, x_3를 각각 채권 A, B, C에 투자한 금액이라고 하자. 그러면 채권 A, B, C에 투자한 총금액은 $x_1+x_2+x_3$이며, 이는 5억원과 같아야 한다(즉, $x_1+x_2+x_3=500,000,000$). 또한 채권 A, B, C에 각각 투자된 x_1, x_2, x_3로부터 발생되는 연간 총수익은 $0.05x_1+0.07x_2+0.09x_3$이며, 이는 3천만원과 같아야 한다(즉, $0.05x_1+0.07x_2+0.09x_3=30,000,000$). 따라서 본 예제는 다음과 같은 1차연립방정식의 해를 구하는 문제임을 알 수 있으며, 이를 위해 편의상 가우스-조르단 소거법을 이용하기로 한다.

$$\begin{cases} x_1 + x_2 + x_3 = 500,000,000 \\ 0.05x_1 + 0.07x_2 + 0.09x_3 = 30,000,000 \end{cases}$$

참고로, 위의 1차연립방정식은 1차방정식의 개수가 변수의 개수보다 적기 때문에 무수히 많은 해를 가짐을 알 수 있다.

단계 1) 다음과 같이 1차연립방정식의 첨가행렬을 생성한다.

$$\left(\begin{array}{ccc|c} 1 & 1 & 1 & 500{,}000{,}000 \\ 0.05 & 0.07 & 0.09 & 30{,}000{,}000 \end{array}\right) \begin{array}{l} -① \\ -② \end{array}$$

단계 2) 다음과 같이 기본 행 연산을 연속적으로 적용하여 첨가행렬을 기약 행 사다리꼴 행렬로 바꾼다.

$$\left(\begin{array}{ccc|c} 1 & 1 & 1 & 500{,}000{,}000 \\ 0.05 & 0.07 & 0.09 & 30{,}000{,}000 \end{array}\right) \xrightarrow{①\times(-0.05)+②} \left(\begin{array}{ccc|c} 1 & 1 & 1 & 500{,}000{,}000 \\ 0 & 0.02 & 0.04 & 5{,}000{,}000 \end{array}\right) -③$$

$$\xrightarrow{③\times\frac{1}{0.02}} \left(\begin{array}{ccc|c} 1 & 1 & 1 & 500{,}000{,}000 \\ 0 & 1 & 2 & 250{,}000{,}000 \end{array}\right) -④ \xrightarrow{④\times(-1)+①} \left(\begin{array}{ccc|c} 1 & 0 & -1 & 250{,}000{,}000 \\ 0 & 1 & 2 & 250{,}000{,}000 \end{array}\right)$$

↑ 기약 행 사다리꼴 행렬

단계 3) 단계 2)의 기약 행 사다리꼴 행렬에서 0이 아닌 원소를 갖는 행의 개수가 변수의 개수보다 적기 때문에 1차연립방정식은 무수히 많은 해를 갖는다. 기약 행 사다리꼴 행렬을 첨가행렬로 갖는 1차연립방정식은

$$\begin{cases} x_1 \quad\quad - x_3 = 250{,}000{,}000 \\ \quad x_2 + 2x_3 = 250{,}000{,}000 \end{cases}$$

이며, 매개변수를 $t \in \mathbb{R}$라고 하고 $x_3 = t$라고 하면 첫 번째 방정식으로부터 $x_1 = 250{,}000{,}000 + t$, 두 번째 방정식으로부터 $x_2 = 250{,}000{,}000 - 2t$가 각각 얻어진다. 그런데 모든 $i = 1,2,3$에 대하여 $0 \le x_i \le 500{,}000{,}000$이므로 1차연립방정식의 해는 $x_1 = 250{,}000{,}000 + t$, $x_2 = 250{,}000{,}000 - 2t$, $x_3 = t$, $0 \le t \le 125{,}000{,}000$로 나타낼 수 있다.

5.3 기본 행 연산을 활용한 역행렬의 계산

본 절에서는 기본 행 연산들을 연속적으로 적용함으로써 가역행렬의 역행렬을 구하는 방법을 소개하고자 한다. 이를 위해 먼저 기본 행 연산을 행렬에 적용하는 것과 소위 기본행렬(elementary matrix)이라고 불리는 행렬을 행렬의 왼쪽에 곱하는 것은 서로 동치임을 기억해야 한다. 여기서, 기본행렬이란 단위행렬에 기본 행 연산을 적용해서 얻은 행렬을 의미한다. 따라서 다음과 같은 세 가지 종류의 기본행렬이 존재한다. 편의상 2×2 행렬 $\begin{pmatrix} a_{11} & a_{12} \\ a_{21} & a_{22} \end{pmatrix}$에 대해 살펴보기로 한다.

1) 2×2 단위행렬 $\begin{pmatrix} 1 & 0 \\ 0 & 1 \end{pmatrix}$의 첫 번째 행에 0이 아닌 상수 c를 곱하는 기본 행 연산을 적용하여 얻어진 기본행렬 $\begin{pmatrix} c & 0 \\ 0 & 1 \end{pmatrix}$(혹은 2×2 단위행렬 $\begin{pmatrix} 1 & 0 \\ 0 & 1 \end{pmatrix}$의 두 번째 행에 0이 아닌 상수 c를 곱하는 기본 행 연산을 적용하여 얻어진 기본행렬 $\begin{pmatrix} 1 & 0 \\ 0 & c \end{pmatrix}$)

2) 2×2 단위행렬 $\begin{pmatrix} 1 & 0 \\ 0 & 1 \end{pmatrix}$의 두 행을 교환하는 기본 행 연산을 적용하여 얻어진 기본행렬 $\begin{pmatrix} 0 & 1 \\ 1 & 0 \end{pmatrix}$

3) 2×2 단위행렬 $\begin{pmatrix} 1 & 0 \\ 0 & 1 \end{pmatrix}$의 첫 번째 행에 0이 아닌 상수 c를 곱하여 두 번째 행에 더하는 기본 행 연산을 적용하여 얻어진 기본행렬 $\begin{pmatrix} 1 & 0 \\ c & 1 \end{pmatrix}$(혹은 2×2 단위행렬 $\begin{pmatrix} 1 & 0 \\ 0 & 1 \end{pmatrix}$의 두 번째 행에 0이 아닌 상수 c를 곱하여 첫 번째 행에 더하는 기본 행 연산을 적용하여 얻어진 기본행렬 $\begin{pmatrix} 1 & c \\ 0 & 1 \end{pmatrix}$)

위에 제시된 세 가지 기본행렬을 행렬 $\begin{pmatrix} a_{11} & a_{12} \\ a_{21} & a_{22} \end{pmatrix}$의 왼쪽에 곱하는 것과 기본 행 연산을 행렬 $\begin{pmatrix} a_{11} & a_{12} \\ a_{21} & a_{22} \end{pmatrix}$에 적용하는 것은 서로 동치임을 알 수 있다. 실제로,

1) 2×2 행렬 $\begin{pmatrix} a_{11} & a_{12} \\ a_{21} & a_{22} \end{pmatrix}$의 첫 번째 행에 0이 아닌 상수 c를 곱하는 기본 행 연산을 적용하는 것은 기본행렬 $\begin{pmatrix} c & 0 \\ 0 & 1 \end{pmatrix}$을 행렬 $\begin{pmatrix} a_{11} & a_{12} \\ a_{21} & a_{22} \end{pmatrix}$의 왼쪽에 곱하는 것과 동치이다

(즉, $\begin{pmatrix} c & 0 \\ 0 & 1 \end{pmatrix}\begin{pmatrix} a_{11} & a_{12} \\ a_{21} & a_{22} \end{pmatrix}=\begin{pmatrix} ca_{11} & ca_{12} \\ a_{21} & a_{22} \end{pmatrix}$).

유사하게, $\begin{pmatrix} 1 & 0 \\ 0 & c \end{pmatrix}\begin{pmatrix} a_{11} & a_{12} \\ a_{21} & a_{22} \end{pmatrix}=\begin{pmatrix} a_{11} & a_{12} \\ ca_{21} & ca_{22} \end{pmatrix}$가 성립한다.

2) 2×2 행렬 $\begin{pmatrix} a_{11} & a_{12} \\ a_{21} & a_{22} \end{pmatrix}$의 두 행을 교환하는 기본 행 연산을 적용하는 것은 기본행렬 $\begin{pmatrix} 0 & 1 \\ 1 & 0 \end{pmatrix}$를 행렬 $\begin{pmatrix} a_{11} & a_{12} \\ a_{21} & a_{22} \end{pmatrix}$의 왼쪽에 곱하는 것과 동치이다(즉, $\begin{pmatrix} 0 & 1 \\ 1 & 0 \end{pmatrix}\begin{pmatrix} a_{11} & a_{12} \\ a_{21} & a_{22} \end{pmatrix}=\begin{pmatrix} a_{21} & a_{22} \\ a_{11} & a_{12} \end{pmatrix}$).

3) 2×2 행렬 $\begin{pmatrix} a_{11} & a_{12} \\ a_{21} & a_{22} \end{pmatrix}$의 첫 번째 행에 0이 아닌 상수 c를 곱하여 두 번째 행에 더하는 기본 행 연산을 적용하는 것은 기본행렬 $\begin{pmatrix} 1 & 0 \\ c & 1 \end{pmatrix}$을 행렬 $\begin{pmatrix} a_{11} & a_{12} \\ a_{21} & a_{22} \end{pmatrix}$의 왼쪽에 곱하는 것과 동치이다(즉, $\begin{pmatrix} 1 & 0 \\ c & 1 \end{pmatrix}\begin{pmatrix} a_{11} & a_{12} \\ a_{21} & a_{22} \end{pmatrix}=\begin{pmatrix} a_{11} & a_{12} \\ ca_{11}+a_{21} & ca_{12}+a_{22} \end{pmatrix}$).

유사하게, $\begin{pmatrix} 1 & c \\ 0 & 1 \end{pmatrix}\begin{pmatrix} a_{11} & a_{12} \\ a_{21} & a_{22} \end{pmatrix}=\begin{pmatrix} a_{11}+ca_{21} & a_{12}+ca_{22} \\ a_{21} & a_{22} \end{pmatrix}$가 성립한다.

이제, $A\in Mat_{n\times n}(\mathbb{R})$라고 하고 모든 $i=1,2,\cdots,k$에 대하여 E_i를 기본행렬이라고 하자. 만약 A를 기본 행 연산을 연속적으로 적용함으로써 기약 행 사다리꼴 행렬, 특히 단위행렬 I_n으로 바꿀 수 있다면(즉, $E_kE_{k-1}\cdots E_2E_1A=I_n$이라면), A는 가역적이며 A^{-1}는 $A^{-1}=E_kE_{k-1}\cdots E_2E_1$으로 구해짐을 쉽게 알 수 있다. 이 경우 $A^{-1}=E_kE_{k-1}\cdots E_2E_1$을 구하는 효율적인 절차는 다음과 같다.

단계 1) 첨가행렬 $(A|I_n)$을 생성한다.

단계 2) 기본 행 연산을 연속적으로 적용하여 $(A|I_n)$을 기약 행 사다리꼴 행렬로 바꾼다.

단계 3) 단계 2)에서 얻어진 기약 행 사다리꼴 행렬에서

a) 만약 A가 단위행렬 I_n으로 바뀌었다면 기약 행 사다리꼴 행렬의 수직막대(vertical bar) 오른쪽에 있는 행렬이 바로 A^{-1}이며,

b) 만약 A가 I_n으로 바뀌지 않았다면(즉, 기약 행 사다리꼴의 수직막대 왼쪽에 있는 행렬에 최소한 하나 이상의 0 행이 존재한다면) A는 비가역적이다.

단계 2)에서 $(A|I_n)$을 기약 행 사다리꼴 행렬로 바꾸기 위해 기본 행 연산을 적용할 때마다 A에는 물론 I_n에도 동일하게 기본 행 연산을 적용하는 주된 이유는 A를 기약 행 사다리꼴 행렬로 바꾸기 위해 적용된 모든 기본 행 연산들에 대응되는 기본행렬들의 곱인 $E_kE_{k-1}\cdots E_2E_1$에 대한 정보를 자동적으로 저장하기 위함이라는 사실에 주목할 필요가 있다. 결과적으로 만약 A가 가역적이라면 단계 2)에서 구해진 기약 행 사다리꼴 행렬의 수직막대 오른쪽에 있는 행렬이 바로 $A^{-1}=E_kE_{k-1}\cdots E_2E_1$인 것이다.

예제 5.7

다음의 행렬들이 가역적인지 여부를 결정하라. 만약 가역적이라면 역행렬을 구하라.

1) $A=\begin{pmatrix} 1 & 2 & 3 \\ -1 & 0 & 1 \\ 2 & 1 & -1 \end{pmatrix}$

풀이

단계 1) 다음과 같이 첨가행렬 $(A|I_3)$을 생성한다.

$$\left(\begin{array}{ccc|ccc} 1 & 2 & 3 & 1 & 0 & 0 \\ -1 & 0 & 1 & 0 & 1 & 0 \\ 2 & 1 & -1 & 0 & 0 & 1 \end{array}\right) \begin{array}{l} -① \\ -② \\ -③ \end{array}$$

단계 2) 기본 행 연산을 연속적으로 적용하여 $(A|I_3)$을 기약 행 사다리꼴 행렬로

바꾼다.

$$\left(\begin{array}{ccc|ccc} 1 & 2 & 3 & 1 & 0 & 0 \\ -1 & 0 & 1 & 0 & 1 & 0 \\ 2 & 1 & -1 & 0 & 0 & 1 \end{array}\right) \xrightarrow{①\times 1+②} \left(\begin{array}{ccc|ccc} 1 & 2 & 3 & 1 & 0 & 0 \\ 0 & 2 & 4 & 1 & 1 & 0 \\ 2 & 1 & -1 & 0 & 0 & 1 \end{array}\right) - ④ \xrightarrow{①\times(-2)+③}$$

$$\left(\begin{array}{ccc|ccc} 1 & 2 & 3 & 1 & 0 & 0 \\ 0 & 2 & 4 & 1 & 1 & 0 \\ 0 & -3 & -7 & -2 & 0 & 1 \end{array}\right) - ⑤ \xrightarrow{④\times\frac{1}{2}} \left(\begin{array}{ccc|ccc} 1 & 2 & 3 & 1 & 0 & 0 \\ 0 & 1 & 2 & \frac{1}{2} & \frac{1}{2} & 0 \\ 0 & -3 & -7 & -2 & 0 & 1 \end{array}\right) - ⑥$$

$$\xrightarrow{⑥\times(-2)+①} \left(\begin{array}{ccc|ccc} 1 & 0 & -1 & 0 & -1 & 0 \\ 0 & 1 & 2 & \frac{1}{2} & \frac{1}{2} & 0 \\ 0 & -3 & -7 & -2 & 0 & 1 \end{array}\right) - ⑦ \xrightarrow{⑥\times 3+⑤}$$

$$\left(\begin{array}{ccc|ccc} 1 & 0 & -1 & 0 & -1 & 0 \\ 0 & 1 & 2 & \frac{1}{2} & \frac{1}{2} & 0 \\ 0 & 0 & -1 & -\frac{1}{2} & \frac{3}{2} & 1 \end{array}\right) - ⑧ \xrightarrow{⑧\times(-1)} \left(\begin{array}{ccc|ccc} 1 & 0 & -1 & 0 & -1 & 0 \\ 0 & 1 & 2 & \frac{1}{2} & \frac{1}{2} & 0 \\ 0 & 0 & 1 & \frac{1}{2} & -\frac{3}{2} & -1 \end{array}\right) - ⑨$$

$$\xrightarrow{⑨\times(-2)+⑥} \left(\begin{array}{ccc|ccc} 1 & 0 & -1 & 0 & -1 & 0 \\ 0 & 1 & 0 & -\frac{1}{2} & \frac{7}{2} & 2 \\ 0 & 0 & 1 & \frac{1}{2} & -\frac{3}{2} & -1 \end{array}\right) - ⑩ \xrightarrow{⑨\times 1+⑦}$$

$$\left(\begin{array}{ccc|ccc} 1 & 0 & 0 & \frac{1}{2} & -\frac{5}{2} & -1 \\ 0 & 1 & 0 & -\frac{1}{2} & \frac{7}{2} & 2 \\ 0 & 0 & 1 & \frac{1}{2} & -\frac{3}{2} & 1 \end{array}\right)$$

↑
기약 행 사다리꼴 행렬

단계 3) 단계 2)에서 얻어진 기약 행 사다리꼴 행렬에서 A가 단위행렬 I_3로 바뀌었기 때문에 A는 가역적이며 A^{-1}는 기약 행 사다리꼴 행렬의 수직 막대 오른쪽에 있는 행렬 $\begin{pmatrix} \frac{1}{2} & -\frac{5}{2} & -1 \\ -\frac{1}{2} & \frac{7}{2} & 2 \\ \frac{1}{2} & -\frac{3}{2} & -1 \end{pmatrix}$(즉, $A^{-1}=\begin{pmatrix} \frac{1}{2} & -\frac{5}{2} & -1 \\ -\frac{1}{2} & \frac{7}{2} & 2 \\ \frac{1}{2} & -\frac{3}{2} & -1 \end{pmatrix}$)이다. 사실 $A^{-1}A=$ $AA^{-1}=I_3$가 성립함을 쉽게 알 수 있다.

---

2) $B=\begin{pmatrix} 2 & 3 & 4 \\ -1 & 0 & 1 \\ 3 & 1 & -1 \end{pmatrix}$

풀이

단계 1) 다음과 같이 첨가행렬 $(B|I_3)$을 생성한다.

$$\left(\begin{array}{ccc|ccc} 2 & 3 & 4 & 1 & 0 & 0 \\ -1 & 0 & 1 & 0 & 1 & 0 \\ 3 & 1 & -1 & 0 & 0 & 1 \end{array}\right)\begin{array}{l} -① \\ -② \\ -③ \end{array}$$

단계 2) 기본 행 연산을 연속적으로 적용하여 $(B|I_3)$을 기약 행 사다리꼴 행렬로 바꾼다.

$$\left(\begin{array}{ccc|ccc} 2 & 3 & 4 & 1 & 0 & 0 \\ -1 & 0 & 1 & 0 & 1 & 0 \\ 3 & 1 & -1 & 0 & 0 & 1 \end{array}\right) \xrightarrow{①\times\frac{2}{1}} \left(\begin{array}{ccc|ccc} 1 & \frac{3}{2} & 2 & \frac{1}{2} & 0 & 0 \\ -1 & 0 & 1 & 0 & 1 & 0 \\ 3 & 1 & -1 & 0 & 0 & 1 \end{array}\right) - ④ \xrightarrow{④\times 1+②}$$

$$\left(\begin{array}{ccc|ccc} 1 & \frac{3}{2} & 2 & \frac{1}{2} & 0 & 0 \\ 0 & \frac{3}{2} & 3 & \frac{1}{2} & 1 & 0 \\ 3 & 1 & -1 & 0 & 0 & 1 \end{array}\right) - ⑤ \xrightarrow{④\times(-3)+③} \left(\begin{array}{ccc|ccc} 1 & \frac{3}{2} & 2 & \frac{1}{2} & 0 & 0 \\ 0 & \frac{3}{2} & 3 & \frac{1}{2} & 1 & 0 \\ 0 & -\frac{7}{2} & -7 & -\frac{3}{2} & 0 & 1 \end{array}\right) - ⑥$$

$$\xrightarrow{⑤\times\frac{2}{3}} \left(\begin{array}{ccc|ccc} 1 & \frac{3}{2} & 2 & \frac{1}{2} & 0 & 0 \\ 0 & 1 & 2 & \frac{1}{3} & \frac{2}{3} & 0 \\ 0 & -\frac{7}{2} & 7 & -\frac{3}{2} & 0 & 1 \end{array}\right) - ⑦ \xrightarrow{⑦\times(-\frac{3}{2})+④}$$

$$\left(\begin{array}{ccc|ccc} 1 & 0 & -1 & 0 & -1 & 0 \\ 0 & 1 & 2 & \frac{1}{3} & \frac{2}{3} & 0 \\ 0 & -\frac{7}{2} & -7 & -\frac{3}{2} & 0 & 1 \end{array}\right) - ⑧ \xrightarrow{⑦\times\frac{7}{2}+⑥} \left(\begin{array}{ccc|ccc} 1 & 0 & -1 & 0 & -1 & 0 \\ 0 & 1 & 2 & \frac{1}{3} & \frac{2}{3} & 0 \\ 0 & 0 & 0 & -\frac{1}{3} & \frac{7}{3} & 1 \end{array}\right)$$

↑ 기약 행 사다리꼴 행렬

단계 3) 단계 2)에서 얻어진 기약 행 사다리꼴 행렬에서 B는 단위행렬 I_3로 바뀌지 않았기 때문에 B는 비가역적이다.

5.4 크래머의 법칙

정리 4.1에서 2개의 미지수와 2개의 1차방정식으로 구성된 1차연립방정식을 푸는 크래머의 법칙(Cramer's rule)을 소개하였다. 본 절에서는 n개의 미지수와 n개의 1차방정식으로 구성된 다음과 같은 1차연립방정식을 푸는 크래머의 법칙을 소개한다.

$$\begin{cases} a_{11}x_1 + a_{12}x_2 + \cdots + a_{1n}x_n = b_1 \\ a_{21}x_1 + a_{22}x_2 + \cdots + a_{2n}x_n = b_2 \\ \qquad\qquad \vdots \\ a_{n1}x_1 + a_{n2}x_2 + \cdots + a_{nn}x_n = b_n \end{cases}$$

앞에서도 언급되었듯이 $A = \begin{pmatrix} a_{11} & a_{12} & \cdots & a_{1n} \\ a_{21} & a_{22} & \cdots & a_{2n} \\ \vdots & \vdots & & \vdots \\ a_{n1} & a_{n2} & \cdots & a_{nn} \end{pmatrix}$, $x^T = (x_1 x_2 \cdots x_n)$, $b^T = (b_1 b_2 \cdots b_n)$ 이라고 하면 위의 1차연립방정식은 $Ax = b$로 나타낼 수 있다. 이제 $|A| \neq 0$이라고 가정하자. 그러면 정리 4.3에 의해 A는 가역적이며 1차연립방정식 $Ax = b$는 $x = A^{-1}b$와 같은 유일한 해를 가지며, 또한 정리 4.3에 의해 $A^{-1} = \frac{1}{|A|} adjA$ 이므로 다음이 성립함을 알 수 있다.

$$x = \frac{1}{|A|}(adjA)b$$

$$= \frac{1}{|A|}\begin{pmatrix} A_{11} & A_{21} & \dots & A_{n1} \\ A_{12} & A_{22} & \dots & A_{n2} \\ . & . & \dots & . \\ A_{1n} & A_{2n} & \dots & A_{nn} \end{pmatrix}\begin{pmatrix} b_1 \\ b_2 \\ \vdots \\ b_n \end{pmatrix}$$

$$= \frac{1}{|A|}\begin{pmatrix} b_1A_{11} + b_2A_{21} + \dots + b_nA_{n1} \\ b_1A_{12} + b_2A_{22} + \dots + b_nA_{n2} \\ . \quad\quad . \quad\quad \dots \quad\quad . \\ b_1A_{1n} + b_2A_{2n} + \dots + b_nA_{nn} \end{pmatrix}$$

그런데 임의의 $j = 1,2,\cdots,n$에 대하여 $b_1A_{1j} + b_2A_{2j} + \cdots + b_nA_{nj}$는 다음과 같은 행렬 B_j의 $j-$번째 열에 관한 라플라스 전개임을 알 수 있다.

$$B_j = \begin{pmatrix} a_{11} & a_{12} \cdots & a_{1j-1} & b_1 & a_{1j+1} \cdots & a_{1n} \\ a_{21} & a_{22} \cdots & a_{2j-1} & b_2 & a_{2j+1} \cdots & a_{2n} \\ \vdots & \vdots \quad \vdots & \vdots & \vdots & \vdots \quad \vdots & \vdots \\ a_{n1} & a_{n2} \cdots & a_{nj-1} & b_n & a_{nj+1} \cdots & a_{nn} \end{pmatrix}$$

↑
$j-$번째 열

여기서 행렬 B_j는 A의 $j-$번째 열을 열 벡터 b로 대체함으로써 얻어진 $n \times n$ 행렬이다.

따라서 A가 $n \times n$ 행렬이고 $|A| \neq 0$일 때 1차연립방정식 $Ax = b$의 유일한 해는 임의의 $j = 1,2,\cdots,n$에 대하여

$$x_j = \frac{b_1A_{1j} + b_2A_{2j} + \cdots + b_nA_{nj}}{|A|} = \frac{|B_j|}{|A|}$$

와 같이 구할 수 있으며, 이를 크래머의 법칙이라고 한다. 이를 좀 더 구체적으로 정리하면 다음과 같다.

정리 5.1 크래머의 법칙(Cramer's Rule)

$$A=\begin{pmatrix} a_{11} & a_{12} & \cdots & a_{1n} \\ a_{21} & a_{22} & \cdots & a_{2n} \\ \vdots & \vdots & & \vdots \\ a_{n1} & a_{n2} & \cdots & a_{nn} \end{pmatrix},\quad x^T=(x_1x_2 \ldots x_n),\quad b^T=(b_1b_2 \ldots b_n)$$ 인 1차연립방정식

$Ax=b$가 주어져 있다고 하고 $|A| \neq 0$이라고 하자. 그러면 $Ax=b$의 유일한 해는 다음과 같다.

임의의 $j=1,2,\cdots,n$에 대하여 $$x_j=\frac{1}{|A|}\begin{vmatrix} a_{11} & a_{12} \cdots & a_{1j-1} & b_1 & a_{1j+1} \cdots & a_{1n} \\ a_{21} & a_{22} \cdots & a_{2j-1} & b_2 & a_{2j+1} \cdots & a_{2n} \\ \vdots & \vdots \quad \vdots & \vdots & \vdots & \vdots \quad \vdots & \vdots \\ a_{n1} & a_{n2} \cdots & a_{nj-1} & b_n & a_{nj+1} \cdots & a_{nn} \end{vmatrix}.$$

$\uparrow$ j-번째 열

예제 5.8

다음의 1차연립방정식은 유일한 해를 갖는가? 만약 그렇다면 크래머의 법칙을 사용하여 해를 구하라.

$$\begin{cases} 2x_1+\ \ x_2-x_3=2 \\ \ \ x_1+2x_2+x_3=1 \\ -x_1-\ \ x_2+x_3=3 \end{cases}$$

풀이

$\begin{vmatrix} 2 & 1 & -1 \\ 1 & 2 & 1 \\ -1 & -1 & 1 \end{vmatrix}=3 \neq 0$이기 때문에 1차연립방정식은 유일한 해를 갖는다. 따라서

크래머의 법칙을 사용하여 해를 구하면 다음과 같다.

$$x_1=\frac{1}{3}\begin{vmatrix} 2 & 1 & -1 \\ 1 & 2 & 1 \\ 3 & -1 & 1 \end{vmatrix}=\frac{15}{3}=5,$$

$$x_2 = \frac{1}{3}\begin{vmatrix} 2 & 2 & -1 \\ 1 & 1 & 1 \\ -1 & 3 & 1 \end{vmatrix} = \frac{-12}{3} = -4,$$

$$x_3 = \frac{1}{3}\begin{vmatrix} 2 & 1 & 2 \\ 1 & 2 & 1 \\ -1 & -1 & 3 \end{vmatrix} = \frac{12}{3} = 4.$$

비고 5.2

1) $A=(a_{ij})\in Mat_{m\times n}(\mathbb{R})$, $x^T=(x_1x_2\cdots x_n)$, $0^T=(00\cdots 0)$인 1차연립방정식 $Ax=0$을 동차1차연립방정식(homogeneous system of linear equations)이라고 한다. 이때 $x=0$(즉, $x_1=x_2=\cdots=x_n=0$)은 항상 $Ax=0$의 해가 됨을 알 수 있으며, 이를 자명해(trivial solution)라고 한다. 일반적으로, 자명해가 아닌 해를 비자명해(non-trivial solutions)라고 한다.

2) $A=(a_{ij})\in Mat_{n\times n}(\mathbb{R})$이고 $|A|\neq 0$이라고 하자. 그러면, 크래머의 법칙에 의해 $Ax=0$의 해는 임의의 $j=1,2,\cdots,n$에 대하여

$$x_j = \frac{1}{|A|}\begin{vmatrix} a_{11} & a_{12} & \cdots & a_{1j-1} & 0 & a_{1j+1} & \cdots & a_{1n} \\ a_{21} & a_{22} & \cdots & a_{2j-1} & 0 & a_{2j+1} & \cdots & a_{2n} \\ \vdots & \vdots & \vdots & \vdots & \vdots & \vdots & \vdots & \vdots \\ a_{n1} & a_{n2} & \cdots & a_{nj-1} & 0 & a_{nj+1} & \cdots & a_{nn} \end{vmatrix} = \frac{1}{|A|}\times 0 = 0$$

이므로 자명해 $x=0$만이 $Ax=0$의 해(즉, $x=0$이 $Ax=0$의 유일한 해)임을 알 수 있다.

3) $A=(a_{ij})\in Mat_{n\times n}(\mathbb{R})$이고 $|A|=0$라고 하자. 그러면 $Ax=0$에 대한 첨가행렬 $(A|0)$의 기약 행 사다리꼴 행렬에서 0이 아닌 원소를 갖는 행의 개수가 변수의 개수보다 적기 때문에 $Ax=0$은 자명해를 포함한 무수히 많은 해를 갖는다.

예제 5.9

나음과 같은 동차1차연립방정식이 주어져 있다고 하자.

$$\begin{cases} x_1 + x_2 = 0 \\ 2x_1 + 2x_2 = 0 \end{cases}$$

그러면 $\begin{vmatrix} 1 & 1 \\ 2 & 2 \end{vmatrix} = 0$이며 첨가행렬 $\left(\begin{array}{cc|c} 1 & 1 & 0 \\ 2 & 2 & 0 \end{array}\right)$은 다음과 같이 기약 행 사다리꼴 행렬로 바뀔 수 있음을 알 수 있다.

$$\left(\begin{array}{cc|c} 1 & 1 & 0 \\ 2 & 2 & 0 \end{array}\right) \begin{array}{l} -① \\ -② \end{array} \xrightarrow{①\times(-2)+②} \left(\begin{array}{cc|c} 1 & 1 & 0 \\ 0 & 0 & 0 \end{array}\right)$$

↑
기약 행 사다리꼴 행렬

명백히 $x_1 = x_2 = 0$은 위의 동차1차연립방정식의 해가 됨은 물론 기약 행 사다리꼴에서 0이 아닌 원소를 갖는 행의 개수(1개)가 변수의 개수(2개)보다 적기 때문에 위의 동차1차연립방정식은 자명해를 포함한 무수히 많은 해를 갖는다.

연습문제

01. 다음의 행렬이 행 사다리꼴 행렬인지, 기약 행 사다리꼴 행렬인지, 또는 둘 다가 아닌지를 결정하라.

(1) $\begin{pmatrix} 1 & 2 \\ 0 & 1 \end{pmatrix}$ (2) $\begin{pmatrix} 0 & 0 \\ 1 & 0 \end{pmatrix}$

(3) $\begin{pmatrix} 1 & 0 & 1 \\ 0 & 1 & 1 \\ 0 & 1 & 2 \end{pmatrix}$ (4) $\begin{pmatrix} 1 & 0 & 2 \\ 0 & 1 & 0 \\ 0 & 0 & 0 \end{pmatrix}$

(5) $\begin{pmatrix} 2 & 0 & 0 \\ 0 & 1 & 0 \\ 0 & 0 & 1 \end{pmatrix}$ (6) $\begin{pmatrix} 1 & 0 & -1 & 2 \\ 0 & 1 & 2 & 0 \end{pmatrix}$

(7) $\begin{pmatrix} 1 & 0 & 0 & 2 \\ 0 & 0 & 1 & 0 \\ 0 & 0 & 0 & 1 \end{pmatrix}$ (8) $\begin{pmatrix} 1 & 0 & 1 & 0 \\ 0 & 1 & -1 & 0 \\ 0 & 0 & 0 & 1 \end{pmatrix}$

02. 가우스 소거법을 사용하여 다음 1차연립방정식의 해를 구하라.

(1) $\begin{cases} x - 3y = 2 \\ 2x + y = 1 \end{cases}$ (2) $\begin{cases} 3x + 4y = 3 \\ x - 2y = 2 \end{cases}$

(3) $\begin{cases} x + y + z = 1 \\ 2x - y - z = 1 \end{cases}$ (4) $\begin{cases} x + y + z = 1 \\ x - y + z = 2 \\ x + y - z = 3 \end{cases}$

(5) $\begin{cases} x_1 - 2x_2 - 3x_3 = 1 \\ 2x_1 - 4x_2 - 6x_3 = 2 \\ x_1 + x_2 - x_3 = -5 \end{cases}$ (6) $\begin{cases} 3x_1 - x_2 + x_3 = 0 \\ 2x_1 + 5x_2 + x_3 = 7 \\ -3x_1 + x_2 - x_3 = 1 \end{cases}$

(7) $\begin{cases} 3x_1 + 2x_2 = 3 \\ x_1 - x_3 = 2 \\ -x_2 + x_3 = 1 \end{cases}$ (8) $\begin{cases} 2x_1 + x_2 = 6 \\ -x_1 - x_2 = 3 \\ x_1 + 3x_2 = 1 \end{cases}$

03. 문제 2에 주어진 1차연립방정식을 가우스-조르단 소거법을 이용하여 풀어라.

04. 박군은 유럽을 여행하는 동안 숙박, 음식, 그리고 기차요금으로 다음과 같이 지출하였다.

(단위: 달러/일)

	영국	프랑스	독일
숙박	50	40	60
음식	30	40	25
기차요금	80	70	60

만약 그가 3개국을 여행하는 동안 숙박에 490달러, 음식에 325달러, 기차요금에 700달러를 지출하였다면, 그는 각 나라를 며칠 동안 여행하였는가?

05. 서호전자는 공장에서 3가지 종류의 서로 다른 제품을 생산한다. 각 제품은 3가지 종류의 기계에서 가공되며 각 기계별 제품 단위당 가공시간은 다음과 같다.

(단위: 시간)

	제품 1	제품 2	제품 3
기계 1	2	1	2
기계 2	1	3	4
기계 3	2	5	3

각 기계별 총사용가능 가공시간은 기계 1은 90시간, 기계 2는 200시간, 기계 3은 300시간이라고 한다. 서호전자가 모든 가능한 기계가공시간을 활용한다면 각 제품들을 몇 단위 생산할 수 있는가?

06. 다음 행렬이 가역적인지 아닌지를 결정하라. 만약 가역적이면 역행렬을 구하라.

(1) $\begin{pmatrix} 1 & 0 & 1 \\ 0 & 1 & 1 \\ 1 & 1 & 0 \end{pmatrix}$ (2) $\begin{pmatrix} 1 & 7 & 4 \\ 2 & 8 & 5 \\ 3 & 9 & 6 \end{pmatrix}$

(3) $\begin{pmatrix} -2 & 1 & 3 \\ 1 & -1 & 1 \\ 3 & 1 & 2 \end{pmatrix}$ (4) $\begin{pmatrix} 5 & 0 & 0 \\ 4 & 3 & 0 \\ 2 & -1 & 1 \end{pmatrix}$

07. 다음의 1차연립방정식은 유일한 해를 갖는가? 만약 그렇다면 크래머의 법칙을 사용하여 해를 구하라.

(1) $\begin{cases} x - 3y = 5 \\ 2x + 6y = 1 \end{cases}$

(2) $\begin{cases} 3x + 2y = 3 \\ 6x + 4y = 2 \end{cases}$

(3) $\begin{cases} 5x + y = 0 \\ -3x + 2y = 0 \end{cases}$

(4) $\begin{cases} x + y + z = 1 \\ 2x - y + z = 2 \\ x + 2y - z = 3 \end{cases}$

(5) $\begin{cases} x_1 - x_2 + x_3 = 2 \\ x_1 + x_2 - 3x_3 = 1 \\ 2x_1 - x_2 - x_3 = 0 \end{cases}$

(6) $\begin{cases} 2x_1 - 3x_2 + 5x_3 = 1 \\ x_1 + 7x_2 + 2x_3 = 5 \\ -4x_1 + 6x_2 - 10x_3 = 7 \end{cases}$

(7) $\begin{cases} x_1 + x_2 - 2x_3 = 3 \\ 2x_1 + x_3 = 2 \\ 4x_2 - x_3 = 1 \end{cases}$

(8) $\begin{cases} x_1 + x_2 = 1 \\ x_1 - x_3 - 1 \\ x_2 - x_3 = 1 \end{cases}$

제 6 장

극한과 연속성

제 6 장 극한과 연속성

제8장에서 논의될 미적분학(calculus)은 한계분석(marginal analysis), 최적화(optimization), 그래프 그리기(sketching graphs) 등을 포함한 경영학과 관련된 다양한 응용 분야에 활용되는 매우 강력한 수학 분야 중의 하나이다. 미적분학, 특히 미분(differentiation)을 이해하기 위해서는 먼저 극한(limits)의 개념을 이해해야 한다. 연속함수(continuous function)는 그래프가 끊기지 않는 곡선(unbroken curve)인 함수이며, 이는 극한의 관점에서 더욱 정확히 정의되어진다.

본 장에서는 함수의 극한(limit of functions), 극한의 기본 성질(basic properties of limits), 무한대에서의 극한(limits at infinity), 그리고 함수의 연속성(continuity of functions) 등에 대한 개념을 소개하고자 한다.

6.1 극한

$A \subseteq \mathbb{R}$이고 $B \subseteq \mathbb{R}$이라고 할 때 함수 $f: A \to B$가 주어져 있다고 하자. 이때 x가 특정한 값 c에 접근할 경우 함수값 $f(x)$는 어떤 값에 접근할 것인지에 대해 살펴보기로 하자. 일반적으로 'x가 c에 접근한다'를 '$x \to c$'와 같이 나타낸다. 예를 들어, 〈그림 6.1〉에서와 같이 함수 $y = f(x) = 2x + 1$의 그래프를 고려해보자.

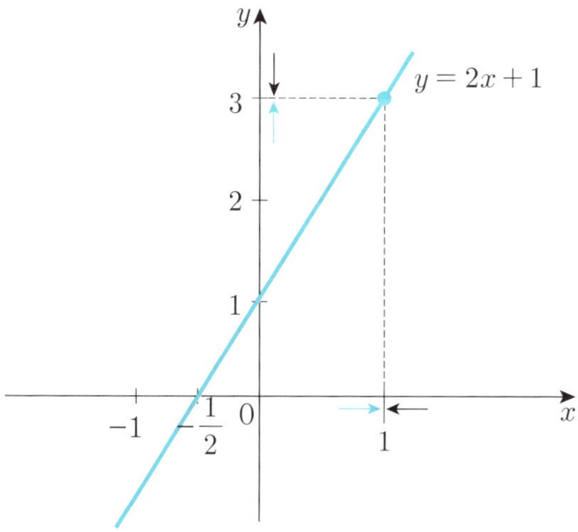

〈그림 6.1〉 $x\to 1$ 이면 $f(x)\to 3$ 이다

〈그림 6.1〉에서 $x\to 1$일 때 $f(x)$는 어떤 값에 접근하는지를 살펴보기로 하자. 사실 x가 1에 접근하는 방법에는 두 가지가 있다. 한 가지 방법은 x축을 따라 x가 1의 좌측으로부터 접근하는 것이고, 다른 한 가지 방법은 1의 우측으로부터 접근하는 것이다. x가 x축을 따라 좌우 양쪽으로부터 1에 점점 가까이 접근할 때 함수값 $f(x)$가 y축을 따라 어떻게 움직이는지는 〈그림 6.1〉에서 쉽게 확인할 수 있다. 실제로, 〈표 6.1〉에서도 볼 수 있듯이 x가 x축을 따라 1의 좌우 양쪽으로부터 1로 점점 접근해 감에 따라 $f(x)$는 y축을 따라 각각 아래 위로부터 3에 점점 접근해 감을 알 수 있다. 이러한 현상을 "x가 1에 접근할 때 $f(x)$의 극한은 3이다"라고 말하며 "$\lim_{x\to 1} f(x)=3$"으로 나타낸다.

〈표 6.1〉 $x=1$ 근방에서의 함수값 $f(x)$

x가 1의 좌측으로부터 접근할 때							x가 1의 우측으로부터 접근할 때				
x	0.9	0.99	0.999	0.9999	$\to$	1	$\leftarrow$	1.0001	1.001	1.01	1.1
$f(x)$	2.8	2.98	2.998	2.9998	$\to$	3	$\leftarrow$	3.0002	3.002	3.02	3.2

일반적으로, 함수의 극한을 다음과 같이 직관적으로 정의할 수 있다.

정의 6.1 **함수의 극한(Limit of a Function)**

함수 $f(x)$가 c 근방(c는 제외되어도 무방)에서 정의된 함수라고 하자. 만약 x가 c의 좌우 양쪽으로부터 점점 c에 접근할 때 두 경우 모두 $f(x)$가 점점 동일한 값 L에 가까워진다면 L을 x가 c에 접근할 때 $f(x)$의 극한이라고 하고, $\lim_{x \to c} f(x) = L$로 나타낸다.

정의 6.1에서 언급된 바와 같이, 비록 $f(x)$가 $x=c$에서 정의되지 않는다고 하더라도 x가 c에 접근할 때 $f(x)$의 극한값을 계산할 수도 있지만 때로는 계산할 수 없는 경우도 존재함에 유의해야 한다.

예제 6.1

1) 다음의 함수를 고려해보자.

$$g(x) = \begin{cases} 2x+1 & \text{만약 } x > 0 \text{이면} \\ 1 & \text{만약 } x < 0 \text{이면} \end{cases}$$

그러면 $g(0)$는 정의되지 않는다. 하지만 〈그림 6.2〉에서도 볼 수 있듯이 x가 0의 좌우 양쪽으로부터 0에 접근할 때 $g(x)$는 1에 가까워지기 때문에 $\lim_{x \to 0} g(x) = 1$이다.

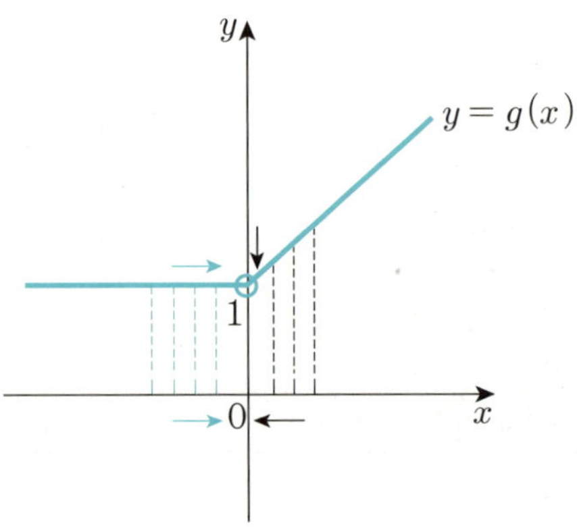

〈그림 6.2〉 $g(0)$은 정의되지 않지만 $\lim_{x \to 0} g(x) = 1$

2) 다음의 함수를 고려해보자.

$$h(x)=\begin{cases} 1 \text{ 만약 } x>0 \text{ 이면} \\ -1 \text{ 만약 } x<0 \text{ 이면} \end{cases}$$

그러면 $h(0)$는 정의되지 않는다. 또한 〈그림 6.3〉에서도 볼 수 있듯이 x가 0의 좌측으로부터 0에 접근할 때 $h(x)$는 -1에 가까워지고 x가 0의 우측으로부터 0에 접근할 때 $h(x)$는 1에 가까워지기 때문에(즉, 두 경우에 대해 $h(x)$가 동일한 값에 가까워지지 않기 때문에) x가 0에 접근할 때 $h(x)$의 극한값은 존재하지 않는다.

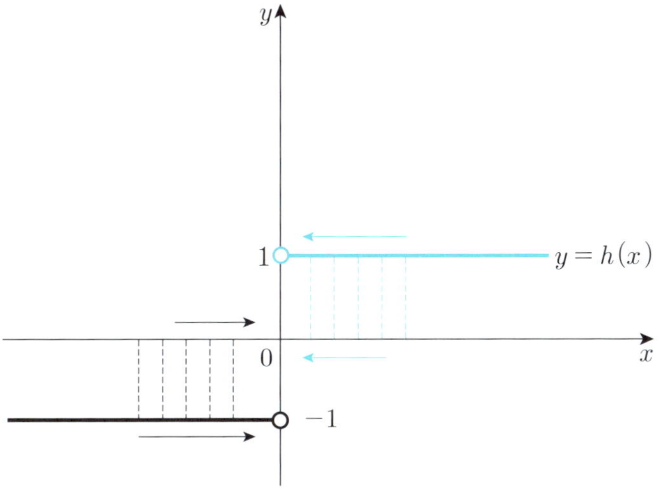

〈그림 6.3〉 $h(0)$도 정의되지 않고 극한값도 존재하지 않는 경우

지금까지의 논의를 바탕으로 극한의 개념을 좀 더 이론적이고 체계적으로 소개하기 위하여 소위 단방향 극한(one-sided limits)이라고 하는 개념을 소개한다. 단방향 극한에는 우극한(limit from the right)과 좌극한(limit from the left)의 두 가지 극한이 존재한다.

1) 우극한

x가 c의 우측으로부터 c에 접근할 때 $f(x)$가 M에 가까워진다면 M을 x가 c의 우측으로부터 c에 접근할 때 $f(x)$의 우극한이라고 하며, $\lim_{x \to c+} f(x) = M$이라고 나타낸다.

2) 좌극한

x가 c의 좌측으로부터 c에 접근할 때 $f(x)$가 N에 가까워진다면 N을 x가 c의 좌측으로부터 c에 접근할 때 $f(x)$의 좌극한이라고 하며, $\lim_{x \to c-} f(x) = N$이라고 나타낸다.

따라서 정의 6.1은 'x가 c에 접근할 때 $f(x)$의 극한이 존재하며 그 극한값이 L이라는 것은(즉, $\lim_{x \to c} f(x) = L$이라는 것은) 우극한과 좌극한이 존재해야 할 뿐만 아니라 우극한과 좌극한이 L과 같아야 한다'라고 재서술할 수 있다. 이를 정리하면 다음과 같다.

$\lim_{x \to c} f(x) = L$은 다음 2가지 조건과 동치이다.

1) $\lim_{x \to c+} f(x) = M$과 $\lim_{x \to c-} f(x) = N$이 존재한다. (6.1)

2) $L = M = N$.

예제 6.2

다음과 같은 함수가 주어져 있다고 하자.

$$f(x) = \begin{cases} 1 \text{ 만약 } x > 0 \text{ 이면} \\ -1 \text{ 그렇지 않으면} \end{cases}$$

그러면 〈그림 6.4〉에서 볼 수 있듯이 우극한 $\lim_{x \to 0+} f(x) = 1$과 좌극한 $\lim_{x \to 0-} f(x) = -1$이 존재한다. 하지만 우극한과 좌극한이 서로 같지 않기 때문에(즉, $1 = \lim_{x \to 0+} f(x) \neq \lim_{x \to 0-} f(x) = -1$ 이기 때문에) (6.1)에 의해 $\lim_{x \to 0} f(x)$는 존재하지 않는다.

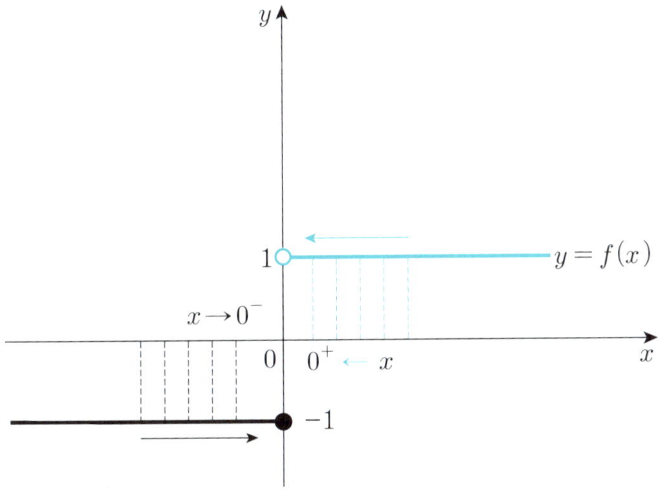

〈그림 6.4〉 $\lim_{x\to 0} f(x)$가 존재하지 않는 경우

x가 c에 접근할 때 함수 $f(x)$의 극한이 유한한 값(finite value)이 아니면 $\lim_{x\to c} f(x)$는 존재하지 않음을 유의해야 한다. 다음의 예제를 살펴보자.

예제 6.3

다음과 같은 함수가 주어져 있다고 하자.

$$f(x)=\frac{1}{(x-1)^2}$$

그러면 $f(x)$의 그래프는 〈그림 6.5〉와 같이 그릴 수 있다(함수의 그래프를 그리는 방법에 대해서는 제8장에서 자세하게 설명할 것이다). 〈그림 6.5〉에서 볼 수 있듯이 $\lim_{x\to 1+} f(x)=\lim_{x\to 1-} f(x)=+\infty$이기 때문에 $\lim_{x\to 1} f(x)$는 존재하지 않는다. 하지만 가끔은 "x가 1에 접근할 때 $f(x)$는 무한극한(infinite limit) $+\infty$를 갖는다"라고도 말한다.

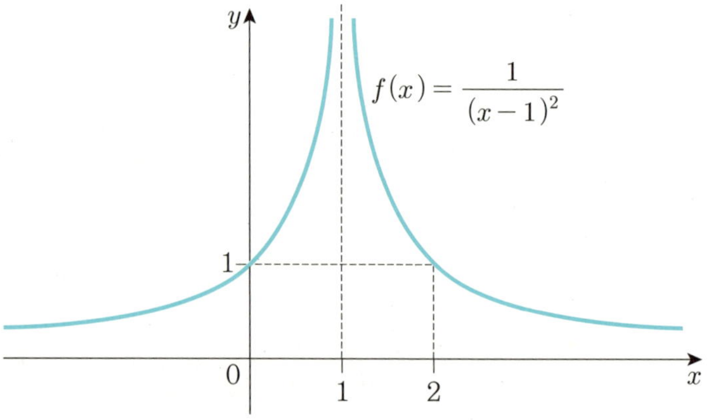

〈그림 6.5〉 $\lim_{x\to1} f(x)=+\infty$ 인 경우

이제 극한을 계산하는 데 사용되는 유용한 정리를 소개한다.

정리 6.1　극한의 기본 성질(Basic Properties of Limits)

c, k는 상수이고 $\lim_{x\to c} f(x)=L$이며 $\lim_{x\to c} g(x)=M$이라고 하자.

그러면 다음이 성립한다.

1) $\lim_{x\to c} k=k$

2) 모든 $t\in Q^{+}=\{t\in Q \mid t>0\}$에 대하여 $\lim_{x\to c} x^{t}=c^{t}$

3) $\lim_{x\to c}\{kf(x)\}=k\left\{\lim_{x\to c} f(x)\right\}=kL$

4) $\lim_{x\to c}\{f(x)\pm g(x)\}=\left\{\lim_{x\to c} f(x)\right\}\pm\left\{\lim_{x\to c} g(x)\right\}=L\pm M$

5) $\lim_{x\to c}\{f(x)g(x)\}=\left\{\lim_{x\to c} f(x)\right\}\left\{\lim_{x\to c} g(x)\right\}=LM$

6) $\lim_{x\to c}\{f(x)\}^{k}=\left\{\lim_{x\to c} f(x)\right\}^{k}=L^{k}$

7) 만약 $\lim_{x\to c} g(x)=M\neq 0$이면 $\lim_{x\to c}\frac{f(x)}{g(x)}=\frac{\lim_{x\to c} f(x)}{\lim_{x\to c} g(x)}=\frac{L}{M}$

아울러 정리 6.1의 7)에서 만약 $\lim_{x \to c} g(x) = M = 0$이면 다음의 두 가지 경우가 존재한다.

경우 1) 만약 $\lim_{x \to c} f(x) = L = 0$이라면 x가 c에 접근할 때 $\lim_{x \to c} \frac{f(x)}{g(x)}$는 $\frac{0}{0}$의 부정형(indeterminate form)이 된다. 이 경우 $x-c$는 $f(x)$와 $g(x)$의 공통인수(common factor)임을 알 수 있으며 x가 c에 접근할 때 $x-c \neq 0$이기 때문에 $f(x)$와 $g(x)$를 각각 $x-c$를 인수로 갖는 인수분해를 한 후 $x-c$로 나눈 결과로 얻어진 함수를 이용하여 극한값의 존재유무를 판단할 수 있다. $\frac{0}{0}$의 부정형에 대한 극한을 계산하는 방법에 대해서는 제7장에서 자세히 설명하기로 한다.

경우 2) 만약 $\lim_{x \to c} f(x) = L \neq 0$이라면 $\lim_{x \to c} \frac{f(x)}{g(x)}$는 존재하지 않는다(즉, $\lim_{x \to c} \frac{f(x)}{g(x)} = +\infty$ 또는 $-\infty$). 이 경우, 직선 $x=c$를 $y = \frac{f(x)}{g(x)}$의 그래프에 대한 수직점근선(vertical asymptote)이라고 하는데, 만약 수직점근선이 존재하면 이는 함수의 그래프를 그릴 때 반드시 필요하다(이와 관련된 내용은 제8장에서 자세히 논의할 것이다).

비고 6.1

만약 $\lim_{x \to c+} \frac{f(x)}{g(x)} = \lim_{x \to c-} \frac{f(x)}{g(x)} = +\infty$ 또는 $-\infty$라면 $\lim_{x \to c} \frac{f(x)}{g(x)}$는 존재하지 않는다. 하지만 가끔은 예제 6.3에서 소개된 바와 같이 이 경우에 대해 무한극한을 갖는다고도 말한다.

이제 몇 가지 예제를 통해 극한의 기본 성질이 극한을 계산하는 데 어떻게 사용되는지를 살펴보기로 한다.

예제 6.4

다음의 극한을 구하라.

1) $\lim_{x\to1}(5x^4-2x+7)$

풀이

정리 6.1에 제시된 극한의 기본 성질 중 1)부터 4)까지를 적용함으로써 다음과 같이 극한을 계산할 수 있다.

$$\lim_{x\to1}(5x^4-2x+7)=\lim_{x\to1}5x^4-\lim_{x\to1}2x+\lim_{x\to1}7$$

↑ (정리 6.1 4)에 의해)

$$=5(\lim_{x\to1}x^4)-2(\lim_{x\to1}x)+7$$

↑ (정리 6.1 1)과 3)에 의해)

$$=5(1)^4-2(1)+7=10.$$

↑ (정리 6.1 2)에 의해)

---

2) $\lim_{x\to2}\left\{\frac{(3x+2)(x^2-5x+6)}{x^2-x-2}\right\}^2$

풀이

정리 6.1 6)에 제시된 극한의 기본 성질을 적용함으로써 다음을 구할 수 있다

$$\lim_{x\to2}\left\{\frac{(3x+2)(x^2-5x+6)}{x^2-x-2}\right\}^2=\left\{\lim_{x\to2}\frac{(3x+2)(x^2-5x+6)}{x^2-x-2}\right\}^2.$$

그런데 $\lim_{x\to2}\{(3x+2)(x^2-5x+6)\}=\lim_{x\to2}(x^2-x-2)=0$이므로 x가 2에 접근할 때 위 극한은 $\frac{0}{0}$의 부정형이 되고 x^2-x-2와 x^2-5x+6는 각각 $(x+1)(x-2)$

와 $(x-2)(x-3)$으로 인수분해된다. 따라서 x가 2에 접근할 때 $x-2\neq0$이기 때문에 분모와 분자를 각각 $x-2$로 나눈 후 얻어진 함수에 다음과 같이 극한의 기본 성질을 적용함으로써 극한을 계산할 수 있다.

$$\left\{\lim_{x\to2}\frac{(3x+2)(x^2-5x+6)}{x^2-x-2}\right\}^2=\left\{\lim_{x\to2}\frac{(3x+2)(x-2)(x-3)}{(x+1)(x-2)}\right\}^2$$

$$=\left[\frac{\left\{\lim\limits_{x\to2}(3x+2)\right\}\left\{\lim\limits_{x\to2}(x-3)\right\}}{\lim\limits_{x\to2}(x+1)}\right]^2=\left\{\frac{(3\times2+2)(2-3)}{2+1}\right\}^2=(\frac{8}{3})^2=\frac{64}{9}.$$

↑ (정리 6.1 5)와 7)에 의해) ↑ (정리 6.1 1) ~ 4)에 의해)

---

3) $\lim\limits_{x\to-1}\dfrac{x-1}{x+1}$

풀이

$\lim\limits_{x\to-1}(x+1)=0$이고 $\lim\limits_{x\to-1}(x-1)=-2\neq0$이기 때문에 위 경우 2)에서 논의한 바와 같이 극한은 존재하지 않는다.

실제로, 〈그림 6.6〉에서 볼 수 있듯이 $\lim\limits_{x\to-1+}\dfrac{x-1}{x+1}=-\infty$(또는 $\lim\limits_{x\to-1-}\dfrac{x-1}{x+1}=+\infty$)이므로 $\lim\limits_{x\to-1}\dfrac{x-1}{x+1}$은 존재하지 않는다. 따라서 직선 $x=-1$은 $y=\dfrac{x-1}{x+1}$에 대한 그래프의 수직점근선이다.

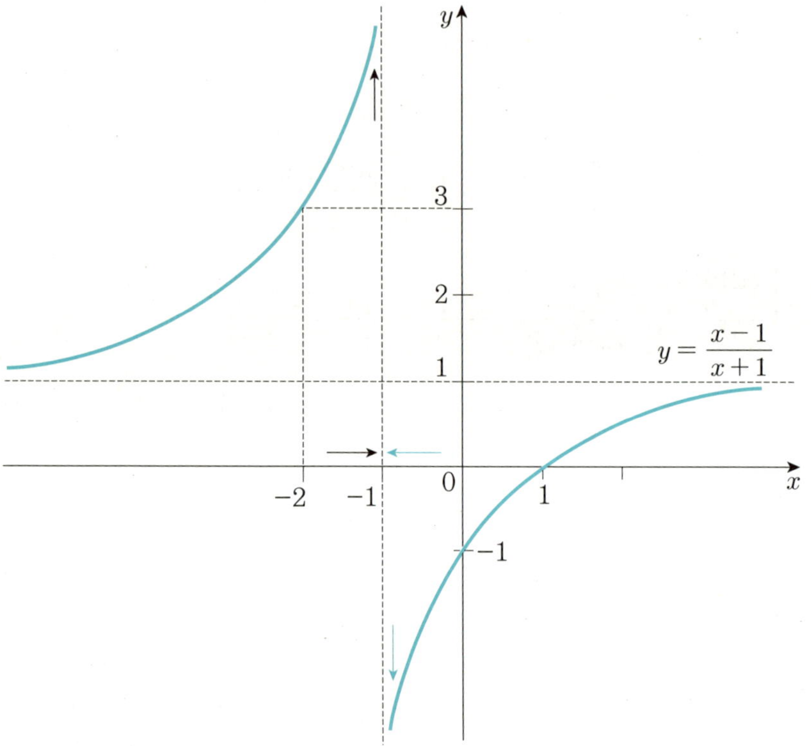

〈그림 6.6〉 $\lim_{x \to -1} \dfrac{x-1}{x+1}$ 가 존재하지 않는 경우

이제 x가 무한대($+\infty$ 혹은 $-\infty$)로 접근할 때 $\lim_{x \to +\infty} \dfrac{f(x)}{g(x)}$ 또는 $\lim_{x \to -\infty} \dfrac{f(x)}{g(x)}$를 어떻게 계산하는지에 대해 소개하기로 한다. $\lim_{x \to +\infty} \dfrac{f(x)}{g(x)}$ 또는 $\lim_{x \to -\infty} \dfrac{f(x)}{g(x)}$를 무한대에서의 극한(limits at infinity)이라고 하며 정리 6.1에 소개된 극한의 기본 성질들과 다음의 정리를 이용함으로써 무한대에서의 극한을 쉽게 계산할 수 있다.

정리 6.2 무한대에서의 극한(Limits at Infinity)

k를 상수라고 할 때 다음이 성립한다.

1) $\lim_{x \to +\infty} k = k$, 그리고 $\lim_{x \to -\infty} k = k$

2) 모든 $t \in R^{+}$에 대하여 $\lim_{x \to +\infty} \frac{k}{x^{t}} = 0$

3) 모든 $n \in N$에 대하여 $\lim_{x \to -\infty} \frac{k}{x^{n}} = 0$

$\lim_{x \to +\infty} \frac{f(x)}{g(x)}$ 또는 $\lim_{x \to -\infty} \frac{f(x)}{g(x)}$를 계산할 때에는 먼저 $f(x)$와 $g(x)$에 있는 x의 최고차수로 $f(x)$와 $g(x)$를 각각 나눈 다음 얻어진 함수에 정리 6.2를 적용하여 극한을 계산함에 유의해야 한다.

예제 6.5

다음의 극한을 구하라.

1) $\lim_{x \to +\infty} \frac{2x-1}{x+1}$

풀이

먼저 분자 $2x-1$과 분모 $x+1$에 있는 x의 최고차수인 x로 분자와 분모를 각각 나눈 후 다음과 같이 정리 6.1과 6.2를 적용한다.

$$\lim_{x \to +\infty} \frac{2x-1}{x+1} = \lim_{x \to +\infty} \frac{\frac{2x-1}{x}}{\frac{x+1}{x}} = \lim_{x \to +\infty} \frac{2-\frac{1}{x}}{1+\frac{1}{x}} = \frac{\lim_{x \to +\infty} (2-\frac{1}{x})}{\lim_{x \to +\infty} (1+\frac{1}{x})} = \frac{2-0}{1+0} = 2.$$

↑ (정리 6.1 7)에 의해) ↑ (정리 6.2 1)과 2)에 의해)

실제로 〈그림 6.7〉에 제시된 $y=\dfrac{2x-1}{x+1}$의 그래프로부터 x가 $+\infty$(혹은 $-\infty$)에 접근할 때 $\dfrac{2x-1}{x+1}$은 2에 접근함을 알 수 있다.

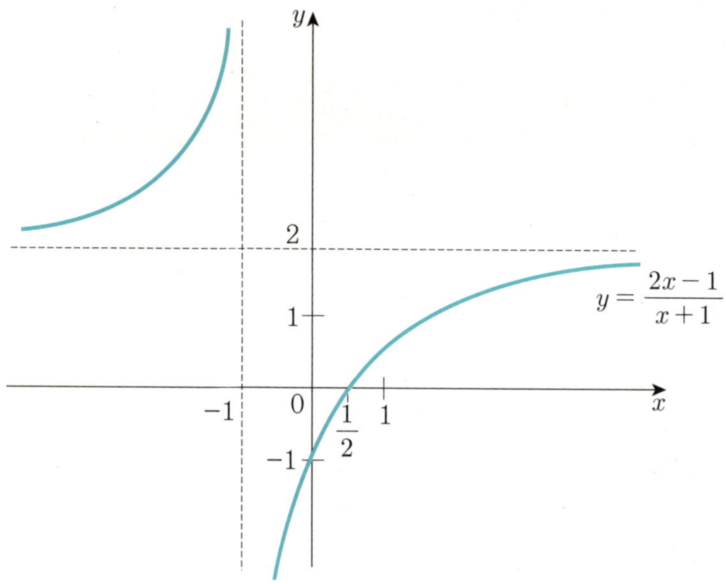

〈그림 6.7〉 $\lim\limits_{x\to+\infty}\dfrac{2x-1}{x+1}=2$(혹은 $\lim\limits_{x\to-\infty}\dfrac{2x-1}{x+1}=2$)

2) $\lim\limits_{x\to-\infty}\dfrac{2-x^2}{x-1}$

풀이

분자 $2-x^2$과 분모 $x-1$에 있는 x의 최고차수는 x^2이기 때문에 분자와 분모를 x^2으로 나눈 후 다음과 같이 정리 6.1과 6.2를 적용하여 극한을 계산할 수 있다.

$$\lim_{x\to-\infty}\frac{2-x^2}{x-1}=\lim_{x\to-\infty}\frac{\frac{2-x^2}{x^2}}{\frac{x-1}{x^2}}=\lim_{x\to-\infty}\frac{\frac{2}{x^2}-1}{\frac{1}{x}-\frac{1}{x^2}}=\frac{\lim\limits_{x\to-\infty}(\frac{2}{x^2}-1)}{\lim\limits_{x\to-\infty}(\frac{1}{x}-\frac{1}{x^2})}$$

↑ (정리 6.1 7)에 의해)

그런데 $\lim_{x \to -\infty} (\frac{1}{x^2} - 1) = 0 - 1 = -1 \neq 0$과 $\lim_{x \to -\infty} (\frac{1}{x} - \frac{1}{x^2}) = 0 - 0 = 0$이다.

↑ (정리 6.2 1)과 3)에 의해) ↑ (정리 6.2 3)에 의해)

따라서 극한은 존재하지 않는다.

비고 6.2

만약 L이 유한한 수(finite number)(즉, $-\infty < L < \infty$)이고 $\lim_{x \to +\infty} f(x) = L$ 또는 $\lim_{x \to -\infty} f(x) = L$이라고 하면 $y = L$을 $y = f(x)$에 대한 그래프의 수평점근선(horizontal asymptote)이라고 한다. 예컨대, 예제 6.5의 1)에서 $y = 2$는 $y = \frac{2x-1}{x+1}$에 대한 그래프의 수평점근선이다.

6.2 함수의 연속성

연속함수(continuous function)는 직관적으로 〈그림 6.1〉에서처럼 끊어지지 않는 곡선(unbroken curve)으로 그래프를 그릴 수 있는 함수이다. 하지만 함수의 개념을 극한의 관점에서 다음과 같이 좀 더 정확하게 정의할 수 있다.

정의 6.2 한 점에서의 연속성(Continuity at a Point)

함수 $f : X \to Y$가 주어져 있고 $a \in X$라고 할 때 만약 다음의 세 가지 조건이 충족되면 "f는 $x = a$에서 연속이다"라고 한다.

1) $f(a)$가 정의된다.
2) $\lim_{x \to a} f(x)$가 존재한다.
3) $\lim_{x \to a} f(x) = f(a)$

만약 함수 $f: X \rightarrow Y$가 모든 $a \in X$에 대해서 연속이라면 "f는 X상에서 연속(continuous on X)이다"(혹은 "f는 X상에서 연속함수이다")라고 한다. 만약 f가 $x=a$에서 정의 6.2의 조건 중 하나라도 충족되지 않으면 "f는 $x=a$에서 불연속(discontinuous)이다"(혹은 "f는 X상에서 불연속함수(discontinuous function)이다")라고 한다.

예제 6.6

다음 함수의 연속성을 설명하라. 편의상 함수 f, g의 정의역과 공역은 $\mathbb{R}$의 부분집합이라고 가정한다.

1) $f(x)=\dfrac{1}{x}$

풀이

먼저 예제 2.1 4)에서도 언급하였듯이 $f(x)=\dfrac{1}{x}$로 정의된 f가 함수가 되기 위해서는 f의 정의역이 $\mathbb{R}-\{0\}$(즉, $Dom(f)=\mathbb{R}-\{0\}$)이어야 함에 유의해야 한다. 따라서 본 예제에서 f는 $f(x)=\dfrac{1}{x}$로 정의된 함수라고 가정했기 때문에 $f(x)$는 $x=0$에서 정의되지 않으므로(즉, $f(0)$이 정의되지 않으므로) 당연히 f는 $x=0$에서 연속이 아니다. 하지만 f는 0을 제외한 모든 x에 대해서(즉, 모든 $x \in \mathbb{R}-\{0\}$에 대해서) 정의 6.2의 세 가지 조건 모두를 충족하기 때문에 f는 모든 $x \in \mathbb{R}-\{0\}$에 대해서 연속임을 쉽게 알 수 있다. 실제로 〈그림 6.8〉에 주어진 $f(x)=\dfrac{1}{x}$의 그래프로부터도 이를 확인할 수 있다.

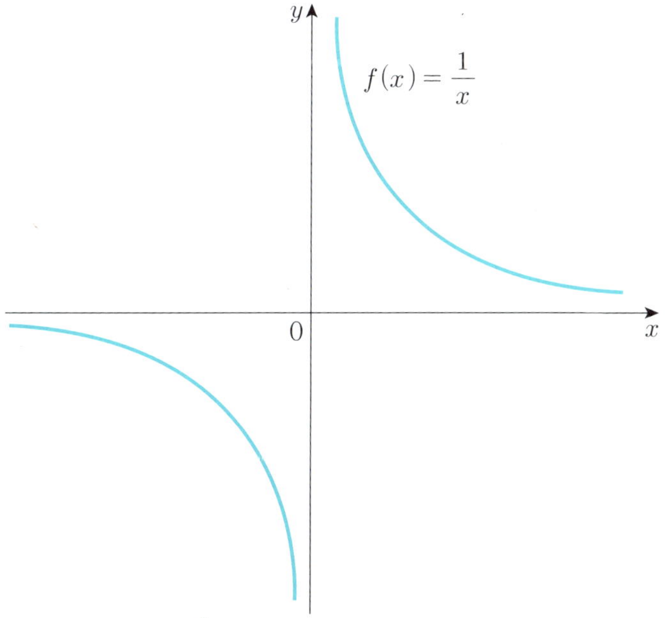

〈그림 6.8〉 $f(x)=\frac{1}{x}$은 모든 $x\in\mathbb{R}-\{0\}$에 대해서 연속함수

추가적으로 $\lim_{x\to 0+}\frac{1}{x}=+\infty$ (또는 $\lim_{x\to 0-}\frac{1}{x}=-\infty$)이므로 $x=0$은 $f(x)=\frac{1}{x}$에 대한 그래프의 수직점근선임을 알 수 있으며, $\lim_{x\to+\infty}\frac{1}{x}=0$ (또는 $\lim_{x\to-\infty}\frac{1}{x}=0$)이므로 $y=0$은 $f(x)=\frac{1}{x}$에 대한 그래프의 수평점근선임을 알 수 있다.

---

2) $g(x)=\begin{cases}2x+1 & \text{만약 } x>0 \text{ 이면}\\ 2 & \text{만약 } x=0 \text{ 이면}\\ 1 & \text{만약 } x<0 \text{ 이면}\end{cases}$

풀이

$g(x)$는 모든 $a\in\mathbb{R}$에 대해서 잘 정의되며 모든 $a\in\mathbb{R}$에 대하여 $\lim_{x\to a}g(x)$가 존재한다는 것은 쉽게 알 수 있다. 또한 0을 제외한 모든 $a\in\mathbb{R}$에 대해서 $\lim_{x\to a}g(x)=g(a)$임을 알 수 있으므로 함수 g는 모든 $x\in\mathbb{R}-\{0\}$에 대해서 연속임을 알 수 있다.

한편, $\lim_{x\to0+} g(x) = \lim_{x\to0+}(2x+1) = 1$이고 $\lim_{x\to0-} g(x) = \lim_{x\to0-} 1 = 1$이기 때문에 $\lim_{x\to0} g(x) = 1$이 존재한다. 그런데 $g(0)=2$이므로 $\lim_{x\to0} g(x) \neq g(0)$가 되어 정리 6.2의 세 번째 조건을 충족하지 못하기 때문에 〈그림 6.9〉에서도 볼 수 있듯이 함수 g는 $x=0$에서 연속이 아니다.

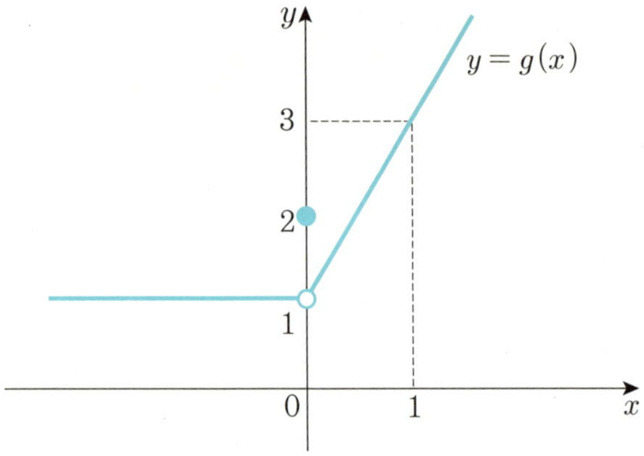

〈그림 6.9〉 g는 모든 $x \in \mathbb{R} - \{0\}$에 대해서 연속함수

이제 연속함수의 특성을 활용함으로써 합성함수의 극한(limit of composite function)을 효율적으로 계산할 수 있는 방법과 합성함수의 연속성(continuity of composite function)에 대한 정리를 증명없이 소개하기로 한다.

정리 6.3 합성함수의 극한과 연속성(Limit and Continuity of a Composite Function)

함수 $f: X \to Y$가 주어져 있고 $a \in X$라고 하자. 만약 $\lim_{x\to a} f(x) = b$이고 $g: Y \to Z$가 $y=b$에서 연속이라고 하면 다음이 성립한다.

$$\lim_{x\to a} g \circ f(x) = \lim_{x\to a} g(f(x)) = g(\lim_{x\to a} f(x)) = g(b)$$

아울러, 만약 f가 $x=a$에서 연속이고 g가 $y=f(a)$에서 연속이라면 $g \circ f$도 또한 $x=a$에서 연속이다.

예제 6.7

두 함수 $f:\mathbb{R}\to\mathbb{R}$와 $g:\mathbb{R}\to\mathbb{R}$가 다음과 같이 주어져 있다고 하자.

$$f(x)=x^2+x-1$$

$$g(x)=|x|=\begin{cases} x & \text{만약 } x\geq 0 \\ -x & \text{그렇지 않으면}\end{cases}$$

그러면, 다음이 성립함을 쉽게 알 수 있다.

1) $g\circ f(x)=g(f(x))=|x^2+x-1|$

2) $\lim_{x\to 0} f(x)=-1$

3) $g(-1)=1$이 잘 정의되고 $\lim_{x\to 1} g(x)=\lim_{x\to 1}|x|=1=g(-1)$이므로 g는 $x=-1$에서 연속이다.

그러므로 정리 6.3을 이용함으로써 합성함수 $g\circ f$의 극한을 다음과 같이 계산할 수 있다.

$$\lim_{x\to 1} g\circ f(x)=\lim_{x\to 1} g(f(x))=\lim_{x\to 1}|x^2+x-1|=\left|\lim_{x\to 1}(x^2+x-1)\right|=1$$

아울러, f는 $x=0$에서 연속임을 쉽게 알 수 있고 g도 $f(0)=-1$에서 연속이기 때문에 정리 6.3에 의해 $g\circ f(x)=|x^2+x-1|$도 또한 $x=0$에서 연속임을 알 수 있다.

연습문제

01. 다음 극한을 구하라.

(1) $\lim_{x \to 2}(x^2 - 4x + 3)$

(2) $\lim_{x \to 0}(x^4 - 4x^3 + x^2 - 5)$

(3) $\lim_{x \to -1}(x^5 - 3x^3 + x + 1)$

(4) $\lim_{x \to 1}\dfrac{x^2 - 1}{x - 1}$

(5) $\lim_{x \to 3}\dfrac{x + 1}{x - 3}$

(6) $\lim_{x \to 5}\dfrac{x^2 - x - 20}{x - 5}$

(7) $\lim_{x \to 1}\left\{\dfrac{(x+1)(x^2 - 3x + 2)}{x^2 + x - 2}\right\}^2$

(8) $\lim_{x \to 0}\dfrac{(x+3)^2 - 9}{x}$

(9) $\lim_{x \to +\infty}\dfrac{5x - 1}{2x + 3}$

(10) $\lim_{x \to -\infty}\dfrac{x^2 - 2}{4x + 5}$

(11) $\lim_{x \to +\infty}\dfrac{x^2 + 5}{x^3 + 2}$

(12) $\lim_{x \to -\infty}\dfrac{4x - 1}{(x - 8)^2}$

02. 다음 함수가 주어진 점에서 연속인지 결정하라.

(1) $f(x)=3x^2-2x+1 : x=1$

(2) $f(x)=\dfrac{2x+1}{x-3} : x=0$

(3) $f(x)=\dfrac{x-2}{x+2} : x=2$

(4) $f(x)=\dfrac{x^2-9}{x-3} : x=3$

(5) $f(x)=\dfrac{\sqrt{x}-2}{x-4} : x=4$

(6) $f(x)=\begin{cases} x^2-2 & \text{만약 } x\le 2 \text{ 이면} \\ 3x-4 & \text{만약 } x>2 \text{ 이면} \end{cases} : x=2$

(7) $f(x)=\begin{cases} -x^2 & \text{만약 } x\le -2 \text{ 이면} \\ \dfrac{x^2-4}{x+2} & \text{만약 } x>-2 \text{ 이면} \end{cases} : x=-2$

(8) $f(x)=\begin{cases} x-1 & \text{만약 } x\le 1 \text{ 이면} \\ x+1 & \text{만약 } x>1 \text{ 이면} \end{cases} : x=1$

03. 다음 함수의 불연속점을 모두 구하라.

(1) $f(x)=x^2-4$

(2) $f(x)=\dfrac{x-1}{x+3}$

(3) $f(x)=\dfrac{x-5}{x^2+1}$

(4) $f(x)=\dfrac{x^2-4}{x^2-x-2}$

제 7 장

미분

제 7 장 미분

미분(differentiation)은 수학에서 가장 강력하고 유용한 개념 중의 하나이다. 실제로 미분의 개념은 최적화문제(optimization problems), 한계분석(marginal analysis), 경제적주문량(economic order quantity: EOQ) 계산 등을 포함하여 매우 다양한 분야에서 활용된다. 본 장에서는 평균변화율(average rate of change), 순간변화율(instantaneous rate of change), 도함수(derivatives), 다양한 도함수 공식들(various kinds of derivative formulas), 고차도함수(higher order derivatives), 로피탈의 정리(L'Hopital's theorem) 등에 대한 개념을 소개할 것이다.

7.1 도함수

본 절에서는 함수의 도함수와 관련된 여러 가지 개념들을 소개한다. 〈그림 7.1〉에 있는 함수 $y=f(x)$를 고려해보자. 이때 Δx와 $\Delta y=f(a+\Delta x)-f(a)$를 각각 x와 y의 증분(increment)이라고 한다.

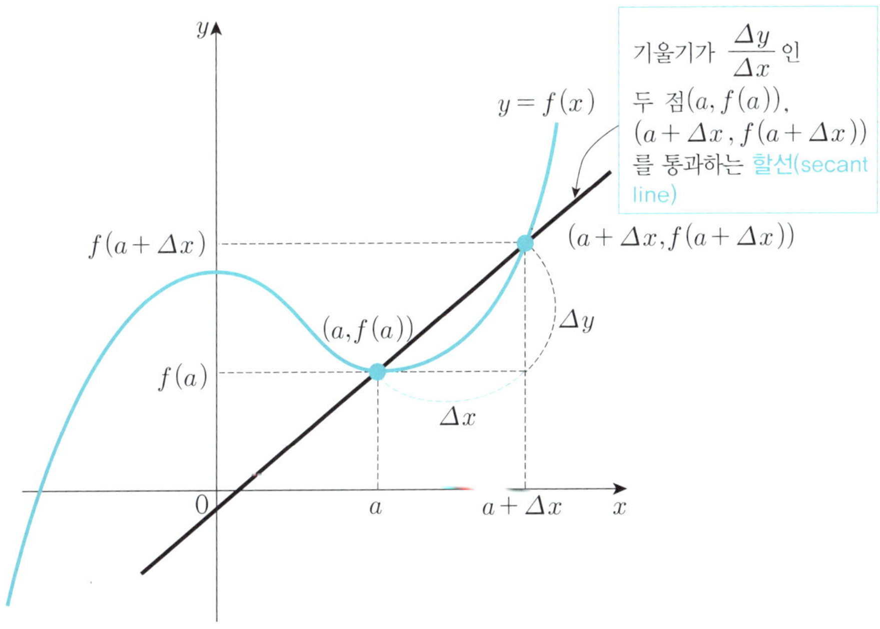

〈그림 7.1〉 평균변화율 $\frac{\Delta y}{\Delta x}$

그러면 평균변화율의 개념은 다음과 같이 정의된다.

정의 7.1 평균변화율(Average Rate of Change)

Δx와 Δy를 각각 x와 y의 증분이라고 할 때 $\frac{\Delta y}{\Delta x}=\frac{f(a+\Delta x)-f(a)}{\Delta x}$를 $x=a$로부터 $x=a+\Delta x$까지의 $y=f(x)$의 평균변화율이라고 한다.

$y=f(x)$의 평균변화율 $\frac{\Delta y}{\Delta x}$를 가끔 차분몫(difference quotient)이라고도 부른다. 또한 〈그림 7.1〉에서도 볼 수 있듯이 $\frac{\Delta y}{\Delta x}$는 $y=f(x)$의 그래프상의 두 점 $(a, f(a))$와 $(a+\Delta x, f(a+\Delta x))$를 통과하는 할선(secant line)의 기울기임에 유의해야 한다.

예제 7.1

$C(x) = 0.01x^2 + 2x + 100$을 상품 x단위를 생산하는 데 소요되는 용봉기업의 총비용함수라고 하자.

1) 첫 번째 100단위의 제품(즉, $x=1$부터 $x=100$까지의 제품)을 생산하는 데 소요되는 총비용의 평균변화율은 얼마인가?

풀이

먼저 첫 번째 100단위의 제품을 생산하는 데 소요되는 총비용은 $C(100) - C(0)$임에 유의하자. 이제 $y = C(x)$라고 하고 $a = 0$, $\Delta x = 100$이라고 하면 첫 번째 100단위의 제품을 생산하는 데 소요되는 총비용의 평균변화율은 다음과 같이 계산할 수 있다.

$$\frac{\Delta y}{\Delta x} = \frac{C(a+\Delta x) - C(a)}{\Delta x} = \frac{C(0+100) - C(0)}{100}$$

$$= \frac{\{0.01(100)^2 + 2(100) + 100\} - 100}{100} = \frac{300}{100} = 3\text{원/단위}$$

---

2) 두 번째 100단위의 제품(즉, $x=101$부터 $x=200$까지의 제품)을 생산하는 데 소요되는 총비용의 평균변화율은 얼마인가?

풀이

두 번째 100단위의 제품을 생산하는 데 소요되는 총비용은 $C(200) - C(100)$임에 유의하자. 이제 1)에서처럼 $y = C(x)$라고 하고 $a = 100$, $\Delta x = 200 - 100 = 100$이라고 하면, 두 번째 100단위의 제품을 생산하는 데 소요되는 총비용의 평균변화율은 다음과 같이 계산할 수 있다.

$$\frac{\Delta y}{\Delta x} = \frac{C(a+\Delta x) - C(a)}{\Delta x} = \frac{C(100+100) - C(100)}{100}$$

$$= \frac{\{0.01(200)^2 + 2(200) + 100\} - \{0.01(100)^2 + 2(100) + 100\}}{100}$$

$$= \frac{800 - 300}{100} = \frac{500}{100} = 5\text{원/단위}$$

정의 7.2 순간변화율(Instantaneous Rate of Change)

극한 $f'(a) \equiv \lim_{\Delta x \to 0} \frac{\Delta y}{\Delta x} = \lim_{\Delta x \to 0} \frac{f(a+\Delta x) - f(a)}{\Delta x}$ 가 존재할 때 이를 $x = a$에서 $y = f(x)$의 순간변화율이라고 한다.

$x = a$에서 $f(x)$의 순간변화율을 종종 $x = a$에서 $f(x)$의 미분계수(differential coefficient)라고도 한다. 특히, 만약 $f'(a)$가 존재한다면 f는 $x = a$에서 미분가능(differentiable)하다고 하며, 모든 $a \subset X$에 대해서 f가 미분가능하다면 f는 X상에서 미분가능한 함수(differentiable function on X)라고 한다.

또한 〈그림 7.2〉에서 볼 수 있듯이 $x = a$에서 $y = f(x)$의 순간변화율은 $y = f(x)$의 그래프상의 점 $(a, f(a))$에서 $y = f(x)$의 접선의 기울기(slope of the tangent line)라는 것에 유의해야 한다.

정의 7.3 도함수(Derivative)

$y = f(x)$로 정의되는 함수 $f: X \to Y$를 X상에서 미분가능한 함수라고 할 때

$f'(x) = \lim_{\Delta x \to 0} \frac{f(x+\Delta x) - f(x)}{\Delta x}$ 를 $f(x)$의 도함수라고 한다.

$f(x)$의 도함수 $f'(x)$는 종종 y', $\frac{d}{dx}f(x)$, 또는 $\frac{dy}{dx}$ 로 나타내고 이들은 "x에 대한 $f(x)$(또는 y)의 도함수(the derivative of $f(x)$ (or y) with respect to x)"라고 읽는다. 또한, $f(x)$의 도함수 $f'(x)$를 구하는 절차를 미분(differentiation)이라고 하며, 때때로 $f(x)$의 도함수 $f'(x)$를 구하는 것을 "$f(x)$를 x에 대해 미분한다"라고

말한다.

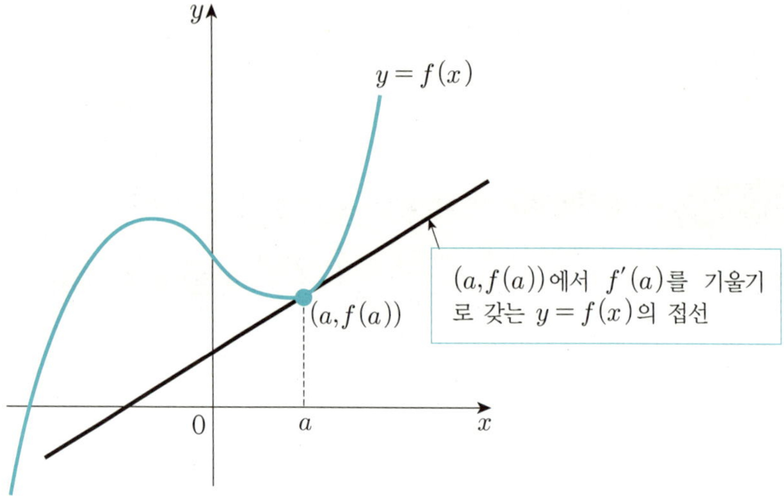

〈그림 7.2〉 $x=a$에서 $y=f(x)$의 순간변화율 $f'(a)$

도함수의 개념은 한계비용(marginal cost), 한계수익(marginal revenue), 한계이익(marginal profit), 그리고 경제적주문량(economic order quantities: EOQ)과 같은 다양한 경영관련 분야에 적용될 수 있다.

예제 7.2 ••• 한계비용(Marginal Cost)

한계비용은 어떤 제품을 추가적으로 한 단위 생산할 때 소요되는 비용이며, $C'(x)$를 x단위의 제품을 생산하는 데 소요되는 총비용이라고 할 때 한계비용은 $C'(x)$에 의해 근사적으로 구할 수 있다.

예를 들어, 예제 7.1에서 언급한 용봉기업의 총비용함수 $C'(x)=0.01x^2+2x+100$을 고려해보자. 이 경우 한계비용함수는 다음과 같이 구할 수 있다.

$$C'(x)=\lim_{\Delta x\to 0}\frac{C(x+\Delta x)-C(x)}{\Delta x}$$

$$= \lim_{\Delta x \to 0} \frac{\{0.01(x+\Delta x)^2 + 2(x+\Delta x) + 100\} - \{0.01x^2 + 2x + 100\}}{\Delta x}$$

$$= \lim_{\Delta x \to 0} \frac{0.01x^2 + (0.02x+2)\Delta x + 0.01(\Delta x)^2 - 0.01x^2}{\Delta x}$$

$$= \lim_{\Delta x \to 0} \{(0.02x+2) + 0.01\Delta x\}$$

$$= 0.02x + 2 + \lim_{\Delta x \to 0} (0.01\Delta x)$$

$$= 0.02x + 2$$

특히, $x = 500$이라고 하면 한계비용은 $C'(500) = 0.02 \times 500 + 2 = 12$임을 알 수 있으며, 이는 501-번째 제품을 생산하는 데 소요되는 비용은 근사적으로 12원임을 의미한다. 사실, 501-번째 제품을 생산하는 데 소요되는 실제 비용은 $C(501) - C(500) = \{0.01(501)^2 + 2 \times 501 + 100\} - \{0.01(500)^2 + 2 \times 500 + 100\} = 12.01$이며, 이는 $C'(500) = 12$원과 매우 근사치임을 알 수 있다.

예제 7.3 ●● **한계수익(Marginal Revenue)**

한계수익은 어떤 제품을 추가적으로 한 단위 판매할 때 발생되는 수익이며, $R(x)$를 x단위의 제품을 판매할 때 발생되는 총수익함수라고 할 때 한계수익은 $R'(x)$에 의해 근사적으로 구할 수 있다.

예를 들어, 용봉기업이 매일 x단위의 제품을 판매할 때 발생되는 총수익함수 $R(x) = -5x^2 + 1000x$가 주어져 있다고 할 때 한계수익함수는 다음과 같이 구해진다.

$$R'(x) = \lim_{\Delta x \to 0} \frac{R(x+\Delta x) - R(x)}{\Delta x}$$

$$= \lim_{\Delta x \to 0} \frac{\{-5(x+\Delta x)^2 + 1000(x+\Delta x)\} - (-5x^2 + 1000x)}{\Delta x}$$

$$= \lim_{\Delta x \to 0} \frac{-5x^2 + (-10x+1000)\Delta x - 5(\Delta x)^2 + 5x^2}{\Delta x}$$

$$= \lim_{\Delta x \to 0} \{(-10x + 1000) - 5\Delta x\}$$

$$= -10x + 1000 - \lim_{\Delta x \to 0} (5\Delta x)$$

$$= -10x + 1000$$

특히, $x = 50$일 때 한계수익은 $R'(50) = -10 \times 50 + 1000 = 500$임을 알 수 있으며, 이는 51-번째 제품을 판매함으로써 얻어지는 수익은 근사적으로 500원임을 의미한다.

사실, 51-번째 제품을 판매함으로써 얻어지는 실제 수익은 다음과 같이 계산되며, 이는 근사적으로 구해진 한계수익 $R'(50) = 500$원과 큰 차이가 없음을 알 수 있다.

$$\begin{aligned} R(51) - R(50) &= \{-5(51)^2 + 1000 \times 51\} - \{-5(50)^2 + 1000 \times 50\} \\ &= -5\{(51)^2 - (50)^2\} + 1000(51 - 50) \\ &= -5(51 - 50)(51 + 50) + 1000 \\ &= -505 + 1000 = 495\text{원} \end{aligned}$$

예제 7.4 한계이익(Marginal Profit)

한계이익은 어떤 제품을 추가적으로 한 단위 생산하여 판매할 때 발생되는 이익이다. $P(x)$를 x단위의 제품을 생산하여 판매할 때 발생되는 총이익함수라고 할 때 예제 7.2와 예제 7.3에 소개된 총비용함수 $C(x)$와 총수익함수 $R(x)$를 활용하여 $P(x) = R(x) - C(x)$로 나타낼 수 있다. 한계이익은 $P'(x)$에 의해 근사적으로 구할 수 있으며, $P'(x) = R'(x) - C'(x)$임을 쉽게 알 수 있는데 이에 대해서는 7.2절에서 상세히 다루기로 한다.

예를 들어 $R(x) = 500x$, $C(x) = x^2 + 100x + 50$이 주어져 있다고 하자. 그러면, $P(x) = R(x) - C(x) = 500x - (x^2 + 100x + 50) = -x^2 + 400x - 50$임을 알 수 있으며, 한계이익은 다음과 같이 구할 수 있다.

$$\begin{aligned} P'(x) &= \lim_{\Delta x \to 0} \frac{P(x+\Delta x) - P(x)}{\Delta x} \\ &= \lim_{\Delta x \to 0} \frac{\{-(x+\Delta x)^2 + 400(x+\Delta x) - 50\} - \{-x^2 + 400x - 50\}}{\Delta x} \\ &= \lim_{\Delta x \to 0} \frac{(-2x+400)\Delta x}{\Delta x} \\ &= -2x + 400 \end{aligned}$$

특히, $x=100$일 때 한계이익은 $P'(100)=-2\times100+400=200$으로 계산할 수 있으며, 이는 101-번째 제품을 생산하여 판매함으로써 얻어지는 이익은 근사적으로 200원임을 의미한다.

사실, 101-번째 제품을 생산하여 판매함으로써 얻어지는 실제 이익은 다음과 같이 구할 수 있으며, 이 또한 근사적으로 구해진 한계이익 $P'(100)=200$원과 큰 차이가 없음을 알 수 있다.

$$\begin{aligned} P(101) - P(100) &= \{-(101)^2 + 400\times101 - 50\} - \{-(100)^2 + 400\times100 - 50\} \\ &= (100)^2 - (101)^2 + 400(101-100) \\ &= (100-101)(100+101) + 400 = 198\text{원} \end{aligned}$$

아울러 $P'(x)<0$이기 위한 필요충분조건은 $-2x+400<0$(즉, $x>200$)이기 때문에 만약 200단위 이상의 제품을 생산하여 판매한다면 한계이익은 음수가 됨을 알 수 있다(즉, 총이익은 감소함을 알 수 있다).

지금까지 논의한 모든 함수들은 도함수를 갖는 함수들(즉, 미분가능한 함수들)이었음에 유의하자. 참고로, 불연속함수(discontinuous function)나 첨점(conrner point)을 갖는 함수 등과 같은 몇몇 함수들은 x의 특정값에서 미분가능하지 않을 수도 있다. 예를 들어, 다음의 예제들을 살펴보자.

예제 7.5

1) 불연속함수

다음과 같이 정의된 함수 $f(x)$가 주어져 있다고 하자.

$$f(x)=\begin{cases} 1 & \text{만약 } x \geq 0 \text{이면} \\ -1 & \text{그렇지 않으면} \end{cases}$$

그러면 〈그림 7.3〉에서 볼 수 있듯이 $f(x)$는 $x=0$에서 불연속임을 쉽게 알 수 있다.

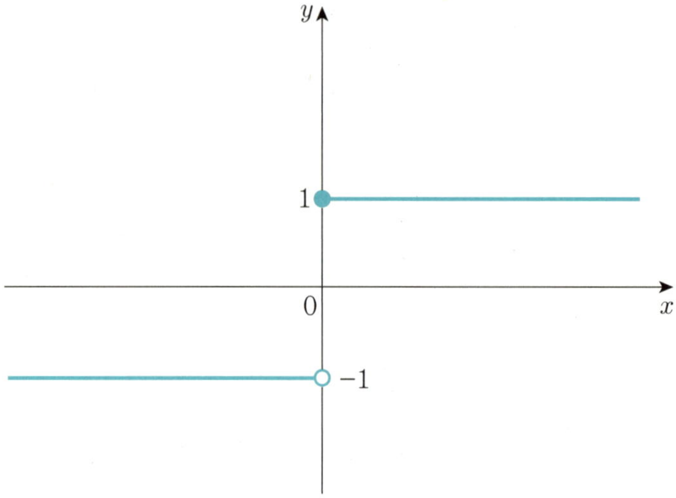

〈그림 7.3〉 불연속함수 $f(x)$의 그래프

또한, $f'(0)=\lim\limits_{\Delta x\to 0}\dfrac{f(0+\Delta x)-f(0)}{\Delta x}$이 존재하지 않기 때문에 $f(x)$는 $x=0$에서 미분가능하지 않다. 실제로, $\lim\limits_{\Delta x\to 0+}\dfrac{f(0+\Delta x)-f(0)}{\Delta x}=\lim\limits_{\Delta x\to 0+}\dfrac{1-1}{\Delta x}=0$이지만 $\lim\limits_{\Delta x\to 0^-}\dfrac{f(0+\Delta x)-f(0)}{\Delta x}=\lim\limits_{\Delta x\to 0-}\dfrac{-1-1}{\Delta x}=\lim\limits_{\Delta x\to 0-}\dfrac{-2}{\Delta x}=+\infty$이기 때문에, $\lim\limits_{\Delta x\to 0}\dfrac{f(0+\Delta x)-f(0)}{\Delta x}$은 존재하지 않는다.

2) 첨점을 갖는 함수

다음과 같이 정의된 함수 $g(x)$가 주어져 있다고 하자.

$$g(x) = |x| = \begin{cases} x & \text{만약 } x \geq 0 \text{이면} \\ -x & \text{그렇지 않으면} \end{cases}$$

그러면 〈그림 7.4〉에서도 볼 수 있듯이 $g(x)$의 그래프는 $x = 0$에서 첨점이 존재하며, 다음과 같이 연속함수가 되기 위한 세 가지 조건을 만족하기 때문에 $g(x)$는 $x = 0$에서 연속이다.

i) $g(0) = 0$이 잘 정의된다.

ii) $\lim\limits_{x \to 0+} g(x) = \lim\limits_{x \to 0+} x = 0$이고 $\lim\limits_{x \to 0-} g(x) = \lim\limits_{x \to 0-} (-x) = 0$이므로 $\lim\limits_{x \to 0} g(x) = 0$ 이 존재한다.

iii) $\lim\limits_{x \to 0} g(x) = g(0)$이 성립한다.

하지만 $g'(0) = \lim\limits_{\Delta x \to 0} \dfrac{g(0+\Delta x) - g(0)}{\Delta x}$이 존재하지 않기 때문에 $g(x)$는 $x = 0$에서 미분가능하지 않다. 실제로, $\lim\limits_{\Delta x \to 0+} \dfrac{g(0+\Delta x) - g(0)}{\Delta x} = \lim\limits_{\Delta x \to 0+} \dfrac{\Delta x - 0}{\Delta x} = 1$이고 $\lim\limits_{\Delta x \to 0-} \dfrac{g(0+\Delta x) - g(0)}{\Delta x} = \lim\limits_{\Delta x \to 0-} \dfrac{-\Delta x - 0}{\Delta x} = -1$이기 때문에 $\lim\limits_{\Delta x \to 0} \dfrac{g(0+\Delta x) - g(0)}{\Delta x}$은 존재하지 않는다.

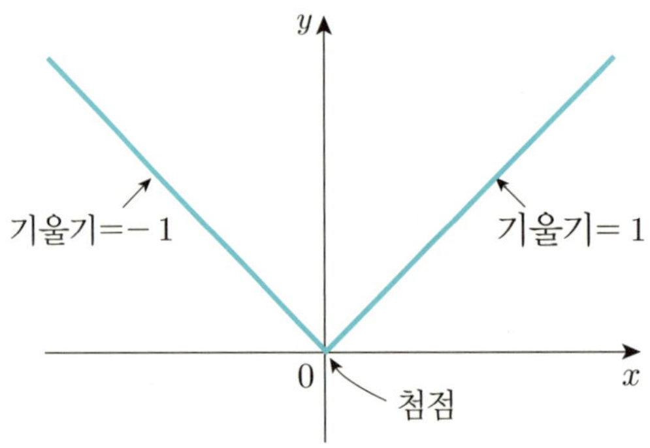

〈그림 7.4〉 $g(x)=|x|$의 그래프

일반적으로 다음의 정리가 성립한다.

정리 7.1

함수 $f: X \to Y$가 주어져 있다고 하고 $a \in X$라고 하자.
만약 f가 $x=a$에서 미분가능하면 f는 $x=a$에서 연속이다.

증명 | 본 정리에 대한 증명은 연습문제로 남겨두기로 한다.

예제 7.5 2)에서도 볼 수 있었듯이 정리 7.1의 역(converse)이 항상 참(true)은 아님(즉, f가 $x=a$에서 연속임에도 불구하고 $x=a$에서 미분가능하지 않을 수도 있음)에 유의해야 한다.

7.2 도함수 공식들

7.1절에서는 함수의 도함수에 대한 정의를 소개하였으며 정의를 이용하여 함수의 도함수를 구하는 방법을 설명하였다. 하지만 정의를 이용하여 함수의 도함수를 구하는 것은 매우 지루하고 시간이 많이 소요되므로 본 절에서는 함수의 도함수를 쉽게 구하는 데 활용할 수 있는 공식들을 소개한다. 본 절에서는 모든 함수들이 미분가능한 함수라고 가정한다.

정리 7.2

1) 상수함수의 도함수(Derivative of a Constant Function)
임의의 $c \in \mathbb{R}$에 대하여 $f(x) = c$라고 하면 $f'(x) = 0$이다.

2) 멱함수의 도함수(Derivative of a Power Function)
임의의 $n \in \mathbb{R}$에 대하여 $f(x) = x^n$이라고 하면 $f'(x) = nx^{n-1}$이다.

3) 상수 곱의 도함수(Derivative of a Constant Multiple)
임의의 $c \in \mathbb{R}$에 대하여 $y = cf(x)$라고 하면 $y' = cf'(x)$이다.

4) 합의 도함수(Derivative of a Sum)
$y = f(x) + g(x)$(또는 $y = f(x) - g(x)$)라고 하면
$y' = f'(x) + g'(x)$(또는 $y' = f'(x) - g'(x)$)이다.

5) 곱의 도함수(Derivative of a Product)
$y = f(x)g(x)$라고 하면 $y' = f'(x)g(x) + f(x)g'(x)$이다.

6) 분수함수의 도함수(Derivative of a Quotient)
$y = \dfrac{f(x)}{g(x)}$라고 하면 $y' = \dfrac{g(x)f'(x) - f(x)g'(x)}{g(x)^2}$이다.

증명 정의 7.3에 있는 도함수의 정의를 이용하여 모든 공식들을 증명할 수 있다. 여기에서는 편의상 5)만을 증명하고 나머지에 대한 증명은 연습문제로 남겨두기로 한다. 이제 $h(x) = f(x)g(x)$라고 하면 $h(x)$의 도함수 $h'(x)$는 정의 7.3에 의해 다음과 같이 구할 수 있다.

$$h'(x) = \lim_{\Delta x \to 0} \frac{h(x+\Delta x) - h(x)}{\Delta x} = \lim_{\Delta x \to 0} \frac{f(x+\Delta x)g(x+\Delta x) - f(x)g(x)}{\Delta x}$$

$$= \lim_{\Delta x \to 0} \frac{f(x+\Delta x)g(x+\Delta x) - g(x+\Delta x)f(x) + g(x+\Delta x)f(x) - f(x)g(x)}{\Delta x}$$

↑
(동일한 항 $g(x+\Delta x)f(x)$를 더하고 빼주는 연산에 의해)

$$= \lim_{\Delta x \to 0} \frac{\{f(x+\Delta x) - f(x)\}g(x+\Delta x) + f(x)\{g(x+\Delta x) - g(x)\}}{\Delta x}$$

$$= \lim_{\Delta x \to 0}\left\{\frac{f(x+\Delta x)-f(x)}{\Delta x}\right\}g(x+\Delta x)+\lim_{\Delta x \to 0} f(x)\left\{\frac{g(x+\Delta x)-g(x)}{\Delta x}\right\}$$

↑
(정리 6.1 4)에 의해)

$$= \left\{\lim_{\Delta x \to 0}\frac{f(x+\Delta x)-f(x)}{\Delta x}\right\}\left\{\lim_{\Delta x \to 0} g(x+\Delta x)\right\}+f(x)\left\{\lim_{\Delta x \to 0}\frac{g(x+\Delta x)-g(x)}{\Delta x}\right\}$$

↑
(정리 6.1 3)과 5)에 의해)

$$= f'(x)g(x)+f(x)g'(x)$$

참고로, $g(x)$는 미분가능한 함수라고 가정하였으므로 정리 7.1에 의해 연속함수이며, 결과적으로 정의 6.2 3)에 의해 $\lim_{\Delta x \to 0} g(x+\Delta x) = g(\lim_{\Delta x \to 0}(x+\Delta x)) = g(x)$ 이기 때문에 마지막 등호가 성립함에 유의하자.

예제 7.6

다음 함수의 도함수를 구하라.

1) $f(x) = x^3 + 2x + 5$

풀이

정리 7.2 1)~4)를 적용함으로써 $f(x)$의 도함수 $f'(x)$는 다음과 같이 쉽게 구할 수 있다.

$$\begin{aligned} f'(x) &= \frac{d}{dx}(x^3)+\frac{d}{dx}(2x)+\frac{d}{dx}(5) \\ &= 3x^{3-1}+2\times 1\times x^{1-1}+0 \\ &= 3x^2+2. \end{aligned}$$

---

2) $y=(x^5-2)(4x^2+x^{-3}+1)$

풀이

$$y'=\left\{\frac{d}{dx}(x^5-2)\right\}(4x^2+x^{-3}+1)+(x^5-2)\left\{\frac{d}{dx}(4x^2+x^{-3}+1)\right\}$$

↑
(정리 7.2 5)에 의해)

$$=(5x^4)(4x^2+x^{-3}+1)+(x^5-2)\{4\times2\times x^{2-1}+(-3)x^{-3-1}+0\}$$

↑
(정리 7.2 1) ~ 4)에 의해)

$$=(20x^6+5x+5x^4)+(x^5-2)(8x-3x^{-4})$$

$$=(20x^6+5x+5x^4)+8x^6-19x+6x^{-4}$$

$$=28x^6+5x^4-14x+6x^{-4}.$$

---

3) $y=\dfrac{3x^2+4x-5}{x+1}$

풀이

$$y'=\frac{(x+1)\left\{\frac{d}{dx}(3x^2+4x-5)\right\}-(3x^2+4x-5)\left\{\frac{d}{dx}(x+1)\right\}}{(x+1)^2}$$

↑
(정리 7.2 6)에 의해)

$$=\frac{(x+1)(6x+4)-(3x^2+4x-5)(1)}{(x+1)^2}$$

↑
(정리 7.2 1) ~ 4)에 의해)

$$=\frac{(6x^2+10x+4)-(3x^2+4x-5)}{(x+1)^2}$$

$$=\frac{3x^2+6x+9}{(x+1)^2}$$

$$=\frac{3(x^2+2x+3)}{(x+1)^2}.$$

이제 합성함수의 도함수를 구하는 데 매우 유용한 법칙인 연쇄법칙(chain rule)을 소개하며 편의상 이에 대한 공식적인 증명은 생략하기로 한다.

정리 7.3 연쇄법칙(Chain Rule)

함수 $f: X \to Y$와 $g: Y \to Z$를 각각 $y = f(x)$와 $z = g(y)$로 정의되는 미분가능한 함수라고 하자. 그러면 합성함수 $z = g \circ f(x)$는 X상에서 미분가능한 함수이며, 또한 합성함수의 x에 대한 도함수 $\frac{dz}{dx}$는 $\frac{dz}{dx} = \frac{dz}{dy}\frac{dy}{dx}$ (또는 $z' = \frac{dz}{dx} = g'(f(x))f'(x)$) 에 의해 구해진다.

예제 7.7

다음 함수의 도함수를 구하라.

1) $y = (x^2 - 3x + 1)^{10}$

풀이

$u = f(x) = x^2 - 3x + 1$이라고 하고 $y = g(u) = u^{10}$이라고 하자. 그러면 $g \circ f(x) = g(f(x)) = (x^2 - 3x + 1)^{10} = y$이므로 y는 함수 f와 g의 합성함수 $g \circ f(x)$로 간주할 수 있다. 따라서 정리 7.3의 연쇄법칙을 적용함으로써 y의 도함수 y'를 다음과 같이 구할 수 있다.

$$y' = \frac{dy}{dx} = \frac{dy}{du}\frac{du}{dx} = g'(u)f'(x)$$

↑ ($y = g(u)$이고 $u = f(x)$이므로)

$$= (10u^9)(2x - 3)$$

↑ (정리 7.2 1) ~ 4)에 의해)

$$= 10(x^2 - 3x + 1)^9 (2x - 3).$$

2) $z=(\frac{x-2}{x+1})^{\frac{1}{3}}$

풀이

$y=f(x)=\frac{x-2}{x+1}$라고 하고 $z=g(y)=y^{\frac{1}{3}}$이라고 할 때 $z=(\frac{x-2}{x+1})^{\frac{1}{3}}$는 합성함수 $g\circ f(x)$로 간주할 수 있다. 따라서 정리 7.3의 연쇄법칙에 의해 다음과 같이 z의 도함수 z'를 구할 수 있다.

$$z'=\frac{dz}{dx}=\frac{dz}{dy}\frac{dy}{dx}=g'(y)f'(x)$$

($z=g(y)$이고 $y=f(x)$이므로)

$$=(\frac{1}{3}y^{\frac{1}{3}-1})\frac{(x+1)\left\{\frac{d}{dx}(x-2)\right\}-(x-2)\left\{\frac{d}{dx}(x+1)\right\}}{(x+1)^2}$$

(정리 7.2 2)와 6)에 의해)

$$=(\frac{1}{3}y^{-\frac{2}{3}})\frac{(x+1)(1)-(x-2)(1)}{(x+1)^2}$$

(정리 7.2 1) ~ 4)에 의해)

$$=\left\{\frac{1}{3}(\frac{x-2}{x+1})^{-\frac{2}{3}}\right\}\frac{3}{(x+1)^2}$$

$$=\left\{\frac{(x-2)^{-\frac{2}{3}}}{(x+1)^{-\frac{2}{3}}}\right\}\frac{1}{(x+1)^2}$$

$$=\frac{(x-2)^{-\frac{2}{3}}}{(x+1)^{\frac{4}{3}}}=\frac{1}{(x-2)^{\frac{2}{3}}(x+1)^{\frac{4}{3}}}\ \left(\text{혹은 }=\left\{\frac{1}{(x-2)(x+1)^2}\right\}^{\frac{2}{3}}\right).$$

7.3 고차도함수

본 절에서는 고차도함수(혹은 고계도함수(higher order derivatives))에 대해 소개하고자 한다. $f(x)$를 미분가능한 함수라고 하면 x에 대한 $f(x)$의 도함수 $f'(x)$가 존재한다. 만약 $f'(x)$가 미분가능한 함수라고 하면 x에 대한 $f'(x)$의 도함수(즉, $f(x)$의 도함수의 도함수)가 존재하며 이를 $f(x)$의 2차도함수(혹은 2계도함수, second derivative)라고 하고 $f''(x)$ 또는 $\frac{d^2}{dx^2}(f(x))$로 나타낸다. 특히 $y=f(x)$라고 할 때 $f(x)$의 2차도함수를 $\frac{d^2y}{dx^2}$ 또는 y''로 나타낼 수 있다. 아울러 용어의 일관성을 유지하기 위해 $f(x)$의 도함수 $f'(x)$를 종종 $f(x)$의 1차도함수라고 부르기도 한다.

예제 7.8

다음 함수의 2차도함수를 구하라.

1) $f(x)=x^3-4x^2+2$

풀이

x에 대한 $f(x)$의 1차도함수 $f'(x)$는 다음과 같이 구할 수 있다.

$$f'(x)=3x^2-8x$$

↑

(정리 7.2 1) ~ 4)에 의해)

이제 다음과 같이 x에 대한 $f'(x)$의 도함수를 구함으로써 $f(x)$의 2차도함수 $f''(x)$는 쉽게 구할 수 있다.

$$f''(x)=6x-8$$

↑

(정리 7.2 1) ~ 4)에 의해)

2) $y=(x^2-5)^3$

풀이

x에 대한 y의 1차도함수 y'는 다음과 같이 구할 수 있다.

$$y'=\frac{dy}{dx}=3(x^2-5)^2\left\{\frac{d}{dx}(x^2-5)\right\}$$

↑ (정리 7.3의 연쇄법칙에 의해)

$$=3(x^2-5)^2(2x)=6x(x^2-5)^2$$

↑ (정리 7.2 1) ~ 4)에 의해)

이제 x에 대한 y'의 도함수를 구함으로써 x에 대한 y의 2차도함수 y''는 다음과 같이 구할 수 있다.

$$y''=\frac{d^2y}{dx^2}=\left\{\frac{d}{dx}(6x)\right\}(x^2-5)^2+(6x)\left\{\frac{d}{dx}(x^2-5)^2\right\}$$

↑ (정리 7.2 5)에 의해)

$$=(6)(x^2-5)^2+(6x)\{2(x^2-5)(2x)\}$$

↑ (정리 7.2 1) ~ 4)와 정리 7.3의 연쇄법칙에 의해)

$$=6(x^2-5)\{(x^2-5)+4x^2\}$$

$$=6(x^2-5)(5x^2-5)$$

$$=30(x^2-5)(x^2-1)$$

일반적으로 $f(x)$가 x에 대해 연속적으로 n번 미분가능한 함수라고 하면 $f(x)$를 x에 대해 연속적으로 n번 미분한 후에 얻어진 함수를 x에 대한 $f(x)$의 n-번째 도함수($n-th$ derivative) 또는 n차도함수(derivative of order n)라고 하고 $f^{(n)}(x)$ 또는 $\frac{d^n}{dx^n}(f(x))$로 나타낸다. 특히, $y=f(x)$라고 할 때 $f(x)$의 n차도함수를 $\frac{d^ny}{dx^n}$ 또는 $y^{(n)}$으로 나타낼 수 있다.

예제 7.9

$f(x)=5x^3+6x^2-2x+10$가 주어져 있다고 할 때 다음이 성립한다.

$$f'(x)=15x^2+12x-2$$
$$f''(x)=30x+12$$
$$f'''(x)=30 \ (\text{or } f^{(3)}(x)=30)$$
$$f^{(4)}(x)=f^{(5)}(x)=\cdots=0$$

7.4 로피탈 정리

본 절에서는 $\frac{0}{0}$ 또는 $\pm\frac{\infty}{\infty}$ 형태를 갖는 극한의 부정형(indeterminate form)을 구하는데 매우 유용한 로피탈 정리(L'Hopital's theorem) 혹은 로피탈 법칙(L'Hopital's rule)을 소개한다. 참고로, 분자와 분모의 극한이 동시에 0 또는 $\pm\infty$일 경우 분수함수의 극한은 $\frac{0}{0}$ 또는 $\pm\frac{\infty}{\infty}$ 형태의 부정형을 갖는다.

정리 7.4 로피탈 정리(L'Hopital's Theorem)

$f(x)$와 $g(x)$를 미분가능한 함수라고 하자. 만약 $\lim_{x\to a} f(x)=0$이고 $\lim_{x\to a} g(x)=0$이면(또는 $\lim_{x\to a} f(x)=\pm\infty$이고 $\lim_{x\to a} g(x)=\pm\infty$이면), $\lim_{x\to a}\frac{f(x)}{g(x)}=\lim_{x\to a}\frac{f'(x)}{g'(x)}$이다.

증명 | 본 정리에 대한 증명은 본 책의 범위를 벗어난 전문지식을 필요로 하므로 생략하기로 한다.

비고 7.1

정리 7.4에서 만약 $f'(x)$와 $g'(x)$가 미분가능한 함수이고 $\lim_{x \to a} f'(x) = 0$이고 $\lim_{x \to a} g'(x) = 0$이면(또는 $\lim_{x \to a} f'(x) = \pm\infty$이고 $\lim_{x \to a} g'(x) = \pm\infty$이면), 극한 $\lim_{x \to a} \frac{f'(x)}{g'(x)}$은 로피탈 정리를 적용함으로써 $\lim_{x \to a} \frac{f'(x)}{g'(x)} = \lim_{x \to a} \frac{f''(x)}{g''(x)}$로 구할 수 있음을 알 수 있다.

예제 7.10

다음 극한을 구하라.

1) $\lim_{x \to 1} \frac{x^5 + x^2 - 2}{x^3 - 1}$

풀이

$\lim_{x \to 1}(x^5 + x^2 - 2) = \lim_{x \to 1}(x^3 - 1) = 0$이기 때문에 극한은 $\frac{0}{0}$ 형태의 부정형이다. 따라서 정리 7.4의 로피탈 정리를 적용함으로써 다음과 같이 극한을 구할 수 있다.

$$\lim_{x \to 1} \frac{x^5 + x^2 - 2}{x^3 - 1} = \lim_{x \to 1} \frac{\frac{d}{dx}(x^5 + x^2 - 2)}{\frac{d}{dx}(x^3 - 1)} = \lim_{x \to 1} \frac{5x^4 + 2x}{3x^2} = \frac{\lim_{x \to 1}(5x^4 + 2x)}{\lim_{x \to 1}(3x^2)}.$$

(로피탈 정리에 의해) (정리 6.1 7)에 의해)

$$= \frac{5+2}{3} = \frac{7}{3}$$

또한 예제 6.4 2)에서 처럼 인수분해를 이용해서도 다음과 같이 극한을 구할 수 있음에 유의하자.

$$\lim_{x \to 1} \frac{x^5 + x^2 - 2}{x^3 - 1} = \lim_{x \to 1} \frac{(x-1)(x^4 + x^3 + x^2 + 2x + 2)}{(x-1)(x^2 + x + 1)}$$

$$= \lim_{x \to 1} \frac{(x^4 + x^3 + x^2 + 2x + 2)}{(x^2 + x + 1)}$$

$$= \frac{1+1+1+2+2}{1+1+1} = \frac{7}{3}$$

---

2) $\lim_{x \to \infty} \frac{3x^2 - 5x + 8}{4x^2 + 3x - 5}$

풀이

$\lim_{x \to \infty}(4x^2 + 3x - 5) = \lim_{x \to \infty}(3x^2 - 5x + 8) = +\infty$이기 때문에 극한은 $\frac{\infty}{\infty}$ 형태의 부정형이다. 따라서 극한은 로피탈 정리를 적용함으로써 다음과 같이 구할 수 있다.

$$\lim_{x \to \infty} \frac{3x^2 - 5x + 8}{4x^2 + 3x - 5} = \lim_{x \to \infty} \frac{\frac{d}{dx}(3x^2 - 5x + 8)}{\frac{d}{dx}(4x^2 + 3x - 5)} = \lim_{x \to \infty} \frac{6x - 5}{8x + 3}$$

↑
(로피탈 정리에 의해)

그런데 $\lim_{x \to \infty}(6x - 5) = \lim_{x \to \infty}(8x + 3) = \infty$이기 때문에 또다시 극한은 $\frac{\infty}{\infty}$ 형태의 부정형이다. 또한 $6x - 5$와 $8x + 3$ 모두 x에 대해 미분가능한 함수이므로 비고 7.1에서 언급하였듯이 로피탈 정리를 적용함으로써 극한 $\lim_{x \to \infty} \frac{6x - 5}{8x + 3}$은 다음과 같이 구할 수 있다.

$$\lim_{x \to \infty} \frac{6x - 5}{8x + 3} = \lim_{x \to \infty} \frac{\frac{d}{dx}(6x - 5)}{\frac{d}{dx}(8x + 3)} = \lim_{x \to \infty} \frac{6}{8} = \frac{6}{8} = \frac{3}{4}$$

↑
(로피탈 정리에 의해)

위 극한을 구하는 또 다른 방법은 예제 6.5에서처럼 x의 최고차수인 x^2으로 분자와 분모를 모두 나눈 후 다음과 같이 구할 수도 있음에 유의하자.

$$\lim_{x\to\infty}\frac{3x^2-5x+8}{4x^2+3x-5}=\lim_{x\to\infty}\frac{3-\frac{5}{x}+\frac{8}{x^2}}{4+\frac{3}{x}-\frac{5}{x^2}}$$

$$=\frac{\lim_{x\to\infty}(3-\frac{5}{x}+\frac{8}{x^2})}{\lim_{x\to\infty}(4+\frac{3}{x}-\frac{5}{x^2})}$$

↑
(정리 6.1 7)에 의해)

$$=\frac{3-0+0}{4+0-0}=\frac{3}{4}$$

↑
(정리 6.2 1)과 2)에 의해)

---

3) $\lim_{x\to-\infty}\frac{2x+1}{1-x}$

풀이

$\lim_{x\to-\infty}(1-x)=+\infty$이고 $\lim_{x\to-\infty}(2x+1)=-\infty$이기 때문에 극한은 $-\frac{\infty}{\infty}$ 형태의 부정형이다. 따라서 로피탈 정리를 적용함으로써 다음과 같이 극한을 구할 수 있다.

$$\lim_{x\to-\infty}\frac{2x+1}{1-x}=\lim_{x\to-\infty}\frac{\frac{d}{dx}(2x+1)}{\frac{d}{dx}(1-x)}=\lim_{x\to-\infty}\frac{2}{-1}=\frac{2}{-1}=-2$$

↑
(로피탈 정리에 의해)

연습문제

01. $C(x) = 0.04x^2 + 20x + 1{,}000$을 제품 x단위를 생산하는 데 소요되는 세화전자의 총비용함수라고 하자.

(1) 첫 번째 50단위의 제품을 생산하는 데 소요되는 총비용의 평균변화율은 얼마인가?

(2) 두 번째 50단위의 제품을 생산하는 데 소요되는 총비용의 평균변화율은 얼마인가?

(3) $x = 200$일 때 한계비용은 얼마인가?

(4) 201−번째 제품을 생산하는 데 소요되는 실제비용은 얼마인가? 또한 실제비용과 (3)에서 구한 한계비용을 비교해보라.

02. $R(x) = -3x^2 + 10{,}000x$를 제품 x단위를 판매하여 얻은 성일이노텍의 총수익함수라고 하자.

(1) x가 5단위에서 10단위로 증가할 때 총수익의 평균변화율은 얼마인가?

(2) $x = 1{,}000$일 때 한계수익은 얼마인가?

(3) 1001−번째 제품을 판매함으로써 얻어지는 실제수익은 얼마인가? 또한 실제수익과 (2)에서 구한 한계수익을 비교해보라.

03. $C(x) = 0.03x^2 + 2x + 50$과 $R(x) = -8x^2 + 1{,}500x$를 각각 영무건설의 총비용함수와 총수익함수라고 하자.

(1) $x = 50$일 때 한계이익은 얼마인가?

(2) 51−번째 제품을 생산하여 판매함으로써 얻어지는 실제이익은 얼마인가? 또한 실제이익과 (1)에서 구한 한계이익을 비교해보라.

04. 정리 7.1을 증명하여라.

05. 정리 7.2에서 5)를 제외한 1) ~ 6)을 증명하여라.

06. 다음 함수의 도함수를 구하라.

(1) $f(x)=4x^7-3x^5+6x^2+2x-5$

(2) $y=\dfrac{1}{x^3}-\dfrac{2}{\sqrt{x}}+\dfrac{3}{x}$

(3) $y=\dfrac{1}{5}x^4+x^{\frac{2}{3}}-\dfrac{1}{3x^2}+\dfrac{x}{2}+1$

(4) $f(x)=(x^4+3x+1)(\dfrac{1}{2}x^5-\dfrac{1}{3}x^3+\dfrac{1}{x}-3)$

(5) $f(x)=\dfrac{-2x^2+7x+5}{3x^2-4x+1}$

(6) $y=(x^2+1)(-2x-3)(x+6)$

(7) $f(x)=(x^2-5x+1)^5$

(8) $y=(\dfrac{x-7}{x^2+1})^{\frac{3}{2}}$

(9) $f(x)=\sqrt{\dfrac{x-2}{x+2}}$

(10) $y=(3x-5)^4(\dfrac{2}{4x-1})^3$

07. 다음 함수의 2차도함수를 구하라.

(1) $f(x)=3x^7-5x^4+6x^2-8x+1$

(2) $y=(4x^2+3)^5$

(3) $f(x)=(-8x^2+2)(3x^2-2x+1)$

(4) $y=(\dfrac{3x-1}{x+2})^4$

08. 로피탈 정리를 사용하여 다음의 극한을 구하라.

(1) $\lim_{x\to\infty}\left(\frac{x^2}{4x+1}-\frac{x}{4}\right)$

(2) $\lim_{x\to 4}\frac{x-4}{\sqrt{x}-2}$

(3) $\lim_{x\to\infty}\frac{3x^2-5x+6}{-7x^2+x-3}$

(4) $\lim_{x\to -\infty}\frac{3x+8}{x^3-5x^2+1}$

(5) $\lim_{x\to 0}\frac{(x-1)^4-1}{x}$

(6) $\lim_{x\to 0}\frac{(x-2)^2-5x-4}{(x-1)^3+1}$

(7) $\lim_{x\to\infty}\frac{(5x+1)^2-2}{(-2x-1)^2-3x-1}$

(8) $\lim_{x\to -3}\frac{(2x^2+6x)^2-3x-9}{(6+2x)^2}$

09. 극한 $\lim_{h\to 0}\frac{f(x+h)-f(x)}{h}$를 구하고 각 함수의 도함수와 비교하라.

(1) $f(x)=2x+3$

(2) $f(x)=1-5x$

(3) $f(x)=2x^2-7$

(4) $f(x)=-x^2+x-3$

(5) $f(x)=x^3+2x-1$

(6) $f(x)=8-x^3$

제 8 장 함수의 그래프

제 8 장 함수의 그래프

함수 $y=f(x)$의 그래프는 $(x, f(x))$ 형태의 평면에 있는 모든 점들의 집합이다. 함수의 그래프를 그려보는 것은 함수의 특성을 살펴보는 데 매우 유용하다. 실제로, 함수의 그래프를 그리는 주요 목적 중의 하나는 임계점(critical point), 변곡점(inflection point), 점근선(asymptote) 등과 같은 함수의 핵심 점들과 일반적인 특징들을 나타내봄으로써 다양한 응용문제들을 해결하는 데 활용해보고자 하는 것이다.

본 장에서 논의될 주요 주제들은 함수의 국소 최대값(local maxima)과 국소 최소값(local minima), 증가함수(increasing function)와 감소함수(decreasing function), 함수의 임계값(critical value)과 임계점(critical point), 그래프의 위로 오목(concave up)과 아래로 오목(concave down), 변곡점(inflection point), 수직점근선(vertical asymptote), 수평점근선(horizontal asymptote), 사선점근선(oblique asymptote), 그리고 그래프를 그리는 절차(the procedure for sketching graphs) 등과 관련된 개념들이다.

8.1 국소 극값

본 절에서는 함수의 그래프를 그리는 데 반드시 필요한 임계점과 변곡점을 찾는데 도함수의 개념이 어떻게 사용되는지에 대해 설명한다.

먼저, 함수의 국소 최대값과 국소 최소값의 개념을 소개한다(국소 최대값과 국소 최소값을 통틀어 국소 극값(local extrema)이라고 한다). 국소 극값에 대한 이론적인 정의를 소개하기 전에 〈그림 8.1〉에 주어진 함수의 그래프를 활용하여 이에 대한 개념을 직관적으로 살펴보기로 한다. 〈그림 8.1〉에서 함수의 국소 최대점 중의 하나는 함수의 그래프상에 있는 점 $(a, f(a))$이다. 왜냐하면 I_1을 $\mathbb{R}$상에 있는 a를 포함하는 임의의 매우 작은 구간(interval)이라고 할 때 모든 $x \in I_1 - \{a\}$에 대하여 그래프상의 점 $(x, f(x))$를 그래프상의 점 $(a, f(a))$의 근방점(neighboring point)이라고 하는데 $(a, f(a))$는 모든 근방점 $(x, f(x))$보다 더 높은 위치에 있기 때문이다. 반면에 함수의 국소 최소점 중의 하나는 함수의 그래프상에 있는 점 $(b, f(b))$가 되는데, 이는 I_2를 $\mathbb{R}$상에 있는 b를 포함하는 임의의 매우 작은 구간이라고 할 때 그래프상의 점 $(b, f(b))$는 모든 $x \in I_2 - \{b\}$에 대하여 근방점 $(x, f(x))$보다 더 낮은 위치에 있기 때문이다.

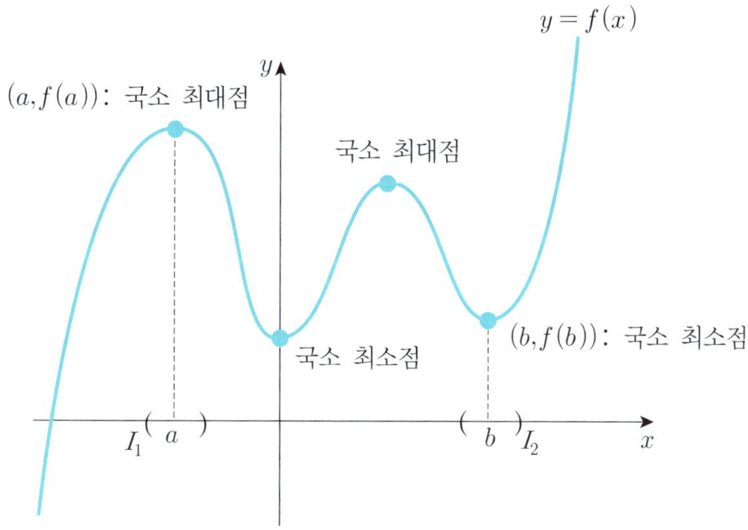

〈그림 8.1〉 국소 최대점과 국소 최소점

함수의 국소 최대값과 국소 최소값에 대한 공식적인 정의를 소개하기로 한다.

정의 8.1 **국소 극값(Local Extrema)**

함수 $f:\mathbb{R}\rightarrow\mathbb{R}$가 주어져 있고 $a,b\in\mathbb{R}$이라고 하자.

1) 모든 $x\in I_1$에 대하여 $f(x)\le f(a)$를 만족하면서 $a\in I_1\subseteq\mathbb{R}$을 만족하는 구간 I_1이 존재할 때 점 $(a,f(a))$를 함수 f의 국소 최대점(local maximum point)이라고 한다. 이 경우 "국소 최대값(local maximum)은 $x=a$에서 존재하며 국소 최대값은 $f(a)$이다"라고 말한다.
2) 모든 $x\in I_2$에 대하여 $f(x)\ge f(b)$를 만족하면서 $b\in I_2\subseteq\mathbb{R}$을 만족하는 구간 I_2가 존재할 때 점 $(b,f(b))$를 함수 f의 국소 최소점(local minimum point)이라고 한다. 이 경우 "국소 최소값(local minimum)은 $x=b$에서 존재하며 국소 최소값은 $f(b)$이다"라고 말한다.

〈그림 8.1〉에서도 볼 수 있듯이 국소 최대값과 국소 최소값이 전체 최대값(global maximum)이나 전체 최소값(global minimum)일 필요는 없음에 유의해야 한다.

이제 증가함수(increasing function)와 감소함수(decreasing function)의 개념을 살펴보기로 하자. 함수의 이름으로부터 쉽게 짐작할 수 있듯이 만약 함수 f의 그래프가 x값이 증가함에 따라 상승곡선을 그린다면(즉, $x_1<x_2$일 때 $f(x_1)<f(x_2)$이면) 함수 f를 증가함수라고 하고, 함수 f의 그래프가 x값이 증가함에 따라 하강곡선을 그린다면(즉, $x_1<x_2$일 때 $f(x_1)>f(x_2)$이면) 함수 f를 감소함수라고 한다. 사실, 증가함수와 감소함수는 다음과 같이 도함수의 개념을 활용해서도 정의할 수 있다.

정의 8.2 **증가함수와 감소함수(Increasing Function and Decreasing Function)**

함수 $f:\mathbb{R}\rightarrow\mathbb{R}$가 주어져 있고 $I\subseteq\mathbb{R}$인 구간 I에서 미분가능한 함수라고 하자.

1) 모든 $x\in I$에 대하여 $f'(x)>0$이 성립할 때 f를 구간 I에서 증가함수라고 한다.
2) 모든 $x\in I$에 대하여 $f'(x)<0$이 성립할 때 f를 구간 I에서 감소함수라고 한다.

7.1절에서도 살펴보았듯이 $f(x)$의 1차도함수 $f'(x)$는 $y=f(x)$의 그래프상의 점 $(x,f(x))$에서 접선의 기울기를 나타낸다. 따라서 만약 $f'(x)>0$이면 $y=f(x)$의

그래프상의 점 $(x, f(x))$에서 접선의 기울기는 양수이므로 〈그림 8.2〉의 a)와 b)에서 볼 수 있듯이 함수 $y=f(x)$는 증가함수임을 알 수 있다. 실제로, 만약 $f'(x)>0$이라고 하면 정의 7.3에 의해 $f'(x)=\lim_{\Delta x \to 0}\dfrac{f(x+\Delta x)-f(x)}{\Delta x}>0$이고 $\Delta x>0$이므로 $f(x+\Delta x)-f(x)>0$이 성립한다. 따라서 $x<x+\Delta x$이고 $f(x)<f(x+\Delta x)$이므로 함수 f는 증가함수임을 알 수 있다. 유사하게, 만약 $f'(x)<0$이면 $y=f(x)$의 그래프상의 점 $(x, f(x))$에서 접선의 기울기는 음수이므로 〈그림 8.2〉의 c)와 d)에서 볼 수 있듯이 함수 $y=f(x)$는 감소함수임을 알 수 있다.

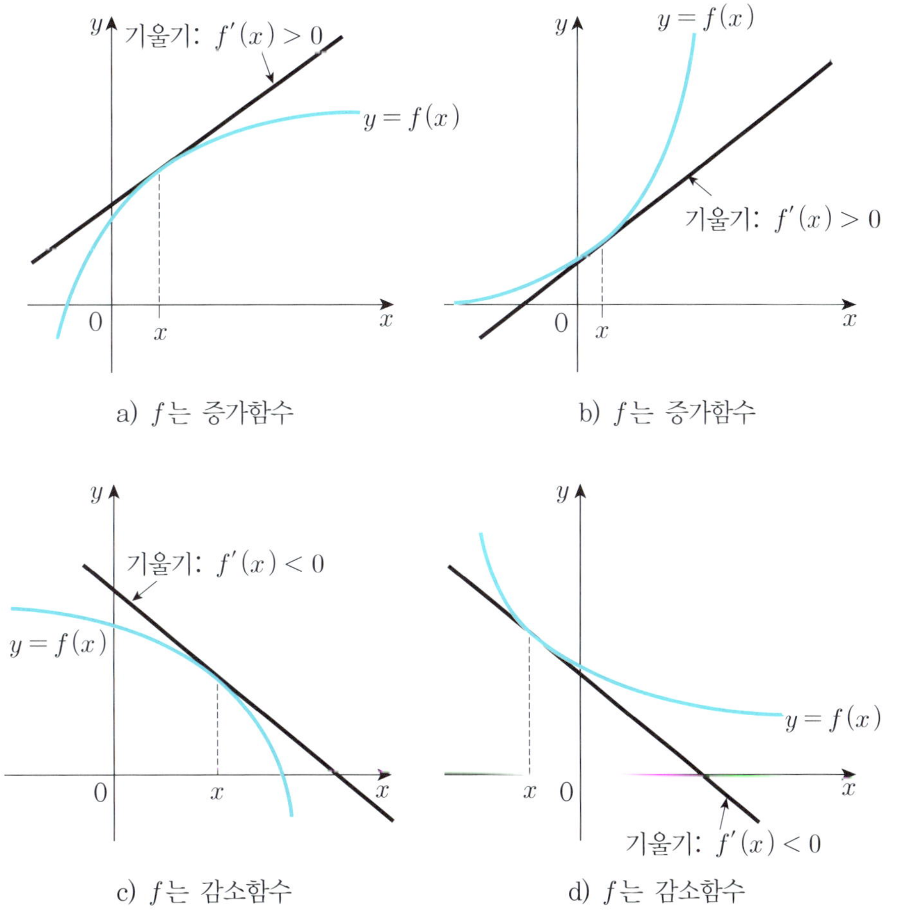

〈그림 8.2〉 증가함수와 감소함수

이제, 〈그림 8.3〉에서처럼 미분가능한 함수 $y = f(x)$의 그래프의 국소 최대점 $(a, f(a))$ 근방에서 x값이 증가함에 따라 $f'(x)$의 부호가 어떻게 바뀌는지에 대해 살펴보고 또한 국소 최대점 $(a, f(a))$에서 $f'(a)$는 어떤 성질을 만족해야 하는지에 대해 살펴보기로 한다.

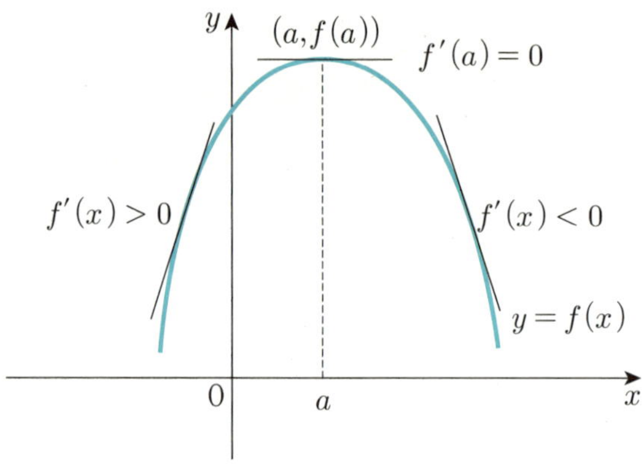

〈그림 8.3〉 국소 최대점 $(a, f(a))$

$y = f(x)$가 $x = a$에서 국소 최대값 $f(a)$를 갖는다고 하자. 그러면 〈그림 8.3〉에서도 볼 수 있듯이 $x < a$인 경우 f는 증가함수(즉, $x < a$인 모든 x에 대하여 $f'(x) > 0$)이며, $x > a$인 경우 f는 감소함수(즉, $x > a$인 모든 x에 대하여 $f'(x) < 0$)임을 알 수 있다. 따라서 x가 증가함에 따라 $f'(x)$의 부호가 양수에서 음수로 바뀌는데 이를 위해서는 반드시 $f'(x) = 0$을 만족하는 x가 존재해야 하며, 이는 바로 $x = a$(즉, $f'(a) = 0$)임을 알 수 있다. 결과적으로 f는 $f'(a) = 0$을 만족하는 $x = a$에서 국소 최대값 $f(a)$를 갖는다는 사실을 알 수 있다.

이와 유사하게 〈그림 8.1〉에서처럼 $(b, f(b))$가 국소 최소점이라고 할 때 f는 $f'(b) = 0$을 만족하는 $x = b$에서 국소 최소값 $f(b)$를 갖는다는 사실을 알 수 있다.

하지만 한 가지 유의해야 할 점은 만약 함수가 미분가능한 함수가 아니라면 비록 함수의 국소 최대점이나 국소 최소점이 존재한다 하더라도 반드시 $f'(x) = 0$을 만족하는 x가 존재하는 것은 아니라는 것이다. 예컨대, 〈그림 8.4〉에서처럼 $g(x)$가 $x = a$에서 첨점(corner point) $(a, g(a))$를 갖는 $y = g(x)$의 그래프를 고려해보자.

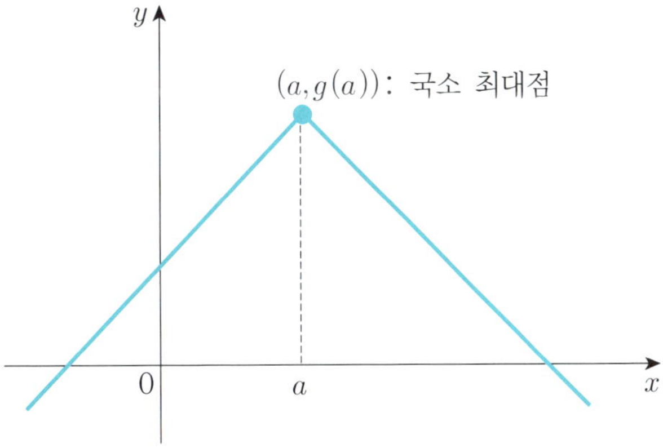

〈그림 8.4〉 첨점에서의 국소 최대점

예제 7.5의 2)에서도 논의하였듯이 $g(x)$는 $x=a$에서 미분가능하지 않으므로 $g(x)$는 $x=a$에서 국소 최대값을 가짐에도 불구하고 $g'(a)$가 존재하지 않는다.

결과적으로, 다음의 정리가 성립한다.

정리 8.1

$f(x)$가 $x=a$에서 국소 극값(즉, 국소 최대값 또는 국소 최소값)을 갖는다고 가정하자. 그러면 $f'(a)=0$이거나 $f'(a)$는 존재하지 않는다.

이제 함수의 임계값(critical value)과 임계점(critical point)을 정의한다.

정의 8.3 임계값과 임계점(Critical Value and Critical Point)

$x=a$에서 $f'(a)=0$이거나 또는 $f'(a)$가 존재하지 않을 경우 $x=a$를 $f(x)$의 임계값이라고 하며, $(a, f(a))$을 $f(x)$의 임계점이라고 한다.

비고 8.1

1) 만약 f가 미분가능한 함수라면 $f'(x)=0$을 만족하는 x값(즉, $f'(x)=0$의 해)은 $f(x)$의 임계값이다.
2) 정의 8.3에서 만약 임계값 $x=a$에서 $f'(a)$가 존재하지 않으면 임계점 $(a, f(a))$는 첨점이거나 또는 함수 f가 $x=a$에서 불연속이다.
3) 함수의 임계점들은 모든 가능한 함수의 국소 극값들이다.

예제 8.1

함수 $f(x)=2x^3+2x^2-2x+1$의 임계점을 구하라.

풀이

먼저, $f(x)$의 도함수를 구하면 $f'(x)=6x^2+4x-2$이다.

다음으로, $f(x)$의 임계점을 구하기 위해 다음과 같이 $f'(x)=0$을 만족하는 임계값 x를 구한다.

$$\begin{aligned} f'(x) &= 0 \Rightarrow 6x^2+4x-2=0 \\ &\Rightarrow 2(3x^2+2x-1)=2(3x-1)(x+1)=0 \\ &\Rightarrow x=\frac{1}{3} \text{ or } -1 \end{aligned}$$

따라서, $x=\frac{1}{3}$과 $x=-1$은 $f(x)$의 임계값이며 $f(\frac{1}{3})=\frac{17}{27}$이고 $f(-1)=3$이므로 $f(x)$의 임계점은 $(\frac{1}{3}, \frac{17}{27})$과 $(-1, 3)$이다.

예제 8.2 **경제적 주문량(Economic Order Quantity: EOQ)**

CNU 기념품샵에서는 기념품 재킷을 판매하는데 재킷에 대한 연간 수요를 충족시키기 위해 벤더에게 재킷을 일정량 주문한 후 이를 일시에 전량 납품받아 재고로 보유하여 판매한다고 하자. CNU 기념품샵에서는 연간 재킷 구매비용, 연간 재킷 주문비용, 연간 재킷 재고유지비용의 합으로 표현되는 총비용을 최소로 하는 주문량(경제적 주문량)을 구해보고자 한다. 사실 뒤에서도 설명하겠지만 경제적 주문량이란 주문비용과 재고유지비용의 합을 최소로 하는 주문량을 의미한다. 편의상, CNU 기념품샵의 경제적 주문량을 구하는 공식을 도출하기 위해 다음과 같은 기호를 사용한다.

1) TC: CNU 기념품샵의 총비용
2) D: CNU 기념품샵에서 필요로 하는 재킷에 대한 연간수요
3) C: 벤더로부터 재킷을 구매할 때 발생되는 단위당 재킷 구매비용
4) S: 벤더에게 재킷을 주문할 때마다 발생되는 1회 주문당 재킷 주문비용
5) H: 벤더로부터 주문량을 일시에 전량 납품받아 재고로 보유할 때 발생되는 평균재고의 단위당 재킷 재고유지비용
6) Q: 1회 재킷 주문량

그러면, 연간 재킷 구매비용은 $D \times C$, 연간 재킷 주문비용은 $\dfrac{D}{Q} \times S$, 연간 재킷 재고유지비용은 $\dfrac{Q}{2} \times H$임을 알 수 있으므로 CNU 기념품샵의 총비용은

$$TC = D \times C + \frac{D}{Q} \times S + \frac{Q}{2} \times H$$

임을 알 수 있다. 따라서 CNU 기념품샵의 총비용 TC는 Q의 함수(즉, $TC = TC(Q)$)이고 미분가능한 함수이므로 다음과 같이 TC의 임계값을 구함으로써 TC를 최소로 하는 주문량(경제적 주문량) Q^*를 구할 수 있다.

$$TC'(Q) = -\frac{D \times S}{Q^2} + \frac{H}{2} = 0$$

$$\Rightarrow Q^* = \sqrt{\frac{2DS}{H}}$$

아울러 경제적 주문량은 Q에 대한 TC의 1차도함수를 활용하므로 상수항인 연간

재킷 구매비용 $D\times C$는 경제적 주문량을 구할 때 전혀 영향을 주지 않는다. 따라서 일반적으로 경제적 주문량은 〈그림 8.5〉에서 보는 바와 같이 주문비용과 재고유지비용의 합을 최소로 하는 주문량으로 정의된다.

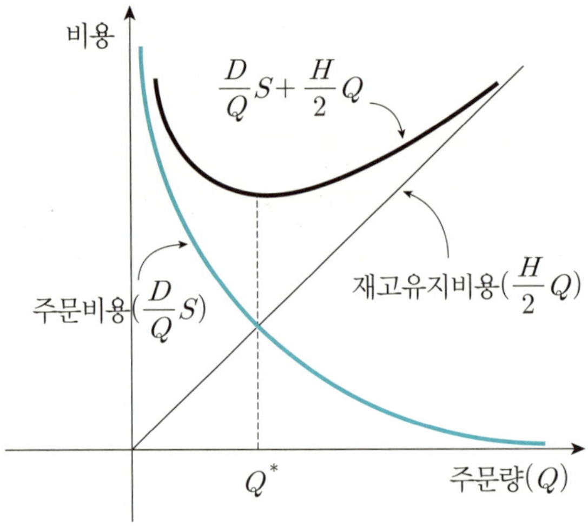

〈그림 8.5〉 경제적 주문량

예컨대, CNU 기념품샵은 벤더로부터 기념품 재킷을 단위당 20,000원에 납품받아 판매하는데 매년 재킷에 대한 수요가 1,500개라고 하자. 또한 주문비용은 매 주문당 10,000원이 발생하며 평균재고의 매년 단위당 재고유지비용은 3,000원이라고 하자. 만약 Q를 1회 재킷 주문량이라고 하면 CNU 기념품샵의 총비용 $TC(Q)$는 $TC(Q)=1,500\times 20,000+\frac{1,500}{Q}\times 10,000+\frac{Q}{2}\times 3,000$이며 경제적 주문량 Q^*는 $Q^*=\sqrt{\frac{2\times 1,500\times 10,000}{3,000}}=100$임을 알 수 있다.

예제 8.3 ●● **판매 최대화(Sales Maximization)**

CNU 회사의 판매량은 판매일수 x의 함수로써 $f(x)=\frac{2}{x+1}-\frac{6}{(x+1)^2}+3$으로 주어진다고 할 때 CNU 회사의 판매량이 최대로 될 때까지는 며칠이 소요되겠는가?

풀이

CNU 회사의 판매량이 언제 최대가 될 것인지를 찾기 위해서는 다음과 같이 1차도함수 $f'(x)$를 구한 다음 $f'(x)=0$의 해를 구해야 한다.

$$f'(x)=\frac{-2}{(x+1)^2}-\frac{-12(x+1)}{(x+1)^4}=\frac{-2(x+1)+12}{(x+1)^3}=\frac{-2x+10}{(x+1)^3}=0$$

$$\Rightarrow -2x+10=0 \Rightarrow x=5$$

따라서 5일 후에 CNU 회사의 판매량은 최대가 됨을 알 수 있다.

8.2 오목성 검사

이제 함수의 그래프를 그리는 데 매우 유용한 개념인 변곡점(inflection point)에 대해 소개하고자 한다. 변곡점의 개념을 소개하기 전에, 먼저 그래프의 위로 오목(concave up), 아래로 오목(concave down)의 개념을 소개한다. 때때로 위로 오목과 아래로 오목은 각각 아래로 볼록(convex down)과 위로 볼록(convex up)이라고 부르기도 한다.

정의 8.4 위로 오목과 아래로 오목(Concave Up and Concave Down)

함수 $y=f(x)$가 $I \subseteq \mathbb{R}$인 구간 I에서 미분가능한 함수라고 하자.

1) 만약 임의의 점 $x \in I$에 대하여 x가 증가함에 따라 $y=f(x)$의 그래프상의 점 $(x, f(x))$에서 접선의 기울기가 증가한다면 $y=f(x)$의 그래프는 구간 I에서 위로 오목이라고 한다.
2) 만약 임의의 점 $x \in I$에 대하여 x가 증가함에 따라 $y=f(x)$의 그래프상의 점 $(x, f(x))$에서 접선의 기울기가 감소한다면 $y=f(x)$의 그래프는 구간 I에서 아래로 오목이라고 한다.

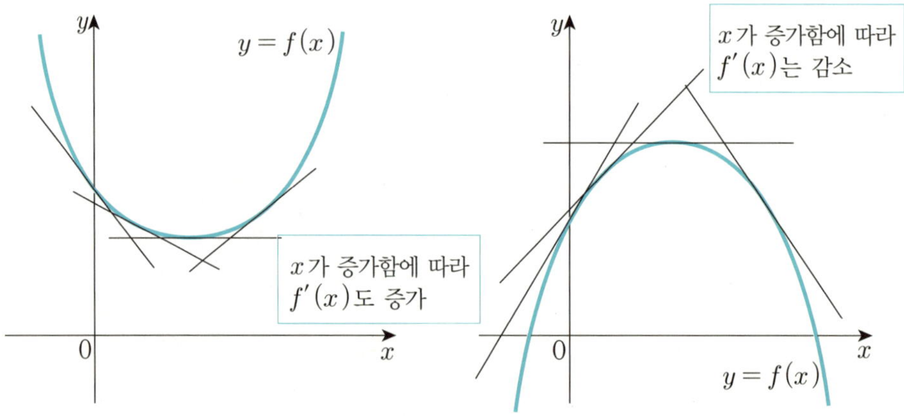

(1) 위로 오목(혹은 아래로 볼록) (2) 아래로 오목(혹은 위로 볼록)

〈그림 8.6〉 위로 오목과 아래로 오목

〈그림 8.6〉에서 볼 수 있는 바와 같이, 만약 $f(x)$의 그래프가 위로 오목이면 x가 증가함에 따라 $y=f(x)$의 그래프의 접선의 기울기(즉, $f'(x)$)가 증가하는 반면, $f(x)$의 그래프가 아래로 오목이면 x가 증가함에 따라 $y=f(x)$의 그래프의 접선의 기울기(즉, $f'(x)$)는 감소하는 것을 알 수 있다. 이는 만약 $f(x)$의 그래프가 위로 오목이면 $f(x)$의 1차도함수 $f'(x)$는 증가함수이고, $f(x)$의 그래프가 아래로 오목이면 $f(x)$의 1차도함수 $f'(x)$는 감소함수임을 의미한다.

결과적으로, 만약 $f''(x)$가 존재한다면 정의 8.2를 적용함으로써 $y=f(x)$의 그래프의 오목성을 결정하는데 $f(x)$의 2차도함수 $f''(x)$를 사용할 수 있음을 알 수 있다. 다음의 정리에서 이에 대해 상세히 소개한다.

정리 8.2 오목성 검사(Checking Concavity)

$I \subseteq \mathbb{R}$인 구간 I의 모든 $x \in I$에 대하여 $f(x)$의 1차도함수 $f'(x)$와 2차도함수 $f''(x)$가 존재한다고 가정하자. 그러면 다음이 성립한다.

1) 만약 임의의 $x \in I$에 대하여 $f''(x) > 0$이라면 $f(x)$의 그래프는 구간 I에서 위로 오목이다.
2) 만약 임의의 $x \in I$에 대하여 $f''(x) < 0$이라면 $f(x)$의 그래프는 구간 I에서 아래로 오목이다.

증명 편의상 1)에 대해서만 증명하기로 한다. 임의의 $x \in I$에 대하여 $f''(x) > 0$이라고 하자. 그러면 2차도함수의 정의에 의해 $f''(x) = \lim_{\Delta x \to 0} \frac{f'(x+\Delta x) - f'(x)}{\Delta x}$이고 $\Delta x > 0$이므로 $f'(x+\Delta x) - f'(x) > 0$(즉, $f'(x+\Delta x) > f'(x)$)이 성립한다. 따라서 임의의 $x \in I$에 대하여 x가 증가함에 따라 접선의 기울기가 증가하기 때문에 $f(x)$의 그래프는 구간 I에서 위로 오목이다.

참고로, 임의의 $a \in I$에 대하여 다음이 성립하면 "$y = f(x)$의 그래프는 점 $(a, f(a))$에서 위로 오목(또는 아래로 오목)하다"라고 말한다.

1) 만약 $f''(a) > 0$이라면 $f(x)$의 그래프는 점 $(a, f(a))$에서 위로 오목이다.

2) 만약 $f''(a) < 0$이라면 $f(x)$의 그래프는 점 $(a, f(a))$에서 아래로 오목이다.

예제 8.4

함수 $f(x) = \frac{1}{3}x^3 - 2x^2 + 3x + 1$이 주어져 있다고 하자.

그러면, $f'(x) = x^2 - 4x + 3$이고 $f''(x) = 2x - 4$이다. 이때 $f''(x) = 0$이면 $x = 2$임을 쉽게 알 수 있다. 또한, 만약 $x > 2$이면 $f''(x) > 0$이고, $x < 2$이면 $f''(x) < 0$이 성립한다. 따라서, 〈그림 8.7〉에서도 볼 수 있듯이 $f(x)$의 그래프는 $a > 2$인 임의의 점 (a, $f(a)$)에서 위로 오목이고 $b < 2$인 임의의 점 $(b, f(b))$에서 아래로 오목이다.

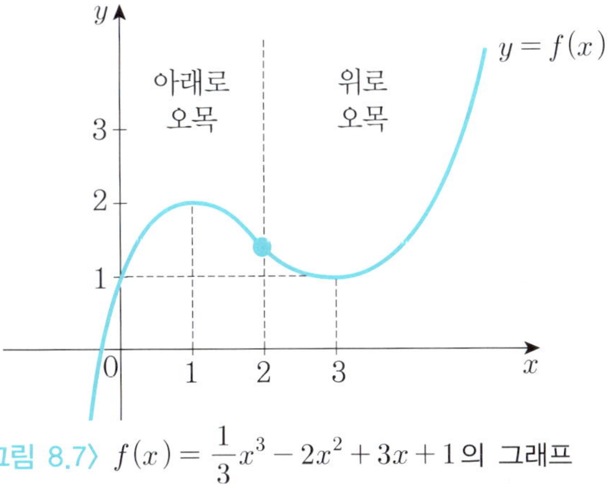

〈그림 8.7〉 $f(x) = \frac{1}{3}x^3 - 2x^2 + 3x + 1$의 그래프

정의 8.5 변곡점(Inflection Point)

만약 $f(x)$의 그래프상의 점 $(a, f(a))$에서 $f(x)$의 그래프의 오목성이 위로 오목에서 아래로 오목(혹은 아래로 오목에서 위로 오목)으로 변한다면 $(a, f(a))$를 변곡점이라고 한다.

예제 8.4에서 $f(x)$의 그래프상의 점 $(2, f(2)) = (2, \frac{5}{3})$에서 $f(x)$의 그래프가 아래로 오목에서 위로 오목으로 변하였으므로 $(2, \frac{5}{3})$는 변곡점임을 알 수 있다.

비고 8.2

정리 8.2와 정의 8.5로부터 만약 $f(x)$의 그래프상의 점 $(a, f(a))$가 변곡점이라면 $f''(a) = 0$임을 쉽게 알 수 있다. 하지만 그 역이 항상 성립하는 것은 아님을 유의해야 한다. 즉, 다음의 예제 8.5 2)에서 볼 수 있듯이 $f''(b) = 0$이지만 $(b, f(b))$가 변곡점이 아닌 $f(x)$의 그래프상의 점 $(b, f(b))$가 존재할 수도 있다는 것이다. 요약컨대, $f''(x) = 0$을 만족하는 모든 점 $(x, f(x))$(즉, 집합 $\{(x, f(x)) | f''(x) = 0\}$의 모든 원소)는 변곡점이 아니라 변곡점 후보(candidates)임에 유의해야 한다.

예제 8.5

다음의 두 함수를 고려해보자.

1) $f(x) = x^3$

이 경우 $f'(x) = 3x^2$이고 $f''(x) = 6x$이므로 $f''(x) = 0$이면 $x = 0$이다. 또한, 〈그림 8.8〉에서 볼 수 있는 것처럼 $f(x)$의 오목성이 $(0,0)$에서 아래로 오목에서 위로 오목으로 변하기 때문에(즉, $x < 0$이면 $f''(x) < 0$이고, $x > 0$이면 $f''(x) > 0$), $(0,0)$은 $f(x) = x^3$의 그래프의 변곡점이다.

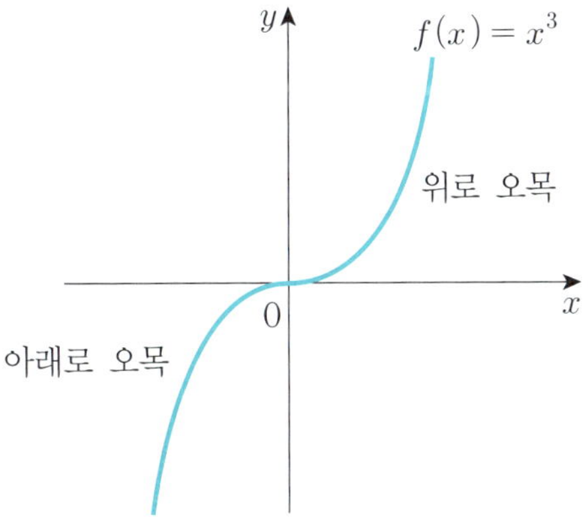

〈그림 8.8〉 $f(x) = x^3$의 그래프

2) $g(x) = x^4$

이 경우도 마찬가지로 $g'(x) = 4x^3$이고 $g''(x) = 12x^2$이므로 $g''(x) = 0$이면 $x = 0$이 성립한다. 하지만, 〈그림 8.9〉에서도 볼 수 있듯이 $g(x)$의 오목성이 $(0,0)$에서 변하지 않기 때문에 $(0,0)$은 $g(x) = x^4$의 그래프의 변곡점이 아님을 알 수 있다. 사실, $g(x)$는 모든 x에 대하여 $g''(x) > 0$(즉, 모든 x에 대하여 위로 오목)이다.

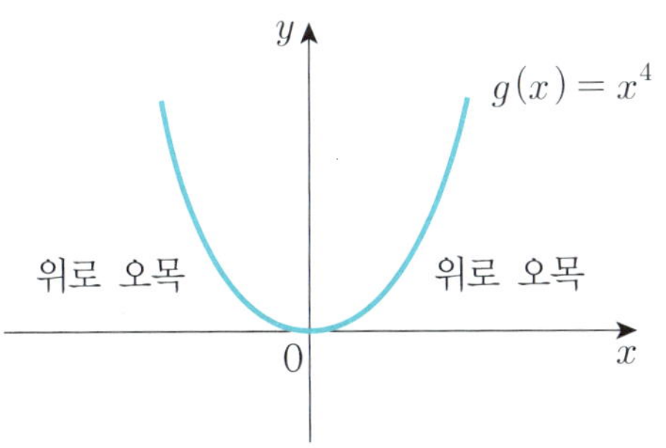

〈그림 8.9〉 $g(x) = x^4$이 그래프

8.3 그래프 그리기

이제 1차도함수와 2차도함수를 이용하여 함수 $f(x)$의 그래프를 그리는 방법을 소개하기로 하자. 함수의 그래프를 그릴 때 매우 중요한 과정 중의 하나는 〈표 8.1〉에 제시된 1차도함수의 부호와 2차도함수의 부호 간의 4가지의 조합을 활용하여 함수의 그래프의 형태를 파악하는 것이다.

〈표 8.1〉 $f'(x)$와 $f''(x)$의 부호에 기초한 $f(x)$의 그래프의 형태

$f'(x)$의 부호	$f(x)$의 증감 여부	$f''(x)$의 부호	$f(x)$의 오목성	$f(x)$의 그래프의 형태
$f'(x) > 0$	증가함수	$f''(x) > 0$	위로 오목	
		$f''(x) < 0$	아래로 오목	
$f'(x) < 0$	감소함수	$f''(x) > 0$	위로 오목	
		$f''(x) < 0$	아래로 오목	

실제로, 다음의 절차에 기초하여 모든 함수의 그래프를 그릴 수 있다.

(그래프 그리는 절차)

단계 1) 1차도함수 $f'(x)$를 구한 후 $f'(x) = 0$의 해(임계값)와 임계점을 구한다.

단계 2) 2차도함수 $f''(x)$를 구한 후 $f''(x) = 0$의 해(변곡점 후보들의 x-값들)를 구한다.

단계 3) 수평점근선과 수직점근선이 존재하는지를 살펴보고 만약 존재하면 이들을 찾는다.

단계 4) 위의 단계 1) ~ 단계 3)에서 구한 임계값, 변곡점 후보들, 그리고 수직점근선에 관련된 x-값들을 a, b, c라고 할 때 다음과 같은 표를 만들어 각 구간 $(-\infty, a)$, (a, b), (b, c), (c, ∞)에서의 $f'(x)$의 부호와 $f''(x)$의 부호를 확인한 후 〈표 8.1〉을 참조하여 $f(x)$의 그래프의 형태를 표시한다(편의상, $a < b < c$라고 가정한다).

x – 값		a		b		c	
$f'(x)$의 부호							
$f''(x)$의 부호							
$f(x)$의 그래프의 형태							

단계 5) 평면상에 x축과 y축을 각각 표시한 후(이를 xy-평면이라고 함) 만약 수직점근선(들)과 수평점근선(들)이 존재하면 이들을 먼저 xy-평면상에 그린다. 다음으로 만약 임계점(들)과 변곡점(들)이 존재하면 이들을 또한 xy-평면상에 표시한 후 단계 4)에서 구해진 각 구간별 $f(x)$의 그래프의 형태에 대한 정보들을 활용하여 임계점(들)과 변곡점(들)을 연결함으로써 $f(x)$의 그래프를 완성한다. 참고로, 함수의 그래프는 단지 점근선에 접근할 뿐 절대로 점근선에 닿거나 점근선을 통과하지 않게 그려야 함을 유의해야 한다.

예제 8.6

$f(x) = x^3 - 6x^2 + 2$의 그래프를 그려라.

풀이

단계 1) 다음과 같이 1차도함수 $f'(x)$를 구한 후 $f'(x) = 0$의 해를 구한다.

$$f'(x) = 3x^2 - 12x = 3x(x-4) = 0 \;\Rightarrow\; x = 0 \text{ 또는 } 4$$

따라서, 임계값은 $x = 0, 4$이며 임계점은 $(0, f(0)) = (0, 2)$과 $(4, f(4)) = (4, -30)$이다.

단계 2) 다음과 같이 2차도함수 $f''(x)$를 구한 후 $f''(x) = 0$의 해(변곡점 후보들의 x-값들)를 구한다.

$$f''(x) = 6x - 12 = 0 \;\Rightarrow\; x = 2$$

따라서 $(2, f(2)) = (2, -14)$는 변곡점 후보이다.

단계 3) $y = f(x)$의 그래프의 수평점근선과 수직점근선은 존재하지 않는다. 실제로, $\lim_{x \to \pm\infty} f(x) = \pm\infty$이므로 $y = f(x)$의 그래프의 수평점근선은 존재하지 않는다(비고 6.2 참조). 또한, $\lim_{x \to c} f(x) = +\infty$ 또는 $-\infty$를 만족하는 $x = c$가 존재하지 않기 때문에 $y = f(x)$의 그래프의 수직점근선도 존재하지 않는다(제6장 수직점근선에 대한 정의 참조).

단계 4) 단계 1)과 단계 2)에서 구한 임계값 $x=0, 4$와 변곡점 후보에 관련된 $x-$값 $x=2$를 이용하여 〈표 8.2〉를 준비한다.

〈표 8.2〉

x		0		2		4	
$f'(x)$							
$f''(x)$							
$f(x)$							

단계 4-1) ($f'(x)$의 부호 결정) 각 구간 $(-\infty,0)$, $(0,2)$, $(2,4)$, $(4,\infty)$에서의 $f'(x)$의 부호를 결정한다. 이를 위해 각 구간에 있는 임의의 한 값을 선택하여 그 값에서의 $f'(x)$의 부호를 확인함으로써 각 구간 전체에서의 $f'(x)$의 부호를 결정할 수 있다. 예컨대, 구간 $(-\infty,0)$에서의 $f'(x)$의 부호를 결정하기 위해 $-1\in(-\infty,0)$을 선택하고 $f'(-1)$의 부호를 확인하면 $f'(-1)=3(-1)(-1-4)=15>0$이므로 구간 $(-\infty,0)$에서의 $f'(x)$의 부호는 양수(즉, $f'(x)>0$)임을 알 수 있으며, 이를 〈표 8.3〉과 같이 구간 $(-\infty,0)$에서의 $f'(x)$의 부호와 관련된 칸에 "+"로 표시한다. 유사한 방법으로 $f'(1)<0$, $f'(3)<0$, 그리고 $f'(5)>0$임을 알 수 있기 때문에 〈표 8.3〉에 있는 구간 $(0,2)$와 $(2,4)$에서의 $f'(x)$의 부호와 관련된 칸에 "−"로 표시하고 구간 $(4,\infty)$에서의 $f'(x)$의 부호와 관련된 칸에 "+"로 표시한다.

단계 4-2) ($f''(x)$의 부호 결정) 단계 4-1)과 유사한 방법으로 $f''(-1)<0$, $f''(1)<0$, $f''(3)>0$, $f''(5)>0$임을 알 수 있기 때문에 〈표 8.3〉에 있는 구간 $(-\infty,0)$과 $(0,2)$에서의 $f''(x)$의 부호와 관련된 칸에 "−"로 표시하고 구간 $(2,4)$와 $(4,\infty)$에서의 $f''(x)$의 부호와 관련된 칸에 "+"로 표시한다.

단계 4-3) ($f(x)$의 그래프의 형태) 〈표 8.1〉을 참조하여 $f(x)$의 그래프의 형태를 〈표 8.3〉에 있는 각 구간 $(-\infty,0)$, $(0,2)$, $(2,4)$, $(4,\infty)$에서의 $f(x)$의 그래프의 형태와 관련된 칸에 표시한다. 이를 통해 〈표 8.3〉에서도 볼 수 있듯이 임계점

$(0, f(0)) = (0, 2)$는 $f(x)$의 국소 최대점이고 임계점 $(4, f(4)) = (4, -30)$은 $f(x)$의 국소 최소점이라는 것을 알 수 있다. 또한, 변곡점 후보인 $(2, f(2)) = (2, -14)$는 $f(x)$의 오목성이 $(2, -14)$에서 아래로 오목에서 위로 오목으로 변하기 때문에 변곡점이라는 사실도 알 수 있다.

〈표 8.3〉

x		0		2		4	
$f'(x)$	+		−		−		+
$f''(x)$	−		−		+		+
$f(x)$	↗(아래로 오목)	$(0,2)$:국소 최대점	↘(아래로 오목)	$(2,-14)$: 변곡점	↘(위로 오목)	$(4,-30)$: 국소 최소점	↗(위로 오목)

단계 5) xy−평면상에 국소 최대점 $(0, 2)$와 국소 최소점 $(4, -30)$, 그리고 변곡점 $(2, -14)$를 적절히 표시한 후 〈표 8.3〉에 주어진 각 구간에서의 $f(x)$의 그래프의 형태를 활용하여 국소 최대점, 국소 최소점, 변곡점 등을 연결함으로써 〈그림 8.10〉과 같이 $f(x)$의 그래프를 그릴 수 있다.

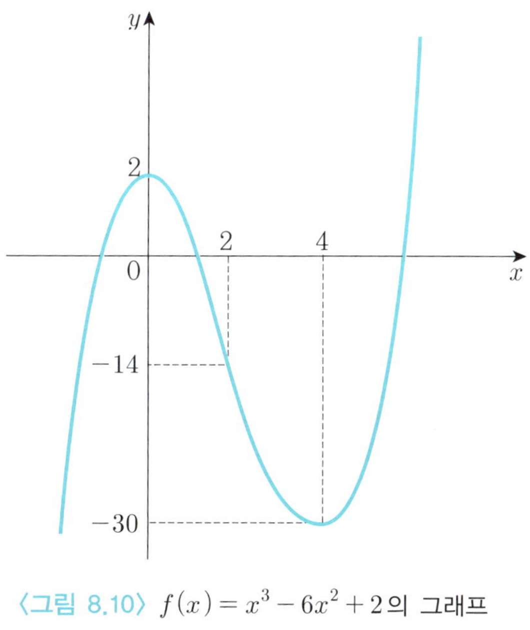

〈그림 8.10〉 $f(x) = x^3 - 6x^2 + 2$의 그래프

예제 8.7

$f(x)=\dfrac{x^2}{x^2-1}$의 그래프를 그려라.

풀이

단계 1) $f'(x)=\dfrac{(x^2-1)(2x)-x^2(2x)}{(x^2-1)^2}=\dfrac{-2x}{(x^2-1)^2}$이므로 $f'(x)=0$의 해는 $x=0$이다. 따라서 임계값은 $x=0$이고 임계점은 $(0,f(0))=(0,0)$이다.

단계 2) $f''(x)=\dfrac{(x^2-1)^2(-2)-(-2x)\{2(x^2-1)(2x)\}}{(x^2-1)^4}=\dfrac{(-2x^2+2)+8x^2}{(x^2-1)^3}$ $=\dfrac{6x^2+2}{(x^2-1)^3}$이고 $6x^2+2>0$ 이므로 $f''(x)=0$을 만족하는 x값은 존재하지 않는다. 따라서 변곡점은 존재하지 않는다.

단계 3) $x=+1$ 또는 $x=-1$에서 $f(x)$의 분모는 0이고 분자는 1이기 때문에(즉, $\lim\limits_{x\to+1} f(x)$와 $\lim\limits_{x\to-1} f(x)$가 존재하지 않기 때문에), $x=+1$과 $x=-1$은 $y=f(x)$의 그래프의 수직점근선이다. 이제 $y=f(x)$의 그래프의 수평점근선이 존재하는지를 살펴보기 위해 극한값 $\lim\limits_{x\to+\infty} f(x)$와 $\lim\limits_{x\to-\infty} f(x)$를 계산한다. 이때 각 극한값은 $+\dfrac{\infty}{\infty}$ 형태의 부정형이므로 정리 7.4의 로피탈 정리에 의해 다음과 같이 구할 수 있다.

$$\lim_{x\to+\infty}\frac{x^2}{x^2-1}=\lim_{x\to+\infty}\frac{2x}{2x}=1\,(\text{유사하게 }\lim_{x\to-\infty}\frac{x^2}{x^2-1}=1)$$

참고로, 위 극한값은 최고차승 x^2으로 분자와 분모를 나눔으로써 다음과 같이 구할 수도 있음을 유의하자.

$$\lim_{x\to+\infty}\frac{x^2}{x^2-1}=\lim_{x\to+\infty}\frac{1}{1-\frac{1}{x^2}}=\frac{1}{1-0}=1$$

따라서 $y=1$은 $y=f(x)$의 그래프의 수평점근선이다.

단계 4) 단계 1)과 단계 3)에서 구해진 임계값 $x=0$과 2개의 수직점근선 $x=+1$과 $x=-1$을 이용하여 〈표 8.4〉를 준비한다.

〈표 8.4〉

x		-1		0		1	
$f'(x)$							
$f''(x)$							
$f(x)$							

단계 4-1) ($f'(x)$의 부호 결정) 구간 $(-\infty,-1)$에 있는 임의의 수 $-2\in(-\infty,-1)$를 선택한 후 $f'(-2)$의 부호를 확인하면 $f'(-2)=\dfrac{-2(-2)}{\{(-2)^2-1\}^2}>0$임을 알 수 있으므로 이를 〈표 8.5〉와 같이 구간 $(-\infty,-1)$에서의 $f'(x)$의 부호와 관련된 칸에 "+"로 표시한다. 유사한 방법으로 각 구간 $(-1,0)$, $(0,1)$, $(1,\infty)$에 있는 임의의 수 $-\dfrac{1}{2}\in(-1,0)$, $\dfrac{1}{2}\in(0,1)$, $2\in(1,\infty)$를 선택한 후 $f'(x)$의 부호를 확인하면 $f'(-\dfrac{1}{2})>0$, $f'(\dfrac{1}{2})<0$, $f'(2)<0$ 임을 알 수 있다. 따라서 〈표 8.5〉와 같이 구간 $(-1,0)$에서의 $f'(x)$의 부호와 관련된 칸에는 "+"로, 구간 $(0,1)$과 $(1,\infty)$에서의 $f'(x)$의 부호와 관련된 칸에는 "−"로 각각 표시한다.

단계 4-2) ($f''(x)$의 부호 결정) ($f''(x)$의 부호) 단계 4-1)에서와 같은 방법으로 $f''(-2)>0$, $f''(-\dfrac{1}{2})<0$, $f''(\dfrac{1}{2})<0$, $f''(2)>0$임을 알 수 있기 때문에 〈표 8.5〉와 같이 구간 $(-\infty,-1)$과 $(1,\infty)$에서의 $f''(x)$의 부호와 관련된 칸에는 "+"로 표시하고 구간 $(-1,0)$과 $(0,1)$에서의 $f''(x)$의 부호와 관련된 칸에는 "−"로 표시한다.

단계 4–3) ($f(x)$의 그래프의 형태) 〈표 8.1〉을 참조하여 $f(x)$의 그래프의 형태를 〈표 8.5〉와 같이 각 구간에서의 $f(x)$의 그래프의 형태와 관련된 칸에 표시한다. 〈표 8.5〉에서도 볼 수 있듯이 임계점 $(0, f(0)) = (0, 0)$은 $f(x)$의 국소 최대점임을 알 수 있다.

〈표 8.5〉

x		-1		0		1	
$f'(x)$	$+$		$+$		$-$		$-$
$f''(x)$	$+$		$-$		$-$		$+$
$f(x)$		수직점근선		$(0,0)$:국소 최대점		수직점근선	

단계 5) 실제로 $f(x)$의 그래프를 그리기 위해서 먼저 수평점근선과 수직점근선을 그린 후 xy–평면상에 임계점 $(0, 0)$을 표시하고, 각 구간의 특정한 값을 활용하여 그래프가 위치해야 하는 장소를 결정한다. 예컨대, $(-2, f(-2)) = (-2, \frac{4}{3})$, $(2, f(2)) = (2, \frac{4}{3})$이라는 사실과 함수의 그래프는 단지 점근선에 접근할 뿐 절대로 점근선에 닿거나 점근선을 통과하지 않는다는 사실을 이용하여 구간 $(-\infty, -1)$과 $(1, \infty)$에서 $f(x)$의 그래프가 어디에 위치하는지를 결정할 수 있다. 이를 바탕으로 〈표 8.5〉에 주어진 각 구간에서의 $f(x)$의 그래프의 형태를 활용함으로써 〈그림 8.11〉과 같이 $f(x)$의 그래프를 그릴 수 있다.

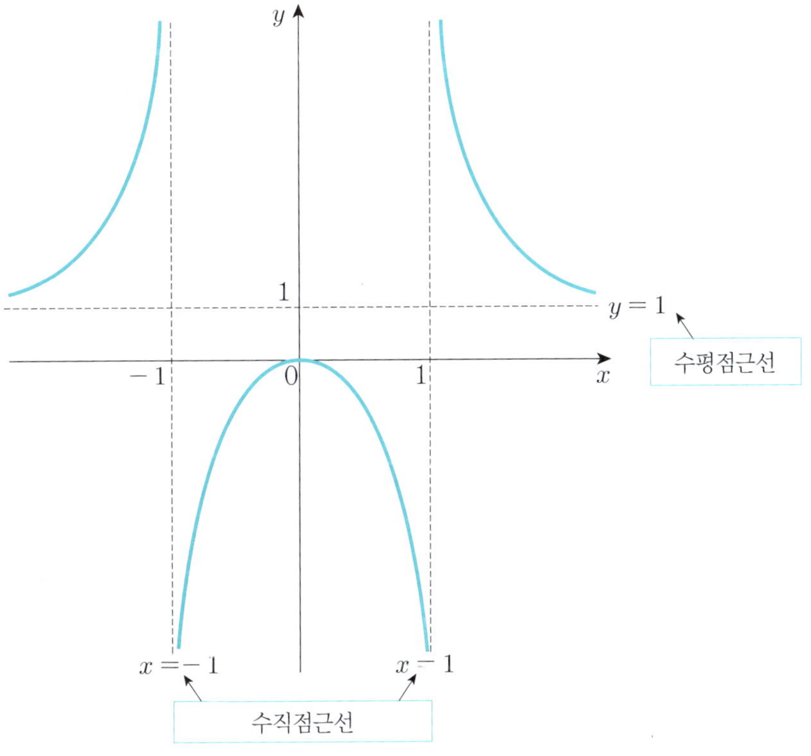

〈그림 8.11〉 $f(x) = \dfrac{x^2}{x^2-1}$의 그래프

이제 $h(x)$의 차수(degree)가 $g(x)$의 차수보다 정확히 하나 작은 경우 분수함수 $f(x) = \dfrac{g(x)}{h(x)}$를 고려해보자. 그러면 $g(x)$를 $h(x)$로 나눔으로써 $f(x)$를 다음과 같이 나타낼 수 있다.

$$f(x) = (ax+b) + \frac{q(x)}{h(x)}$$

이때 $a \neq 0$이고 $h(x)$의 차수가 $q(x)$의 차수보다 크다.

또한, x가 $\pm\infty$에 접근할 때 $\dfrac{q(x)}{h(x)}$는 0에 가까워지기 때문에 x가 $\pm\infty$에 접근할 때 $f(x)$는 $ax+b$를 따라 $\pm\infty$(혹은 $\mp\infty$)에 가까워지는 것을 알 수 있다. 이

경우 $y=ax+b$를 $y=f(x)$의 그래프의 사선점근선(oblique asymptote)이라고 한다. 만약 $f(x)$의 그래프의 사선점근선이 존재한다면 사선점근선을 고려함으로써 $f(x)$의 그래프를 좀 더 정확히 그릴 수 있다.

예제 8.8

$f(x)=\dfrac{x^2+1}{x}$의 그래프를 그려라.

풀이

단계 1) $f'(x)=\dfrac{x^2-1}{x^2}$이므로 $f'(x)=0$의 해는 $x=\pm 1$이다. 따라서 임계값은 $x=\pm 1$이며 임계점은 $(1,f(1))=(1,2)$와 $(-1,f(-1))=(-1,-2)$이다.

단계 2) $f''(x)=\dfrac{2}{x^3}$이기 때문에 $f''(x)=0$을 만족하는 x는 존재하지 않으므로 변곡점은 존재하지 않는다.

단계 3) $x=0$에서 $f(x)$의 분모는 0이고 분자는 1이기 때문에(즉, $\lim_{x\to 0} f(x)$가 존재하지 않기 때문에) $x=0$은 $y=f(x)$의 그래프의 수직점근선이다. 또한 $\lim_{x\to+\infty}\dfrac{x^2+1}{x}=\lim_{x\to+\infty}\left(x+\dfrac{1}{x}\right)=+\infty$이고 $\lim_{x\to-\infty}\dfrac{x^2+1}{x}=\lim_{x\to-\infty}\left(x+\dfrac{1}{x}\right)=-\infty$이기 때문에 $y=f(x)$의 그래프의 수평점근선은 존재하지 않는다.

한편, $f(x)$의 분모의 차수가 분자의 차수보다 정확히 하나 더 작으므로 분자를 분모로 나누면 $f(x)=x+\dfrac{1}{x}$로 나타낼 수 있으며, x가 $\pm\infty$에 접근할 때 $f(x)$는 x를 따라 $\pm\infty$에 가까워지므로 $y=x$는 $f(x)$의 그래프의 사선점근선임을 알 수 있다.

단계 4) 단계 1)과 단계 3)에서 얻어진 2개의 임계값 $x=\pm 1$과 수직점근선 $x=0$을 이용하여 〈표 8.6〉을 준비한다.

〈표 8.6〉

x		-1		0		1	
$f'(x)$							
$f''(x)$							
$f(x)$							

단계 4-1) ($f'(x)$의 부호 결정) 각 구간 $(-\infty,-1)$, $(-1,0)$, $(0,1)$, $(1,\infty)$에 있는 임의의 수 $-2\in(-\infty,-1)$, $-\frac{1}{2}\in(-1,0)$, $\frac{1}{2}\in(0,1)$, $2\in(1,\infty)$를 선택한 후 $f'(x)$의 부호를 확인하면 $f'(-2)>0$, $f'(-\frac{1}{2})<0$, $f'(\frac{1}{2})<0$, $f'(2)>0$ 임을 알 수 있다. 따라서 〈표 8.7〉과 같이 구간 $(-\infty,-1)$과 $(1,\infty)$에서의 $f'(x)$의 부호와 관련된 칸에는 "+"로, 구간 $(-1,0)$과 $(0,1)$에서의 $f'(x)$의 부호와 관련된 칸에는 "−"로 각각 표시한다.

단계 4-2) ($f''(x)$의 부호 결정) 각 구간 $(-\infty,-1)$, $(-1,0)$, $(0,1)$, $(1,\infty)$에 있는 임의의 수 $-2\in(-\infty,-1)$, $-\frac{1}{2}\in(-1,0)$, $\frac{1}{2}\in(0,1)$, $2\in(1,\infty)$를 선택한 후 $f''(x)$의 부호를 확인하면 $f''(-2)<0$, $f''(-\frac{1}{2})<0$, $f''(\frac{1}{2})>0$, $f''(2)>0$ 임을 알 수 있으므로 〈표 8.7〉과 같이 구간 $(-\infty,-1)$과 $(-1,0)$에서의 $f''(x)$의 부호와 관련된 칸에는 "−"로, 구간 $(0,1)$과 $(1,\infty)$에서의 $f''(x)$의 부호와 관련된 칸에는 "+"로 각각 표시한다.

단계 4-3) ($f(x)$의 그래프의 형태) 〈표 8.1〉을 참조함으로써 〈표 8.7〉과 같이 각 구간에서의 $f(x)$의 그래프의 형태를 관련된 칸에 표시할 수 있으며, 또한 임계점 $(-1,-2)$와 $(1,2)$는 각각 국소 최대점과 국소 최소점임을 알 수 있다.

〈표 8.7〉

x		-1		0		1	
$f'(x)$	$+$		$-$		$-$		$+$
$f''(x)$	$-$		$-$		$+$		$+$
$f(x)$		$(-1,-2)$: 국소 최대점		수직점근선		$(1,2)$: 국소 최소점	

단계 5) 그래프를 그리기 위해서 먼저 xy–평면상에 수직점근선 $x=0$과 사선점근선 $y=x$를 그린 후 국소 최대점과 국소 최소점에 대응되는 임계점 $(-1,-2)$와 $(1,2)$를 표시한다. 다음으로 〈표 8.7〉에 주어진 각 구간에서의 $f(x)$의 그래프의 형태를 활용함으로써 〈그림 8.12〉와 같이 $f(x)$의 그래프를 그릴 수 있다. 참고로, 수직점근선 $x=0$은 y축이므로 추가적으로 표시할 필요가 없음을 유의하자.

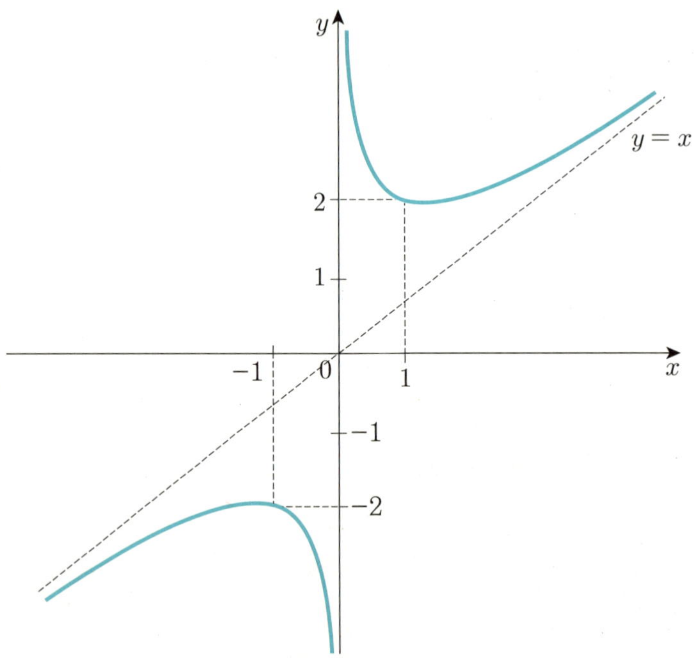

〈그림 8.12〉 $f(x)=\dfrac{x^2+1}{x}$의 그래프

연습문제

01. 다음 함수의 그래프를 그려라.

(1) $f(x) = x^2 - 4x + 3$

(2) $y = -x^3 + 3x + 5$

(3) $f(x) = x^4 - x^2$

(4) $y = \dfrac{2x+1}{x-2}$

(5) $f(x) = \dfrac{2x^2+4}{x}$

(6) $y = \dfrac{x}{x^2+4}$

(7) $f(x) = \dfrac{x^2+1}{x^2-4}$

(8) $y = \dfrac{x}{(x+1)^2}$

02. 유저오픈은 경영대학의 모든 복사기에 사용되는 복사용지를 공급자로부터 구매하여 조달한다고 하자. 유저오픈의 관리자는 재고유지비용과 주문비용의 합으로 구성되는 총비용을 최소로 하는 경제적주문량(EOQ)을 결정하고자 한다. 만약 Q를 주문량이라고 하고 총비용함수는 $TC(Q) = \dfrac{Q}{2} \times 15{,}000 + \dfrac{3{,}000}{Q} \times 20{,}000$으로 주어진다고 할 때 EOQ는 얼마인가?

03. 제품 x단위를 판매하여 얻은 우성기업의 총수익함수가 $R(x) = 1{,}000x + 20x^2 - 2x^3$으로 주어진다고 할 때 우성기업의 최대수익을 구하라.

04. 엘도라도 호텔의 총비용함수가 $C(x)=5x^2+\frac{10,000}{x}$ 으로 주어진다고 할 때 엘도라도 호텔의 최소비용을 구하라.

지수함수와 로그함수

제 9 장 지수함수와 로그함수

제2장에서 지수함수와 로그함수에 대해 간단히 소개하였다. 본 장에서는 지수함수와 로그함수의 특징을 좀 더 상세히 살펴보고, 지수함수와 로그함수의 도함수 구하는 방법과 지수함수와 로그함수를 포함하고 있는 함수들의 그래프 그리는 방법 등을 소개하고자 한다. 또한 지수함수와 로그함수를 활용하는 경영학 관련 응용분야 중의 하나로써 단리하에서의 원리금(balance under simple interest), 복리하에서의 원리금(balance under compound interest), 주기복리하에서의 원리금(balance under periodic compound interest), 연속복리하에서의 원리금(balance under continuously compound interest), 연금의 미래가치(future value of annuity), 선불연금의 미래가치(future value of annuity due), 연금의 현재가치(present value of annuity), 선불연금의 현재가치(present value of annuity due) 등의 개념들에 대해 살펴보고자 한다.

9.1 지수함수

제2장에서도 소개된 바와 같이, $a \in \mathbb{R}^+$이고 $a \neq 1$이라고 할 때 밑수(base)가 a인 지수함수는 $f(x) = a^x$로 정의된다. 이때 x를 지수(exponent)라고 한다. 〈표 9.1〉에서 볼 수 있듯이 지수함수 $f(x) = a^x$는 멱함수(power function) $g(x) = x^a$와 유사한 특징을 갖는다는 사실에 유의해야 한다.

이제, $a \in \mathbb{R}^+$이고 $a \neq 1$이라고 할 때 $f(x) = a^x$의 그래프를 그려보자. 예를 들어, 두 지수함수 $y = 2^x$와 $y = 3^x$를 고려해보자. 〈표 9.2〉에서도 볼 수 있듯이 x값

이 증가함에 따라 두 함수의 값도 증가(즉, 증가함수)하는 것을 알 수 있다.

〈표 9.1〉 지수함수와 멱함수의 특징

멱함수 ($x, y \in R^+$라고 가정)	지수함수 ($a \in R^+$, $a \neq 1$이라고 가정)
(1) $x^0 = 1$	$a^0 = 1$
(2) $x^m x^n = x^{m+n}$	$a^s a^t = a^{s+t}$
(3) $(x^m)^n = x^{mn}$	$(a^s)^t = a^{st}$
(4) $(\frac{y}{x})^m = \frac{y^m}{x^m}$	$(\frac{b}{a})^s = \frac{b^s}{a^s}$, $b \in R^+$
(5) $x^{-m} = \frac{1}{x^m}$	$a^{-s} = \frac{1}{a^s}$
(6) $\frac{x^m}{x^n} = x^{m-n}$	$\frac{a^t}{a^s} = a^{t-s}$

〈표 9.2〉 $y = 2^x$와 $y = 3^x$의 (x, y)값

x	$y = 2^x$	$y = 3^x$
⋮	⋮	⋮
-2	$2^{-2} = \frac{1}{4}$	$3^{-2} = \frac{1}{9}$
-1	$2^{-1} = \frac{1}{2}$	$3^{-1} = \frac{1}{3}$
0	$2^0 = 1$	$3^0 = 1$
1	$2^1 = 2$	$3^1 = 3$
2	$2^2 = 4$	$3^2 = 9$
⋮	⋮	⋮

〈표 9.2〉를 이용하여 xy−평면에 두 함수의 (x, y)값들을 표시하고 그 점들을 부드러운 곡선(smooth curve)으로 연결함으로써 〈그림 9.1〉과 같이 $y = 2^x$와 $y = 3^x$의 그래프를 그릴 수 있다. 이때 x가 $-\infty$에 접근할 때는 2^x와 3^x는 0에 접근하는 반면, x가 $+\infty$에 접근할 때는 2^x와 3^x는 $+\infty$에 접근함에 유의하자.

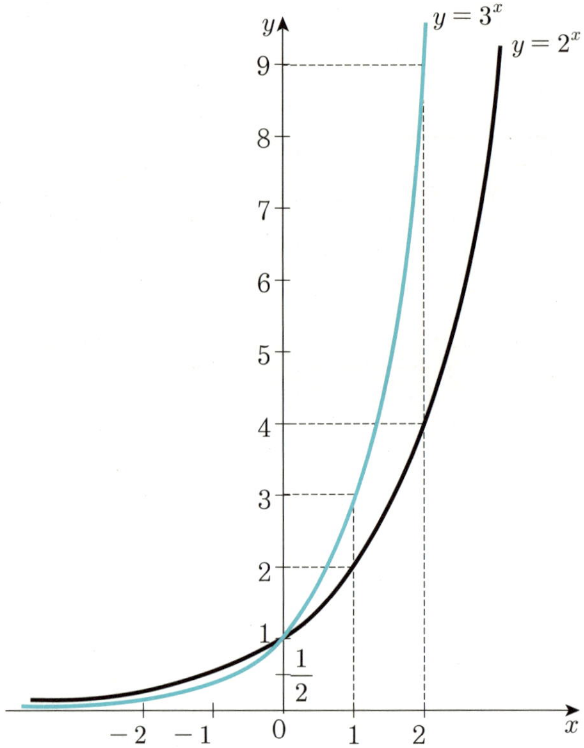

〈그림 9.1〉 $y = 2^x$ 과 $y = 3^x$ 의 그래프

〈표 9.3〉 $y = (\frac{1}{2})^x$ 와 $y = (\frac{1}{3})^x$ 의 (x, y)값

x	$y = (\frac{1}{2})^x$	$y = (\frac{1}{3})^x$
⋮	⋮	⋮
-2	$(\frac{1}{2})^{-2} = 4$	$(\frac{1}{3})^{-2} = 9$
-1	$(\frac{1}{2})^{-1} = 2$	$(\frac{1}{3})^{-1} = 3$
0	$(\frac{1}{2})^0 = 1$	$(\frac{1}{3})^0 = 1$
1	$(\frac{1}{2})^1 = \frac{1}{2}$	$(\frac{1}{3})^1 = \frac{1}{3}$
2	$(\frac{1}{2})^2 = \frac{1}{4}$	$(\frac{1}{3})^2 = \frac{1}{9}$
⋮	⋮	⋮

다음으로 두 지수함수 $y=(\frac{1}{2})^x$와 $y=(\frac{1}{3})^x$를 고려해보자. 〈표 9.3〉을 바탕으로 x값이 증가함에 따라 두 함수의 값은 감소(즉, 감소함수)하는 것을 알 수 있다. $y=2^x$와 $y=3^x$의 그래프를 그릴 때와 유사한 방법으로 〈표 9.3〉을 이용하여 xy-평면에 두 함수의 (x,y)값들을 표시하고 그 점들을 부드러운 곡선으로 연결함으로써 〈그림 9.2〉와 같이 $y=(\frac{1}{2})^x$와 $y=(\frac{1}{3})^x$의 그래프를 그릴 수 있다. 이때 x가 $-\infty$에 접근할 때는 $(\frac{1}{2})^x$와 $(\frac{1}{3})^x$는 $+\infty$에 접근하는 반면, x가 $+\infty$에 접근할 때는 $(\frac{1}{2})^x$와 $(\frac{1}{3})^x$는 0에 접근함에 유의하자.

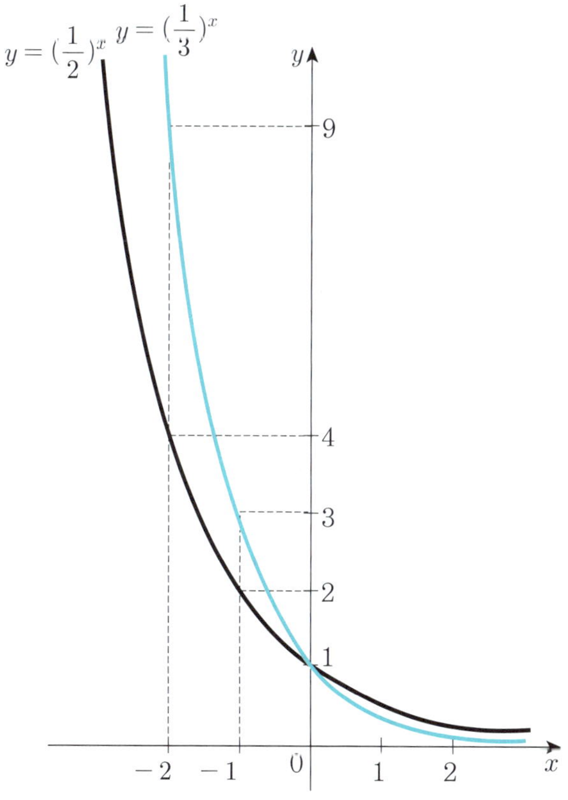

〈그림 9.2〉 $y=(\frac{1}{2})^x$과 $y=(\frac{1}{3})^x$의 그래프

비고 9.1

1) $a \in \mathbb{R}^+$라고 하자. 그러면 모든 $x \in \mathbb{R}$에 대해서 $a^x > 0$이다(즉, 지수함수 $y = a^x$는 $\mathbb{R}$에서 $\mathbb{R}^+$로의 전단사함수이다).
2) $y = a^x$의 그래프는 항상 $(0,1)$을 통과한다.
3) x축(즉, 직선 $y = 0$)은 $y = a^x$의 그래프의 수평점근선이다.
4) 만약 $a > 1$이면 $y = a^x$는 증가함수이다(즉, 만약 $x_1 < x_2$이면 모든 $x_1, x_2 \in \mathbb{R}$에 대해서 $a^{x_1} < a^{x_2}$이다).
5) 만약 $0 < a < 1$이면 $y = a^x$는 감소함수이다(즉, 만약 $x_1 < x_2$이면 모든 $x_1, x_2 \in \mathbb{R}$에 대해서 $a^{x_1} > a^{x_2}$이다).
6) k가 상수이고 e는 $e = \lim_{n\to\infty}(1+\frac{1}{n})^n$ (또는 $e = \lim_{n\to 0}(1+n)^{\frac{1}{n}}$) $\approx 2.71828182 \cdots$로 정의된 무리수라고 할 때 자연지수함수(natural exponential function) $y = e^{kx}$를 고려해보자. 만약 $k > 0$이면 $y = e^{kx}$는 $e^k > 1$이기 때문에 $a > 1$인 $y = a^x$와 같은 특징을 갖는다. 반면에, 만약 $k < 0$이면 $0 < e^k < 1$이기 때문에 $y = e^{kx}$는 $0 < a < 1$인 $y = a^x$와 같은 특징을 갖는다.

9.2 로그함수

제2장에서도 소개된 바와 같이, $a \in \mathbb{R}^+$, $a \neq 1$, $Dom(f) = \mathbb{R}^+$라고 할 때 밑수(base)가 a이고 진수(antilogarithm)가 x인 로그함수는 $x = a^{f(x)}$로 정의되고 $f(x) = \log_a x$로 나타낸다. 특히, $a = e$일 때 $f(x) = \log_e x$를 자연로그함수(natural logarithmic function)라고 하며 $f(x) = \ln x$로 나타낸다. 또한, $a = 10$일 때 $f(x) = \log_{10} x$를 상용로그함수(common logarithmic function)라고 하며, 특별한 경우를 제외하고는 상용로그함수와 자연로그함수의 값은 계산기를 사용하여 구할 수 있음에 유의하자.

예제 9.1

다음을 계산하라.

1) $\log_2 8$

풀이

$y=\log_2 8$ 이라고 하자. 그러면 정의에 의해 $8=2^y$ 이고 $2^3=8$ 이기 때문에 $y=3$ 임을 알 수 있다(즉, $\log_2 8=3$).

2) $\log_2(\frac{1}{16})$

풀이

$y=\log_2(\frac{1}{16})$ 라고 하자. 그러면 정의에 의해 $\frac{1}{16}=2^y$ 이고 $\frac{1}{16}=2^{-4}$ 이기 때문에 $y=-4$ 임을 알 수 있다(즉, $\log_2(\frac{1}{16})=-4$).

3) $\log_{10} 2$

풀이

계산기를 사용함으로써 $\log_{10} 2 \approx 0.3010$ 을 얻을 수 있다.

4) $\log_{10} 3$

풀이

계산기를 사용함으로써 $\log_{10} 3 \approx 0.4771$ 을 얻을 수 있다.

이제 로그(logarithm)의 몇 가지 특징들을 소개한다.

정리 9.1 로그의 특징(Properties of Logarithm)

$a \in R^+$, $a \neq 1$, $x > 0$, $y > 0$이라고 하자. 그러면 다음이 성립한다.

1) $\log_a a = 1$

2) $\log_a 1 = 0$

3) $\log_a x^n = n\log_a x$, $n \in R$

4) $\log_a xy = \log_a x + \log_a y$

5) $\log_a \dfrac{x}{y} = \log_a x - \log_a y$

6) $a^{\log_a x} = x$

증명 | 1)~5)에 대한 증명은 〈표 9.1〉에 주어진 지수함수의 성질을 사용하면 매우 쉽게 할 수 있기 때문에 연습문제로 남겨두기로 한다. 이제 6)을 증명하기 위하여 $\log_a x = t$라고 하자. 그러면 로그함수의 정의에 의해 $x = a^t$임을 알 수 있으며, 이는 곧 $x = a^{\log_a x}$임을 알 수 있다.

참고로, 6)을 증명하는 다른 방법은 제2장에서도 논의하였듯이 로그함수 $f(x) = \log_a x$는 지수함수 $g(x) = a^x$의 역함수라는 사실을 이용하는 것이다. 이 사실로부터, $g \circ f(x)$는 항등함수(즉, $g \circ f(x) = x$)라는 것을 알 수 있으며 $g \circ f(x) = g(f(x)) = a^{\log_a x}$이므로 $a^{\log_a x} = x$가 성립함을 알 수 있다.

정리 9.2 밑수의 변환(Change of Base)

$a, b \in R^+$, $a \neq 1$, $b \neq 1$이라고 하자. 그러면 다음이 성립한다.
$\log_a x = (\log_a b)(\log_b x)$.

증명 | $t = \log_b x$라고 하자. 그러면 로그함수의 정의에 의해 $x = b^t$이다. 만약 양변에 밑수가 a인 로그를 취하면 $\log_a x = \log_a b^t$가 되고 정리 9.1 3)에 의해 $\log_a b^t = t(\log_a b)$이므로 $(\log_a x) = (\log_b x)(\log_a b)$가 성립함을 알 수 있다.

비고 9.2

1) 정리 9.2에서 $x=a$라고 하자. 그러면 $\log_a a = (\log_a b)(\log_b a)$가 성립한다. 그런데 정리 9.1 1)에 의해 $\log_a a = 1$이므로 $\log_a b = \dfrac{1}{\log_b a}$이 성립한다.
2) 정리 9.2에서 $b=e$라고 하자. 그러면 $\log_a x = (\log_a e)(\log_e x)$가 성립한다. 그런데 $\log_a e = \dfrac{1}{\log_e a} = \dfrac{1}{\ln a}$이고 $\log_e x = \ln x$이므로 다음과 같이 밑수가 a인 로그함수를 자연로그함수로 나타낼 수 있음을 알 수 있다.

$$\log_a x = \frac{\ln x}{\ln a}$$

이제, $a \in \mathbb{R}^+$, $a \neq 1$이라고 할 때 $f(x) = \log_a x$의 그래프를 그려보자.

예를 들어, $y = \log_2 x$와 $y = \log_3 x$를 고려해보자. 〈표 9.4〉에서 볼 수 있듯이 x값이 증가함에 따라 두 함수의 값도 증가하는 것을 알 수 있다.

〈표 9.4〉 $y = \log_2 x$와 $y = \log_3 x$의 (x, y)값

x	$y=\log_2 x$	$y=\log_3 x$
0	정의되지 않음	정의되지 않음
⋮	⋮	⋮
$\frac{1}{9}$	-3.1701	-2
$\frac{1}{8}$	-3	-1.8926
$\frac{1}{4}$	-2	-1.2617
$\frac{1}{3}$	-1.5850	-1
$\frac{1}{2}$	-1	-0.6308
1	0	0
2	1	0.6308
3	1.5850	1
4	2	1.2617
8	3	1.8926
9	3.1701	2
⋮	⋮	⋮

예컨대, 〈표 9.4〉에서 $\log_2 3$ 은 다음과 같이 구할 수 있다.

$$\log_2 3 = \frac{\log_{10} 3}{\log_{10} 2} \approx \frac{0.4771}{0.3010} \approx 1.5850$$

↑
(정리 9.2에 의해)

9.1절에서 지수함수의 그래프를 그릴 때와 마찬가지로 〈표 9.4〉를 이용하여 xy-평면에 두 함수의 (x,y)값들을 표시하고 그 점들을 부드러운 곡선으로 연결함으로써 〈그림 9.3〉과 같이 $y=\log_2 x$ 와 $y=\log_3 x$ 의 그래프를 그릴 수 있다. 이때 x가 0의 우측으로부터 0에 접근할 때 $\log_2 x$ 와 $\log_3 x$ 는 $-\infty$로 접근하는 반면, x가 $+\infty$에 접근할 때 $\log_2 x$ 와 $\log_3 x$ 는 $+\infty$에 접근함에 유의하자.

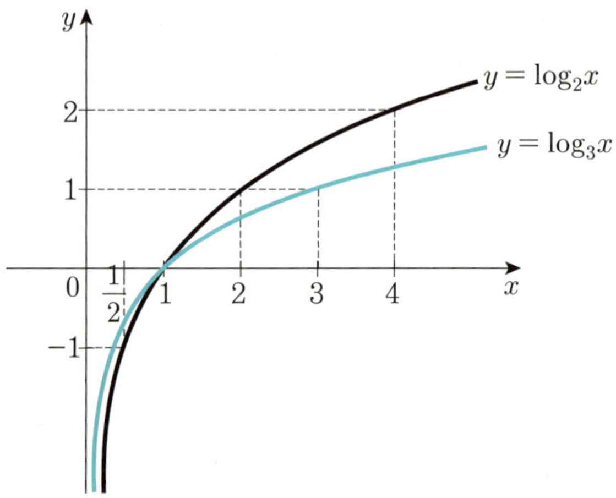

〈그림 9.3〉 $y=\log_2 x$와 $y=\log_3 x$의 그래프

다음으로 두 로그함수 $y=\log_{\frac{1}{2}}x$ 와 $y=\log_{\frac{1}{3}}x$ 를 고려해보자. 〈표 9.5〉에서 볼 수 있듯이, x값이 증가함에 따라 두 함수의 값은 감소하는 것을 알 수 있다. $y=\log_2 x$ 와 $y=\log_3 x$ 의 그래프를 그릴 때와 유사한 방법으로 〈표 9.5〉를 이용하여 xy-평면에 두 함수의 (x,y)값들을 표시하고 그 점들을 부드러운 곡선으로 연결함으로써 〈그림 9.4〉와 같이 $y=\log_{\frac{1}{2}}x$ 와 $y=\log_{\frac{1}{3}}x$ 의 그래프를 그릴 수 있다. 이때 x가 0의 우측으로부터 0에 접근할 때 $\log_{\frac{1}{2}}x$ 와 $\log_{\frac{1}{3}}x$ 는 $+\infty$로 접근하는 반면, x가 $+\infty$에 접근할 때 $\log_{\frac{1}{2}}x$ 와 $\log_{\frac{1}{3}}x$ 는 $-\infty$에 접근함에 유의하자.

〈표 9.5〉 $y=\log_{\frac{1}{2}}x$와 $y=\log_{\frac{1}{3}}x$의 (x,y)값

x	$y=\log_{\frac{1}{2}}x$	$y=\log_{\frac{1}{3}}x$
0	정의되지 않음	정의되지 않음
⋮	⋮	⋮
$\frac{1}{9}$	3.1701	2
$\frac{1}{8}$	3	1.8926
$\frac{1}{4}$	2	1.2617
$\frac{1}{2}$	1	0.6308
1	0	0
2	-1	-0.6308
4	-2	-1.2617
8	-3	-1.8926
9	-3.1701	-2
⋮	⋮	⋮

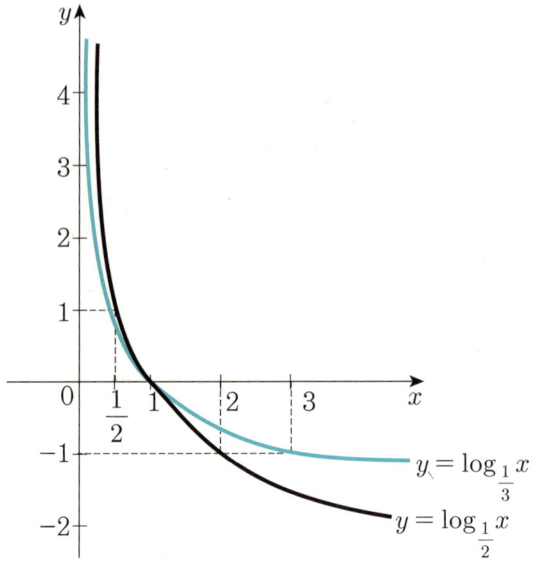

〈그림 9.4〉 $y = \log_{\frac{1}{2}} x$와 $y = \log_{\frac{1}{3}} x$의 그래프

비고 9.3

1) 로그함수 $y = \log_a x$는 $\mathbb{R}^+$에서 $\mathbb{R}$로의 전단사함수이다.
2) $y = \log_a x$의 그래프는 항상 $(1,0)$을 통과한다.
3) y축(즉, 직선 $x = 0$)은 $y = \log_a x$의 그래프의 수직점근선이다.
4) 만약 $a > 1$이면 $y = \log_a x$는 증가함수이다.
5) 만약 $0 < a < 1$이면 $y = \log_a x$는 감소함수이다.

또한, $y = a^x$와 $y = \log_a x$는 서로 역함수(inverse function) 관계이므로 〈그림 9.5〉에서와 같이 두 함수의 그래프는 직선 $y = x$에 대해서 대칭(symmetric)임에 유념해야 한다.

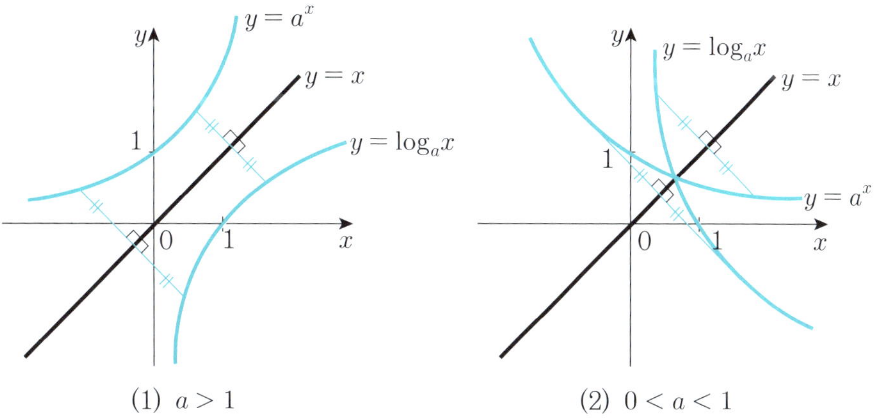

〈그림 9.5〉 $y=a^x$와 $y=\log_a x$ 그래프의 대칭관계

9.3 로그함수의 도함수

본 절에서는 먼저 $y=\ln x$의 도함수가 $\dfrac{1}{x}$임을 증명한다.

정리 9.3 $\ln x$의 도함수(Derivative of $\ln x$)

$y=\ln x$라고 하자. 그러면 $y'=\dfrac{1}{x}$이다.

증명 | $\ln x$의 도함수는 도함수의 정의(정의 7.3)에 의해 다음과 같이 구해진다.

$$y'=\lim_{\Delta x\to 0}\frac{\ln(x+\Delta x)-\ln x}{\Delta x}$$

$$=\lim_{\Delta x\to 0}\frac{\ln\left(\dfrac{x+\Delta x}{x}\right)}{\Delta x}$$

↑
(정리 9.1 5)에 의해)

$$=\lim_{\Delta x\to 0}\frac{1}{\Delta x}\ln\left(1+\frac{\Delta x}{x}\right)$$

$$=\lim_{h\to 0}\frac{1}{xh}\ln(1+h)$$

↑

$(\frac{\Delta x}{x}=h$라고 하면)

$$=\lim_{h\to 0}\frac{1}{x}\ln(1+h)^{\frac{1}{h}}$$

↑

(정리 9.1 3)에 의해)

$$=\frac{1}{x}\left\{\lim_{h\to 0}\ln(1+h)^{\frac{1}{h}}\right\}$$

↑

(정리 6.1 3)에 의해)

$$=\frac{1}{x}\ln\left\{\lim_{h\to 0}(1+h)^{\frac{1}{h}}\right\}$$

↑

(자연로그함수의 연속성에 의해)

$$=\frac{1}{x}\ln e=\frac{1}{x}.$$

↑

$(e=\lim_{h\to 0}(1+h)^{\frac{1}{h}}$ 의 정의에 의해)

따라서 $y=\ln x$의 도함수는 $y'=\frac{1}{x}$이다.

이제 $y=\log_a x$ 의 도함수는 $\frac{1}{(\ln a)x}$ 임을 증명한다.

정리 9.4 **$\log_a x$의 도함수(Derivative of $\log_a x$)**

$y=\log_a x$ 라고 하자. 그러면 $y'=\frac{1}{(\ln a)x}$ 이다.

증명 | 비고 9.2 2)로부터 $\log_a x = \dfrac{\ln x}{\ln a}$ 가 성립하므로 $\log_a x$ 의 도함수는 다음과 같이 구해진다.

$$y' = \frac{d}{dx}\left(\frac{\ln x}{\ln a}\right) = \frac{1}{\ln a}\left\{\frac{d}{dx}(\ln x)\right\} = \frac{1}{\ln a}\frac{1}{x}.$$

(정리 7.2 3)에 의해) (정리 9.3에 의해)

따라서 $y = \log_a x$ 의 도함수는 $y' = \dfrac{1}{(\ln a)x}$ 이다.

정리 7.3에서 합성함수의 도함수를 구하는데 매우 유용한 연쇄법칙을 소개하였다. 다음에서 로그함수에 대한 연쇄법칙을 소개한다.

정리 9.5 로그함수에 대한 연쇄법칙(Chain Rule for Logarithmic Functions)

$f(x)$를 미분가능한 함수라고 하고 $y = \ln f(x)$라고 하자. 그러면 $y' = \dfrac{f'(x)}{f(x)}$ 이다.

증명 | $g(x) = \ln x$라고 할 때 $\ln f(x)$는 두 함수 f와 g의 합성함수 $g \circ f(x)$임을 알 수 있다(즉, $g \circ f(x) = \ln f(x)$). 따라서 정리 7.3의 연쇄법칙을 적용함으로써 $y = \ln f(x)$의 도함수는 다음과 같이 구해진다.

$$y' = \frac{d}{dx}\{\ln f(x)\} = \frac{d}{dx}\{g(f(x))\} = g'(f(x))f'(x).$$

그런데 정리 9.3에 의해 $g'(f(x)) = \dfrac{1}{f(x)}$ 이므로 $y' = \dfrac{f'(x)}{f(x)}$ 가 성립한다. 따라서 $y = \ln f(x)$의 도함수는 $y' = \dfrac{f'(x)}{f(x)}$ 이다.

예제 9.2

다음 함수의 도함수를 구하라.

1) $f(x)=x^2\ln x$

풀이

$$f'(x)=\left\{\frac{d}{dx}(x^2)\right\}\ln x+x^2\left\{\frac{d}{dx}(\ln x)\right\}$$

↑

(정리 7.2 5)에 의해)

$$=(2x)\ln x+x^2\left(\frac{1}{x}\right)$$

↑

(정리 7.2 2)와 정리 9.3에 의해)

$$=x(2\ln x+1)$$

---

2) $y=\ln(x^2+3)$

풀이

$f(x)=x^2+3$이고 $g(x)=\ln x$라고 하면 $\ln(x^2+3)$은 $f(x)$와 $g(x)$의 합성함수 $g\circ f(x)$임을 알 수 있다. 따라서 정리 9.5의 로그함수에 대한 연쇄법칙에 의해서

$$y'=\frac{\frac{d}{dx}(x^2+3)}{x^2+3}=\frac{2x}{x^2+3}$$ 이다.

↑

(정리 7.2 1), 2), 4)에 의해서)

---

3) $y=\log_2\left(\frac{2-3x}{1+x}\right)$

풀이

방법 1)

정리 9.1 5)와 정리 9.2에 의해서 $\log_2\left(\frac{2-3x}{1+x}\right)=\log_2(2-3x)-\log_2(1+x)$ $=\frac{\ln(2-3x)}{\ln 2}-\frac{\ln(1+x)}{\ln 2}$ 임에 유의하자. 또한, $f(x)=2-3x$, $g(x)=\ln x$,

$h(x)=1+x$라고 할 때 $\ln(2-3x)$와 $\ln(1+x)$는 각각 합성함수 $g\circ f(x)$와 $g\circ h(x)$로 간주될 수 있기 때문에 다음과 같이 도함수 y'를 구할 수 있다.

$$y'=\frac{1}{\ln 2}\frac{\frac{d}{dx}(2-3x)}{2-3x}-\frac{1}{\ln 2}\frac{\frac{d}{dx}(1+x)}{1+x}=\frac{1}{\ln 2}\frac{(-3)}{2-3x}-\frac{1}{\ln 2}\frac{(1)}{1+x}$$

↑ (정리 9.5에 의해) ↑ (정리 7.2 1), 2), 4)에 의해)

$$=\frac{1}{\ln 2}\frac{-3(1+x)-(2-3x)}{(2-3x)(1+x)}=\frac{-5}{(\ln 2)(2-3x)(1+x)}$$

방법 2)

$f(x)=\dfrac{2-3x}{1+x}$, $g(x)=\log_2 x$ 라고 하면 $\log_2(\dfrac{2-3x}{1+x})$는 $f(x)$와 $g(x)$의 합성함수 $g\circ f(x)$(즉, $\log_2(\dfrac{2-3x}{1+x})=g(f(x))$)임을 알 수 있으므로 다음과 같이 도함수 y'를 구할 수 있다.

$$y'=g'(f(x))f'(x)=\frac{1}{\ln 2}\frac{1}{(\frac{2-3x}{1+x})}\left\{\frac{d}{dx}(\frac{2-3x}{1+x})\right\}$$

↑ (정리 7.3에 의해) ↑ (정리 9.4와 9.5에 의해)

$$=\frac{1}{\ln 2}\frac{1+x}{2-3x}\frac{(1+x)(-3)-(2-3x)(1)}{(1+x)^2}$$

↑ (정리 7.2 6)에 의해)

$$=\frac{-5}{(\ln 2)(2-3x)(1+x)}.$$

---

4) $y=\dfrac{3x^2+4x-5}{x+1}$

풀이

예제 7.6 3)에서 정리 7.2를 적용함으로써 위 함수의 도함수를 구하였다. 그런데 로그함수에 대한 연쇄법칙과 음함수의 미분법(implicit differentiation)이라고 하는 기법을 사용함으로써 위 함수의 도함수를 구할 수도 있다. 여기서 음함수(implicit function)라 함은 독립변수 x와 종속변수 y가 분리되지 않고 $f(x,y)=0$의 형태로 표시된 함수를 의미하며 음함수의 미분법이란 음함수의 도함수를 구하기 위해 y를 x의 함수로 간주하고 연쇄법칙을 적용함을 의미한다. 참고로, 지금까지 사용된 $y=f(x)$의 형태로 표시된 함수를 양함수(explicit function)라고 한다.

이제 위 함수를 음함수의 미분법을 적용하여 도함수를 구해보자. 이를 위해 함수의 양변에 자연로그를 취한 후 정리 9.1 5)를 적용하면 음함수 $\ln y=\ln(3x^2+4x-5)-\ln(x+1)$이 얻어지며 양변을 x에 대해 미분하면 다음과 같다.

$$\frac{d}{dx}(\ln y)=\frac{d}{dx}\{\ln(3x^2+4x-5)-\ln(x+1)\}$$

그런데 좌변을 살펴보면 $g(x)=\ln x$, $f(x)=y=\dfrac{3x^2+4x-5}{x+1}$(즉, y는 x의 함수)라고 할 때 $\ln y=g\circ f(x)$이기 때문에 음함수의 미분법과 정리 9.5의 로그함수에 대한 연쇄법칙에 의해 다음이 성립한다.

$$\frac{d}{dx}(\ln y)=\frac{y'}{y}$$

한편, 우변에 대해서는 다음이 성립한다.

$$\frac{d}{dx}\{\ln(3x^2+4x-5)-\ln(x+1)\}=\frac{\frac{d}{dx}(3x^2+4x-5)}{3x^2+4x-5}-\frac{\frac{d}{dx}(x+1)}{x+1}$$

↑ (정리 7.2 4)와 정리 9.4에 의해)

$$= \frac{6x+4}{3x^2+4x-5} - \frac{1}{x+1}.$$

↑

(정리 7.2 1) ~ 4)에 의해)

결과적으로 위 함수의 도함수는 다음과 같이 구할 수 있다.

$$y' = y\left(\frac{6x+4}{3x^2+4x-5} - \frac{1}{x+1}\right)$$

$$= y\left\{\frac{(6x+4)(x+1)-(3x^2+4x-5)}{(3x^2+4x-5)(x+1)}\right\}$$

$$= y\left\{\frac{6x^2+10x+4-3x^2-4x+5}{(3x^2+4x-5)(x+1)}\right\}$$

$$= \frac{3x^2+4x-5}{x+1}\frac{3x^2+6x+9}{(3x^2+4x-5)(x+1)}$$

$$= \frac{3(x^2+2x+3)}{(x+1)^2}.$$

---

5) $y = x^n$

풀이

정리 7.2의 도함수 공식으로부터 $y' = nx^{n-1}$임을 알고 있다. 그런데, x^n의 도함수를 로그함수의 도함수와 음함수의 미분법을 이용해서도 구할 수 있음을 살펴보기로 하자. 이를 위해 먼저 $y = x^n$의 양변에 자연로그를 취한 후 정리 9.1 3)을 적용하면 $\ln y = n\ln x$가 얻어진다. 이제 양변을 x에 대해 미분하면 좌변은 $\frac{d}{dx}(\ln y) = \frac{y'}{y}$이고 우변은 $\frac{d}{dx}(n\ln x) = n\frac{1}{x}$이기 때문에 결과적으로 $y' = y(\frac{n}{x}) = x^n(\frac{n}{x}) = nx^{n-1}$임을 알 수 있다.

---

6) $y = x^x$

풀이

로그함수의 도함수와 음함수의 미분법을 이용하기 위해 먼저 $y = x^x$의 양변에 자연로그를 취하면 $\ln y = x \ln x$가 얻어진다. 이제 정리 7.2 5)와 정리 9.3을 적용하여 양변을 x에 대해 미분하면 $\dfrac{y'}{y} = \ln x + x\dfrac{1}{x} = \ln x + 1$을 얻을 수 있다. 따라서 $y' = y(\ln x + 1) = x^x(\ln x + 1)$이다.

이제 로그함수의 도함수와 제8장에서 소개된 그래프 그리는 절차를 이용하여 $a \in \mathbb{R}^+$, $a \neq 1$이라고 할 때 $y = \log_a x$의 그래프를 그릴 수 있다. 편의상, $y = \log_2 x$의 그래프를 다음과 같이 그려보기로 하자.

단계 1) 1차도함수 y'는 정리 9.4에 의해 $y' = \dfrac{1}{(\ln 2)x}$이므로 $y' = 0$의 해는 존재하지 않는다.

단계 2) 2차도함수 y''는 $y'' = -\dfrac{1}{(\ln 2)x^2}$이므로 $y'' = 0$의 해는 존재하지 않는다.

단계 3) 로그함수의 정의역은 $\mathbb{R}^+$이므로 $y = \log_2 x$는 $x > 0$에서만 정의된다. 또한 〈표 9.4〉에서도 볼 수 있듯이 $\lim_{x \to 0} \log_2 x = -\infty$이기 때문에(즉, 극한이 존재하지 않기 때문에), $x = 0$(즉, y축)은 $y = \log_2 x$의 그래프의 수직점근선이다. 아울러 $\lim_{x \to +\infty} \log_2 x$가 존재하지 않기 때문에 수평점근선은 존재하지 않는다.

단계 4) 단계 3)에서 구해진 수직점근선 $x = 0$을 이용하여 〈표 9.6〉을 준비한다.

〈표 9.6〉

x	0	
y'		
y''		
y		

단계 4–1) (y'의 부호 결정) 모든 $x \in (0, \infty)$에 대하여 $y' > 0$이므로 구간 $(0, \infty)$에서의 y'의 부호와 관련된 칸에 "+"로 표시한다.

단계 4–2) (y''의 부호 결정) 모든 $x \in (0, \infty)$에 대하여 $y'' < 0$이므로 구간 $(0, \infty)$에서의 y''부호와 관련된 칸에 "−"로 표시한다.

단계 4–3) ($y = \log_2 x$ 의 그래프의 형태) 〈표 8.1〉을 참조하여 $y = \log_2 x$ 의 그래프의 형태를 〈표 9.7〉에 있는 구간 $(0, \infty)$에서의 y와 관련된 칸에 표시한다.

〈표 9.7〉

x	0	
y'		+
y''		−
y		

단계 5) 먼저 $x = 0$(즉, y축)은 $y = \log_2 x$ 의 그래프의 수직점근선임을 유의하자. 또한, 비고 9.3 2)에서도 언급하였듯이 $\log_2 1 = 0$ 이므로 $y = \log_2 x$ 의 그래프는 항상 (1,0)을 통과한다. 따라서 xy–평면상에 x–절편인 (1,0)을 표시한 후 〈표 9.7〉에 주어진 구간 $(0, \infty)$에서의 $y = \log_2 x$ 의 그래프의 형태를 활용하여 〈그림 9.6〉과 같이 $y = \log_2 x$ 의 그래프를 그릴 수 있다.

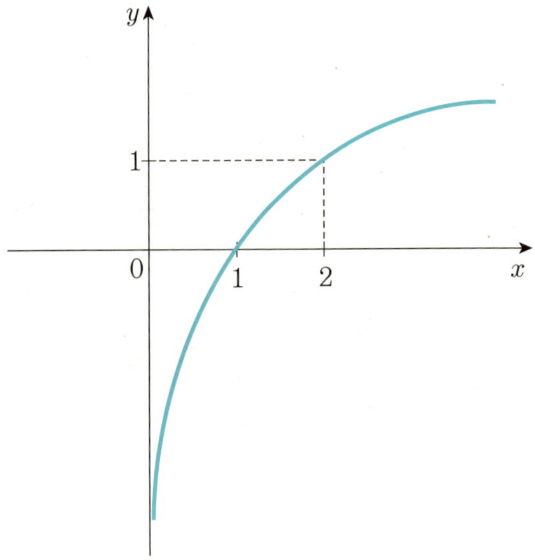

〈그림 9.6〉 $y=\log_2 x$의 그래프

9.4 지수함수의 도함수

본 절에서는 먼저 $y=e^x$의 도함수가 e^x임을 증명하기로 하자.

정리 9.6 e^x의 도함수(Derivative of e^x)

$y=e^x$의 도함수는 $y'=e^x$이다.

증명 $\ln(e^x)=x$이기 때문에 정리 9.5를 적용하여 양변을 x에 대해 미분하면 좌변은 $\frac{d}{dx}\{\ln(e^x)\}=\frac{1}{e^x}\left\{\frac{d}{dx}(e^x)\right\}$이고 우변은 $\frac{d}{dx}(x)=1$이다. 따라서 $\frac{1}{e^x}\{\frac{d}{dx}(e^x)\}=1$이므로 $\frac{d}{dx}(e^x)=e^x$임을 알 수 있다.

다음에서 지수함수의 도함수를 구할 때 매우 유용한 지수함수의 연쇄법칙을 소개한다.

정리 9.7 지수함수의 연쇄법칙(Chain Rule for Exponential Functions)

$f(x)$를 미분가능한 함수라고 하고 $y=e^{f(x)}$라고 하자. 그러면 $y'=e^{f(x)}f'(x)$이다.

증명 | $g(x)=e^x$라고 하자. 그러면 $g\circ f(x)=e^{f(x)}$이다. 따라서 정리 7.3의 연쇄법칙을 적용하면 $y'=\frac{d}{dx}\{e^{f(x)}\}=\frac{d}{dx}\{g(f(x))\}=g'(f(x))f'(x)$가 성립한다. 그런데 정리 9.6에 의해 $g'(f(x))=e^{f(x)}$이므로 $y'=e^{f(x)}f'(x)$임을 알 수 있다.

이제 다음의 정리에서 $y=a^x$의 도함수는 $(\ln a)a^x$임을 증명한다.

정리 9.8 a^x의 도함수(Derivative of a^x)

$y=a^x$의 도함수는 $y'=(\ln a)a^x$이다.

증명 | 정리 9.1 6)(또는 e^x과 $\ln x$의 역함수 관계)에 의해 $e^{\ln f(x)}=f(x)$임을 유의하자. 이제, $f(x)=a^x$이라고 하면 $e^{\ln a^x}=a^x$이고 정리 9.1 3)에 의해 $e^{\ln a^x}=e^{x(\ln a)}=e^{(\ln a)x}$이므로 다음이 성립한다.

$$y'=\frac{d}{dx}(a^x)=\frac{d}{dx}\{e^{(\ln a)x}\}=e^{(\ln a)x}\left\{\frac{d}{dx}(\ln a)x\right\}=a^x(\ln a).$$

↑ (정리 9.7에 의해)

예제 9.3

다음 함수의 도함수를 구하라.

1) $y=x^2e^{2x+1}$

풀이

$$y' = \left\{\frac{d}{dx}(x^2)\right\}e^{2x+1} + x^2\left\{\frac{d}{dx}(e^{2x+1})\right\}$$

↑

(정리 7.2 5)에 의해)

$$= (2x)e^{2x+1} + x^2\{e^{2x+1}(2)\}$$

↑

(정리 7.2 2)와 (정리 9.7에 의해)

$$= 2x(x+1)e^{2x+1}.$$

---

2) $y = e^{x+\ln x}$

풀이

$f(x) = x + \ln x$라고 하자. 그러면 정리 9.7에 의해 다음이 성립한다.

$$y' = e^{x+\ln x}f'(x) = e^{x+\ln x}(1+\frac{1}{x}).$$

↑

(정리 7.2 2), 4)와 정리 9.3에 의해)

---

3) $y = xa^{-x^2}$

풀이

정리 7.2 5)에 의해 $y' = \left\{\frac{d}{dx}(x)\right\}a^{-x^2} + x\left\{\frac{d}{dx}(a^{-x^2})\right\}$이다. 그런데, $f(x) = -x^2$, $g(x) = a^x$라고 할 때 $g \circ f(x) = a^{-x^2}$이므로 정리 9.7과 9.8을 적용하면 다음이 성립한다.

$$\frac{d}{dx}(a^{-x^2}) = (\ln a)a^{-x^2}\left\{\frac{d}{dx}(-x^2)\right\} = (\ln a)a^{-x^2}(-2x) = -2(\ln a)xa^{-x^2}.$$

결과적으로 $y' = (1)a^{-x^2} + x\left\{-2(\ln a)xa^{-x^2}\right\} = \{1-2(\ln a)x^2\}a^{-x^2}$임을 알 수 있다.

---

4) $y=\dfrac{e^{2x}}{x}$

풀이

방법 1)

정리 7.2 6)에 의해, $y'=\dfrac{x\left\{\dfrac{d}{dx}(e^{2x})\right\}-e^{2x}\left\{\dfrac{d}{dx}(x)\right\}}{x^2}$이다. 그런데, 정리 9.7에 의해 $\dfrac{d}{dx}(e^{2x})=e^{2x}(2)$이므로 $y'=\dfrac{x(2e^{2x})-e^{2x}(1)}{x^2}=\dfrac{(2x-1)e^{2x}}{x^2}$임을 알 수 있다.

방법 2)

양변에 자연로그를 취하면 $\ln y=\ln e^{2x}-\ln x=2x-\ln x$가 얻어진다. 이제 음함수의 미분법을 적용하여 양변을 x에 대해 미분하면 $\dfrac{y'}{y}=2-\dfrac{1}{x}=\dfrac{2x-1}{x}$이 성립하므로 $y'=y\left(\dfrac{2x-1}{x}\right)=\dfrac{e^{2x}}{x}\left(\dfrac{2x-1}{x}\right)=\dfrac{e^{2x}(2x-1)}{x^2}$을 구할 수 있다.

9.3절에서와 유사하게 지수함수의 도함수를 이용하여 $a\in\mathbb{R}^+$, $a\neq 1$이라고 할 때 $y=a^x$의 그래프를 그릴 수 있다. 편의상, $y=2^x$의 그래프를 다음과 같은 절차를 통해 그려 보기로 하자.

단계 1) 1차도함수 y'는 정리 9.8에 의해 $y'=(\ln 2)2^x$이므로 $y'=0$의 해는 존재하지 않는다.

단계 2) 2차도함수 y''는 $y''=(\ln 2)^2 2^x$이므로 $y''=0$의 해는 존재하지 않는다.

단계 3) 임의의 $c\in\mathbb{R}$에 대하여 $\lim\limits_{x\to c}2^x=2^c$이므로(즉, 극한값이 존재하므로) $y=2^x$의 그래프의 수직점근선은 존재하지 않는다. 또한 비고 9.1 3)에서도 언급하였듯이 $\lim_{x \to -\infty} 2^x = 0$이므로 $y=0$(즉, x축)은 $y=2^x$의 그래프의 수평점근선이다.

단계 4) 임계값, 변곡점 후보, 수직점근선이 존재하지 않으므로 단계 4)는 생략한다.

단계 5) 먼저 $y=0$(즉, x축)은 $y=2^x$의 그래프의 수평점근선임을 유의하자. 또한 비고 9.1 1), 2)에서도 언급하였듯이 모든 $x \in \mathbb{R}$에 대해서 $2^x > 0$이며 $2^0 = 1$이므로 $y=2^x$의 그래프는 항상 $(0,1)$을 통과한다. 아울러, 모든 $x \in \mathbb{R}$에 대해서 $y' > 0$이고 $y'' > 0$이므로 〈표 8.1〉을 참조하여 $y=2^x$의 그래프를 〈그림 9.7〉과 같이 그릴 수 있다.

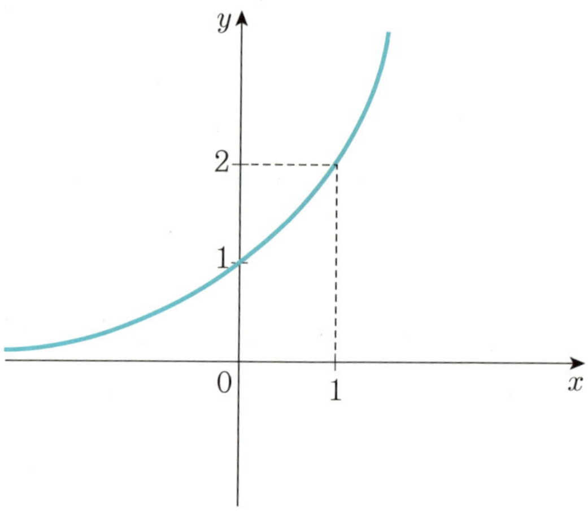

〈그림 9.7〉 $y=2^x$의 그래프

9.5 응용분야

본 절에서는 먼저 단리(simple interest)하에서 t년 후의 원리금(balance)을 계산하는 방법에 대해 논의한다. 이때 어떤 시간주기(time period) 동안 투자된 금액을 원금(principal)이라고 하며 원금에 대해서만 붙는 이자(interest)를 단리라고 하고 원금과 이자의 합을 원리금이라고 한다. 사실, 원리금은 원금의 미래가치로 간주할 수 있다.

단리하에서의 원리금(Balance under Simple Interest)
$B(t)$를 t년 후의 원리금이라고 하고 P를 원금, i를 연단리이자율(annual simple interest rate)이라고 하자. 그러면 $B(t)=P(1+it)$이다. 이때 Pit는 t년 후의 단리이다. (9.1)

예제 9.4

만약 10,000,000원이 3%의 연단리이자율이 제공되는 상품에 투자되었다면 5년 후의 원리금은 얼마인가?

풀이

$P=10{,}000{,}000$, $i=0.03$, $t=5$이기 때문에 (9.1)에 의해 $B(5)=10{,}000{,}000(1+0.03\times5)=11{,}500{,}000$원을 쉽게 구할 수 있다.

이제 복리(compound interest)하에서 t년 후의 원리금을 계산하는 방법에 대해 소개하기로 한다. 이때 원금과 이자의 합에 붙는 이자를 복리라고 한다. 따라서, 복리하에서 원금은 시간이 지날수록 증가한다. 실제로 복리하에서는 현재 기간(current period)의 원리금이 다음 기간(next period)의 원금으로 간주된다.

예를 들어, 매년 3%의 복리이자율이 적용되는 상품에 10,000,000원을 t년간 투자했다고 가정하자. 그러면 1년 후의 원리금은 원금 10,000,000원과 이자 $10{,}000{,}000\times0.03$원의 합(즉, $B(1)=10{,}000{,}000+10{,}000{,}000\times0.03=10{,}000{,}000(1+0.03)$원)이다. 이제, $B(1)$은 2년째의 원금으로 간주되며 2년 후의 원리금 $B(2)$는 다음과 같이 계산할 수 있다.

$$\begin{aligned}B(2)&=B(1)+B(1)\times0.03\\&=B(1)(1+0.03)\\&=10{,}000{,}000(1+0.03)(1+0.03)\\&=10{,}000{,}000(1+0.03)^2\text{ 원}\end{aligned}$$

이와 같은 방법으로 t년 후의 원리금 $B(t)$는 $B(t) = 10{,}000{,}000(1+0.03)^t$ 원으로 계산할 수 있다. 일반적으로, 복리하에서의 원리금을 구하는 공식은 다음과 같다.

복리하에서의 원리금(Balance under Compound Interest)

$B(t)$를 t년 후의 원리금이라고 하고 P를 원금, i를 연복리이자율이라고 하자. 그러면 $B(t) = P(1+i)^t$ 이다. (9.2)

이자가 매년 주기적인 복리(compounded periodically)(예컨대, 반년마다(semiannually), 분기마다(quarterly), 월마다(monthly), 주마다(weekly), 혹은 일마다(daily) 복리)가 적용되는 경우 t년 후의 원리금은 다음과 같이 계산할 수 있다.

주기복리하에서의 원리금(Balance under Periodic Compounding)

$B(t)$를 t년 후의 원리금이라고 하고, P를 원금, i를 연이자율이라고 하자. 만약 이자율이 매년 주기적으로 m회 복리로 적용된다면 $B(t) = P(1+\frac{i}{m})^{mt}$ 이다. (9.3)

만약 i를 연이자율이라고 하고 연이자율이 매년 주기적으로 m회 복리로 적용된다면 연이자율은 각 주기에 균등하게 분배되어져야 하므로 각 주기당 이자율은 $\frac{i}{m}$가 되며, 결과적으로 t년 동안 이자율 $\frac{i}{m}$가 mt회 복리로 적용되어짐에 유의해야 한다.

예제 9.5

만약 연이자율이 3%이고 매분기마다 복리가 적용되는 상품에 10,000,000원을 투자한다면 5년 후의 원리금은 얼마인가?

풀이

P=10,000,000, $i=0.03$, $m=4$, $t=5$이기 때문에 (9.3)에 의해 $B(5) = 10{,}000{,}000(1+\frac{0.03}{4})^{4\times5} = 10{,}000{,}000(1.0075)^{20} \approx 10{,}000{,}000 \times 1.16118$

$=11{,}611{,}800$원이다.

특히, 매년 복리이자율이 적용되는 주기의 횟수가 매우 많아져서 궁극적으로 ∞로 증가할 때(즉, $m \to \infty$일 때) 이자는 연속복리(compounded continuously)가 적용된다고 말한다. 이 경우 t년 후의 원리금 $B(t)$는 다음의 극한을 구함으로써 계산할 수 있다.

$$B(t) = \lim_{m\to\infty} P(1+\frac{i}{m})^{mt}$$

$$= P\left\{\lim_{m\to\infty}(1+\frac{i}{m})^{mt}\right\}$$

↑
(정리 6.1 3)에 의해)

$$= P\left\{\lim_{n\to\infty}(1+\frac{1}{n})^{nit}\right\} = P\left[\lim_{n\to\infty}\left\{(1+\frac{1}{n})^{n}\right\}^{it}\right].$$

↑
($\frac{i}{m} = \frac{1}{n}$이라고 하면)

그런데, $\left\{(1+\frac{1}{n})^n\right\}^{it}$는 $f(n) = (1+\frac{1}{n})^n$과 $g(x) = x^{it}$의 합성함수 $g \circ f(n)$으로 간주될 수 있고 g는 연속함수이므로 정리 6.3에 의해 $\lim_{n\to\infty} g \circ f(n) = \lim_{n\to\infty} g(f(n))$ $= g(\lim_{n\to\infty} f(n))$임을 알 수 있다. 따라서 $\lim_{n\to\infty}\left\{(1+\frac{1}{n})^n\right\}^{it} = \left\{\lim_{n\to\infty}(1+\frac{1}{n})^n\right\}^{it} = e^{it}$가 성립하며 결과적으로 $B(t) = Pe^{it}$임을 알 수 있다.

연속복리하에서의 원리금(Balance under Continuously Compounding Interest)

$B(t)$를 t년 후의 원리금이라고 하고, P를 원금, i를 연이자율이라고 하자. 그러면 연속복리하에서의 원리금 $B(t)$는 $B(t) = Pe^{it}$이다. (9.4)

예제 9.6

연이자율이 3%이고 연속복리가 적용되는 상품에 10,000,000원을 투자한다면 5년 후의 원리금은 얼마인가?

풀이

$P=10{,}000{,}000$, $i=0.03$, $t=5$이므로 (9.4)에 의해 $B(5)=10{,}000{,}000e^{0.03\times 5}$ $=10{,}000{,}000e^{0.15}\approx 10{,}000{,}000\times 1.16183=11{,}618{,}300$원이다.

비고 9.4

P를 원금이라고 하고 $B(t)$를 t년 후의 원리금이라고 하자. 그러면 주어진 이자율과 정책에 대해서 $B(t)$는 P의 미래가치(future value)이고 P는 $B(t)$의 현재가치(present value)임을 유의해야 한다.

예제 9.7

1) 지금으로부터 10년 후에 100,000,000원이 필요하다고 가정하자. 이 자금을 마련하기 위해 연이자율이 4%이고 월복리가 적용되는 상품에 돈을 투자한다면 얼마를 투자해야 하는가?

풀이

주기복리(월복리)하에서의 원리금을 구하는 문제의 응용문제로써 (9.3)에서 $B(10)$ $=100{,}000{,}000$, $i=0.04$, $m=12$, $t=10$일 때 $B(10)=100{,}000{,}000$원의 현재가치(원금) P를 구하는 문제이다. 월복리이자율이 $\frac{0.04}{12}$이기 때문에 (9.3)에 의해 $B(10)=P(1+\frac{0.04}{12})^{12\times 10}$임을 알 수 있으므로 P는 다음과 같이 쉽게 구해진다.

$$\begin{aligned} P &= B(10)(1+\frac{0.04}{12})^{-12\times 10}\approx 100{,}000{,}000(1.0033)^{-120} \\ &\approx 100{,}000{,}000\times 0.67345 \\ &= 67{,}345{,}000\text{원} \end{aligned}$$

---

2) 미래에 20,000,000원의 자금을 마련하기 위하여 연이자율이 4%이고 연속복리가 적용되는 상품에 10,000,000원을 투자할 예정이라고 할 때 얼마 동안 상품에 투자해야 하는가?

풀이

연속복리하에서의 원리금을 구하는 문제의 응용문제로써 (9.4)에서 $B(t)=20{,}000{,}000$, $P=10{,}000{,}000$, $i=0.04$일 때 투자기간 t를 구하는 문제이다. 그런데 (9.4)에 의해 $20{,}000{,}000=10{,}000{,}000e^{0.04t}$이므로 $2=e^{0.04t}$가 성립하며, 양변에 자연로그를 취하면 $\ln 2=0.04t$가 된다. 따라서 $t=\dfrac{\ln 2}{0.04}\approx\dfrac{0.6931}{0.04}\approx 17.3$년이다.

이제 연금의 미래가치(future value of annuity), 선불연금의 미래가치(future value of annuity due), 연금의 현재가치(present value of annuity), 선불연금의 현재가치(present value of annuity due) 등에 대해 논의해보고자 한다.

연금(annuity)이란 특정 기간 동인 일정한 산셕으로 각 기간 말에 이루어지는 일련의 정기적인 지불(regular payment)이나 예금(deposits)을 의미하며 선불연금(annuity due)이란 특정 기간 동안 일정한 간격으로 각 기간 초에 이루어지는 일련의 정기적인 지불이나 예금을 의미한다. 따라서 연금과 선불연금의 유일한 차이는 연금이 지급되는 시기가 각 기간 말인지 혹은 각 기간 초인지의 차이임을 알 수 있다.

연금의 미래가치나 선불연금의 미래가치는 정기적인 지불이나 예금의 미래가치의 총액(혹은 일시불, lump sum)인 반면, 연금의 현재가치나 선불연금의 현재가치는 정기적인 지불이나 예금의 현재가치의 총액(혹은 일시불)이다.

연금의 미래가치, 선불연금의 미래가치, 연금의 현재가치, 선불연금의 현재가치 등을 구하는 공식들을 소개하기 전에, 먼저 기하급수(혹은 등비급수, geometric series)의 n-번째 부분합(n-th partial sum)을 계산하는 방법을 소개한다.

$\{a_i\}$를 공비(common ratio)가 $r\in\mathbb{R}$이고 초항(initial term)이 $a_0=a$인 등비수열(geometric sequence, 즉 $i\geq 1$에 대하여 $a_i=ra_{i-1}$)이라고 하자. 그러면 기하급수는 등비수열의 각 항들의 합인 $\sum_{i=0}^{\infty}a_i=a_0+a_1+a_2+\cdots=a+ar+ar^2+\cdots$

$= a\sum_{i=0}^{\infty} r^i$로 나타낼 수 있다.

이제, S_n을 기하급수 $a\sum_{i=0}^{\infty} r^i$의 n–번째 부분합(즉, $S_n = a\sum_{i=0}^{n} r^i$)이라고 하고 $r \neq 1$이라고 하자. 그러면 $S_n = a + ar + ar^2 + \cdots + ar^n$이기 때문에 양변에 r을 곱하면 $rS_n = ar + ar^2 + ar^3 + \cdots + ar^{n+1}$이 되므로 S_n에서 rS_n를 빼면 다음이 성립한다.

$$\begin{aligned} S_n - rS_n &= (a + ar + ar^2 + \cdots + ar^n) - (ar + ar^2 + ar^3 + \cdots + ar^{n+1}) \\ &= a - ar^{n+1} = a(1 - r^{n+1}) \end{aligned}$$

따라서 $(1-r)S_n = a(1-r^{n+1})$이 성립함을 알 수 있으며, 결과적으로 $S_n = \frac{a(1-r^{n+1})}{1-r}$ (혹은 $\frac{a(r^{n+1}-1)}{r-1}$)을 구할 수 있다.

사실, $S_n = a\sum_{i=0}^{n} r^i$을 계산하는데 다음과 같은 공식이 사용된다.

기하급수 $a\sum_{i=0}^{\infty} r^i$의 n–번째 부분합

S_n을 $a\sum_{i=0}^{\infty} r^i$의 n–번째 부분합(즉, $S_n = a\sum_{i=0}^{n} r^i$)이라고 하고 $r \neq 1$이라고 하자. 그러면 다음이 성립한다.

$$S_n = \begin{cases} \dfrac{a(1-r^{n+1})}{1-r} & \text{만약 } r < 1\text{이면} \\ \dfrac{a(r^{n+1}-1)}{r-1} & \text{만약 } r > 1\text{이면.} \end{cases} \tag{9.5}$$

예제 9.8

4년 동안 매년 말에 연금 1,000,000원을 받는다고 가정하자. 만약 연복리이자율 3%로 연금의 총액을 4년말에 일시불(즉, 연금의 미래가치)로 받고자 한다면 4년뒤의 연금의 미래가치를 어떻게 구할 수 있는가?

풀이

먼저 〈그림 9.8〉에서와 같이 (9.2)를 이용하여 연복리이자율 3%로 4년 동안 매년 말에 지급되는 각 정기적인 지불(연금)의 미래가치를 계산해야 한다.

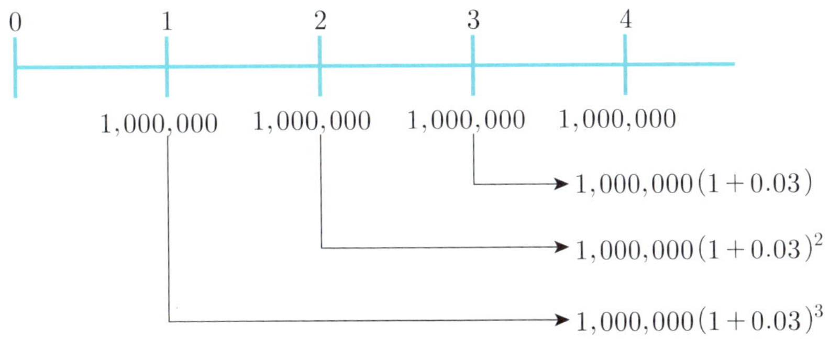

〈그림 9.8〉 매년 말에 이루어지는 각 정기적인 지불의 미래가치

참고로, 4년째 말에 받기로 되어 있는 마지막 정기적 지불에는 이자가 붙지 않는다는 것에 유의하자. 이제 4년 동안 매년 밀에 시급되는 각 정기적인 지불(연금)의 미래가치들을 모두 더함으로써 다음과 같이 4년 뒤의 연금의 미래가치 S를 구할 수 있다.

$$S=1{,}000{,}000+1{,}000{,}000(1+0.03)+1{,}000{,}000(1+0.03)^2 \\ +1{,}000{,}000(1+0.03)^3$$

그런데 S는 $a=1{,}000{,}000$, $r=1+0.03$, $n=3$인 기하급수 $a\sum_{i=0}^{\infty} r^i$의 3-번째 부분합이므로 식 (9.5)를 이용하면

$$S=\frac{1{,}000{,}000\{(1+0.03)^4-1\}}{(1+0.03)-1}=\frac{1{,}000{,}000\{(1.03)^4-1\}}{0.03}\approx 4{,}183{,}667\text{원}$$

임을 알 수 있다.

일반적으로 연금의 미래가치는 다음과 같은 공식에 의해 계산된다.

연금의 미래가치(Future Value of Annuity)

n기간 동안 각 기간 말에 지급되는 연금을 A라고 하고 i를 각 기간별 복리이자율이라고 하자. 그러면 연금의 미래가치 F_n은 $F_n = \dfrac{A\{(1+i)^n - 1\}}{i}$이다. (9.6)

이제 선불연금의 미래가치를 계산하는 방법에 대해 논의하기로 한다.

n기간 동안 각 기간 초에 지급되는 연금을 A라고 하고 i를 각 기간별 복리이자율이라고 하자. 그러면 〈그림 9.9〉에서와 같이 (9.2)를 이용하여 n기간 동안 각 기간 초에 지급되는 연금(선불연금) A의 미래가치를 계산할 수 있다. 또한 식 (9.5)를 이용하여 다음과 같이 이러한 n개의 미래가치들의 합을 구함으로써 선불연금의 미래가치 $\widetilde{F_n}$를 구할 수 있다.

$$\widetilde{F_n} = A(1+i) + A(1+i)^2 + \cdots + A(1+i)^n = \frac{A(1+i)\{(1+i)^n - 1\}}{i}$$

그런데 $\dfrac{A(1+i)\{(1+i)^n - 1\}}{i} = \dfrac{A\{(1+i)^n - 1\}}{i}(1+i)$이고

$F_n = \dfrac{A\{(1+i)^n - 1\}}{i}$이기 때문에 $\widetilde{F_n} = F_n(1+i)$가 성립함을 알 수 있다.

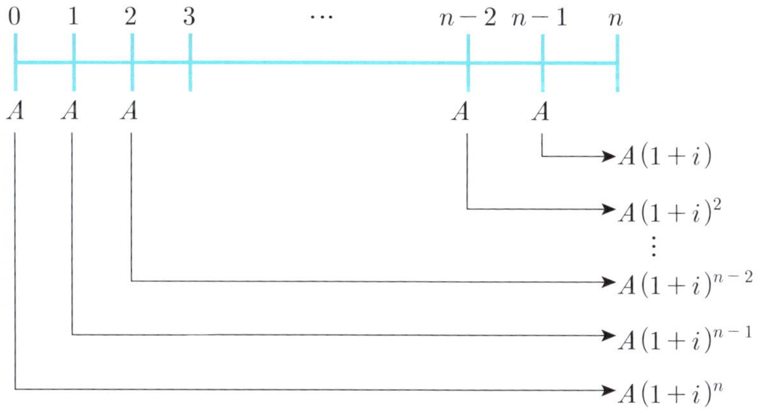

〈그림 9.9〉 각 기간 초에 이루어지는 정기적인 지불의 미래가치

결과적으로 선불연금의 미래가치는 다음과 같은 공식에 의해 계산된다.

선불연금의 미래가치(Future Value of Annuity Due)

n기간 동안 각 기간 초에 지급되는 연금을 A라고 하고 i를 각 기간별 복리이자율이라고 하자. 그러면 선불연금의 미래가치 $\widetilde{F_n}$는

$$\widetilde{F_n} = \frac{A(1+i)\{(1+i)^n - 1\}}{i} = F_n(1+i) \text{이다.} \tag{9.7}$$

예제 9.9

1) 조 이사는 연이자율이 12%이고 월복리가 적용되는 정기적금 상품에 2년 동안 매월 말에 300,000원을 적금할 예정이라고 한다. 2년 말에 그의 정기적금 계좌의 잔고는 얼마인가?

풀이

이 문제는 매월 말에 적금이 이루어지므로 연금의 미래가치와 관련된 문제임을 유의하자. 연이자율이 12%이므로 월복리이자율은 $\frac{12\%}{12} = 1\%$이며 〈그림 9.10〉에서와 같이 (9.2)를 이용하여 2년 동안(24개월 동안) 매월 말에 이루어지는 적금의 미래가치를 계산할 수 있다. 따라서 다음과 같이 (9.6)을 이용하거나 또는 식 (9.5)를 이용

하여 이러한 24개의 적금의 미래가치들의 합 F_{24}를 구함으로써 2년 말에 조 이사의 정기적금 계좌의 잔고를 계산할 할 수 있다.

$$F_{24} = 300,000 + 300,000(1+0.01) + \cdots + 300,000(1+0.01)^{23}$$

$$= \frac{300,000\{(1+0.01)^{24}-1\}}{0.01} = 30,000,000\{(1.01)^{24}-1\} \approx 8,091,900\text{원}.$$

↑
(식 (9.5) 또는 (9.6)에 의해)

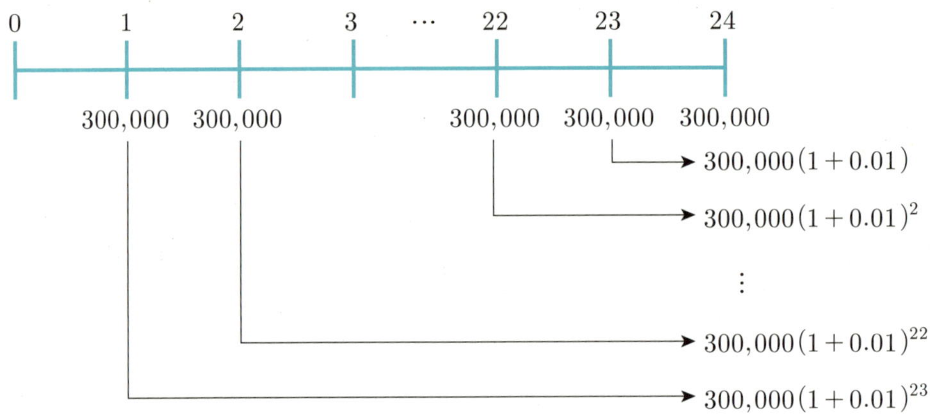

〈그림 9.10〉 매월 말에 이루어지는 각 적금의 미래가치

2) 1)에서 만약 그가 2년 동안 매월 초에 300,000원을 적금한다면 2년 말에 그의 정기적금 계좌의 잔고는 얼마인가?

풀이

이 문제는 매월 초에 적금이 이루어지므로 선불연금의 미래가치와 관련된 문제임을 유의하자. 〈그림 9.11〉에서와 같이 (9.2)를 이용하여 2년 동안(24개월 동안) 매월 초에 이루어지는 적금의 미래가치를 계산할 수 있으므로 다음과 같이 (9.7)을 이용하거나 또는 식 (9.5)를 이용하여 이러한 24개의 적금의 미래가치들의 합 $\widetilde{F_{24}}$를 구함으로써 2년 말에 조 이사의 정기적금 계좌의 잔고를 계산할 할 수 있다.

$$\widetilde{F_{24}} = 300,000(1+0.01) + 300,000(1+0.01)^2 + \cdots + 300,000(1+0.01)^{24}$$

$$= \frac{300,000(1+0.01)\{(1+0.01)^{24}-1\}}{0.01} \approx 8,172,900\text{원}.$$

↑
(식 (9.5) 또는 (9.7)에 의해)

아울러 $\widetilde{F_{24}} = F_{24}(1+0.01)$임에도 유념하자.

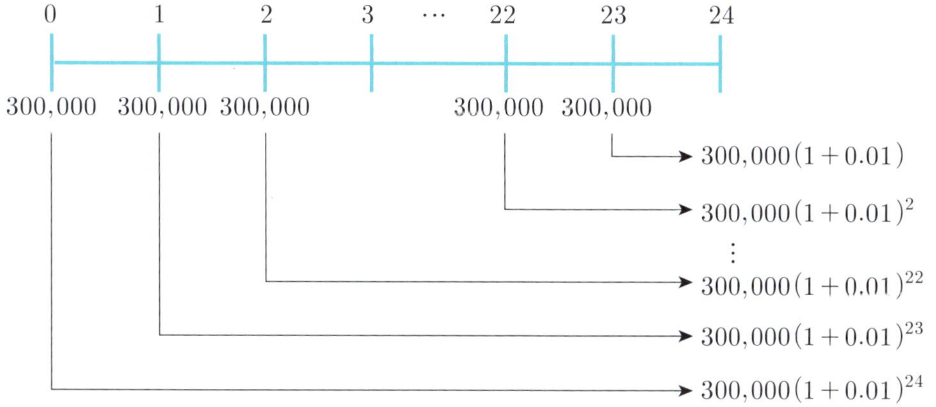

〈그림 9.11〉 매월 초에 이루어지는 각 적금의 미래가치

비고 9.5

기하급수의 n-번째 부분합 공식 (9.5)에서 a는 초항이고 $n+1$은 항의 개수(number of terms)임을 유의해야 한다. 특히 공식 (9.5)를 정확히 적용하기 위해서는 기하급수의 항의 개수를 정확히 파악하는 것이 매우 중요하다. 예컨대, 연금의 미래가치나 선불연금의 미래가치를 계산할 때 단지 공식 (9.6)이나 (9.7)에만 의존하기보다는 예제 9.8과 9.9에서 했던 것처럼 먼저 그림을 그려보고 기하급수의 n-번째 부분합을 적어봄으로써 초항과 항의 개수를 정확히 파악해보기를 추천한다. 참고로, 공식 (9.6)에서는 초항이 A이고 항의 개수는 n이며 공식 (9.7)에서는 초항이 $A(1+i)$이고 항의 개수는 n이다.

이제 연금의 현재가치를 계산하는 방법에 대해 논의하기로 한다.

n기간 동안 각 기간별 복리이자율 i로 각 기간 말에 A원의 연금을 받을 예정이라

고 가정하자. 그런데 만약 각 기간 말에 A원의 연금을 받는 대신 n기간 동안 지급될 모든 연금의 현재가치의 총액을 일시불로 지금 당장 받고자 한다면 얼마를 받을 수 있겠는가?

이를 계산하기 위해 〈그림 9.12〉에서와 같이 먼저 각 기간 말에 지급될 예정인 연금 A원들의 현재가치를 계산해야 한다. 참고로, (9.2)와 비고 9.4로부터 임의의 $k=1,2,\cdots,n$에 대하여 $k-$번째 기간 말에 지급될 연금 A원의 현재가치 P는 $P=A(1+i)^{-k}$로 구해질 수 있음을 유의해야 한다. 결과적으로 각 기간 말에 지급될 A원의 현재가치들의 합인 연금의 현재가치 P_n은 식 (9.8)과 같다.

$$P_n=A(1+i)^{-1}+A(1+i)^{-2}+\cdots+A(1+i)^{-n} \tag{9.8}$$

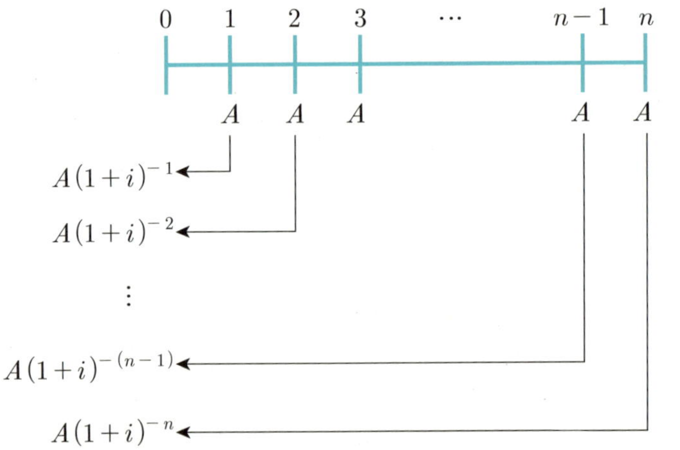

〈그림 9.12〉 각 기간 말에 이루어지는 정기적인 지불의 현재가치

식 (9.8)의 양변에 $(1+i)^{-1}$를 곱하면 식 (9.9)가 얻어진다.

$$(1+i)^{-1}P_n=A(1+i)^{-2}+A(1+i)^{-3}+\cdots+A(1+i)^{-n-1} \tag{9.9}$$

그런데 $(1+i)^{-1} = \dfrac{1}{1+i} < 1$이므로 식 (9.8)에서 식 (9.9)를 빼면 $P_n - (1+i)^{-1}P_n = A(1+i)^{-1} - A(1+i)^{-n-1}$이 성립함을 알 수 있으며, 결과적으로 다음을 구할 수 있다.

$$P_n = \frac{A(1+i)^{-1}\{1-(1+i)^{-n}\}}{1-(1+i)^{-1}} = \frac{\dfrac{A\{1-(1+i)^{-n}\}}{1+i}}{\dfrac{(1+i)-1}{(1+i)}} = \frac{A\{1-(1+i)^{-n}\}}{i}$$

결과적으로 연금의 현재가치는 다음과 같은 공식에 의해 계산된다.

연금의 현재가치(Present Value of Annuity)

n기간 동안 각 기간 말에 지급되는 연금을 A라고 하고 i를 각 기간별 복리이자율이라고 하자. 그러면 연금의 현재가치 P_n은

$$P_n = \frac{A\{1-(1+i)^{-n}\}}{i} \text{이다.} \qquad (9.10)$$

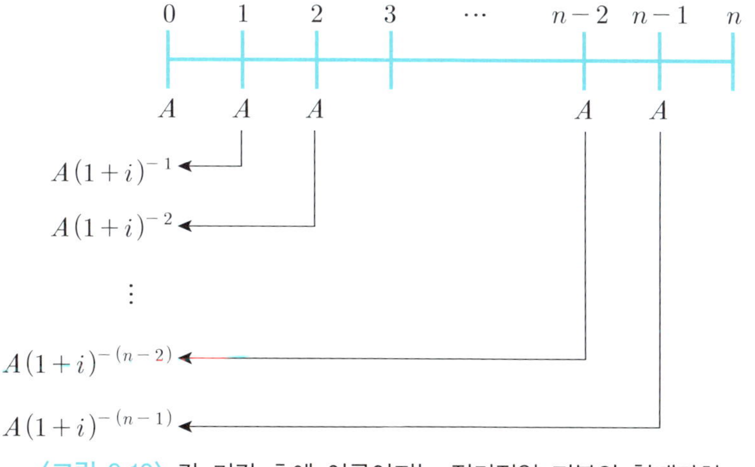

〈그림 9.13〉 각 기간 초에 이루어지는 정기적인 지불의 현재가치

이제 선불연금의 현재가치를 계산하는 방법에 대해 논의하기로 한다. 이는 연금이 지급되는 시기가 각 기간 초인 것만을 제외하고는 연금의 현재가치를 구하는 과정과 매우 유사하다.

n기간 동안 각 기간별 복리이자율 i로 각 기간 초에 A원의 연금을 받을 예정이라고 가정할 때 n기간 동안 각 기간 초에 지급될 모든 연금 A원들의 현재가치의 총액을 계산해보고자 한다. 이를 위해 먼저 〈그림 9.13〉에서와 같이 (9.2)와 비고 9.4를 이용하여 n기간 동안 각 기간 초에 지급되는 연금 A원의 현재가치를 계산한 다음 이러한 n개의 현재가치들의 합을 계산함으로써 다음과 같이 선불연금의 현재가치 $\widetilde{P}_n$를 구할 수 있다.

$$\begin{aligned}\widetilde{P}_n &= A + A(1+i)^{-1} + A(1+i)^{-2} + \cdots + A(1+i)^{-(n-1)} \\ &= \frac{A\{1-(1+i)^{-n}\}}{1-(1+i)^{-1}} = \frac{A\{1-(1+i)^{-n}\}}{\dfrac{(1+i)-1}{1+i}} = \frac{A\{1-(1+i)^{-n}\}}{i}(1+i)\end{aligned}$$

↑
(식 (9.5)에 의해)

그런데 $P_n = \dfrac{A\{1-(1+i)^{-n}\}}{i}$이기 때문에 $\widetilde{P}_n = P_n(1+i)$가 성립함을 알 수 있다.

결과적으로 선불연금의 현재가치는 다음과 같은 공식에 의해 계산된다.

선불연금의 현재가치(Present Value of Annuity Due)

n기간 동안 각 기간 초에 지급되는 연금을 A라고 하고 i를 각 기간별 복리이자율이라고 하자. 그러면 선불연금의 현재가치 $\widetilde{P}_n$는

$$\widetilde{P}_n = \frac{A\{1-(1+i)^{-n}\}}{i}(1+i) = P_n(1+i) \text{이다.} \tag{9.11}$$

예제 9.10

1) 조 상무는 20년 동안 매월 말에 1,000,000원을 받을 수 있는 연금 상품을 구매하고자 한다. 이 상품은 연이자율이 12%이고 월복리가 적용된다고 할 때 그는 이 상품을 구매하는 데 얼마를 투자해야 하는가?

풀이

이 문제는 연금의 현재가치를 구하는 문제임을 쉽게 알 수 있다. 따라서 월복리이 자율은 $i=\dfrac{0.12}{12}=0.01$, 매월 말에 지급되는 연금은 $A=1{,}000{,}000$, 총연금 지급 개월수는 $n=12\times20=240$이므로 (9.10)에 의해 연금의 현재가치 P_{240}을 계산함으로써 조 상무의 총투자금액을 계산할 수 있다. 이를 좀 더 구체적으로 설명하면 〈그림 9.14〉에서와 같이 먼저 매월 말에 지급되는 연금 1,000,000원들의 현재가치를 계산한 후 이러한 240개의 현재가치들의 합을 계산함으로써 다음과 같이 연금의 현재가치 P_{240}을 구할 수 있다.

$$P_{240}=1{,}000{,}000(1+0.01)^{-1}+1{,}000{,}000(1+0.01)^{-2}+\cdots$$
$$+1{,}000{,}000(1+0.01)^{-240}=\frac{1{,}000{,}000\{1-(1+0.01)^{-240}\}}{0.01}$$
$$=100{,}000{,}000\{1-(1.01)^{-240}\}\approx 90{,}819{,}000\text{원}.$$

↑
(식 (9.5) 또는 (9.10)에 의해)

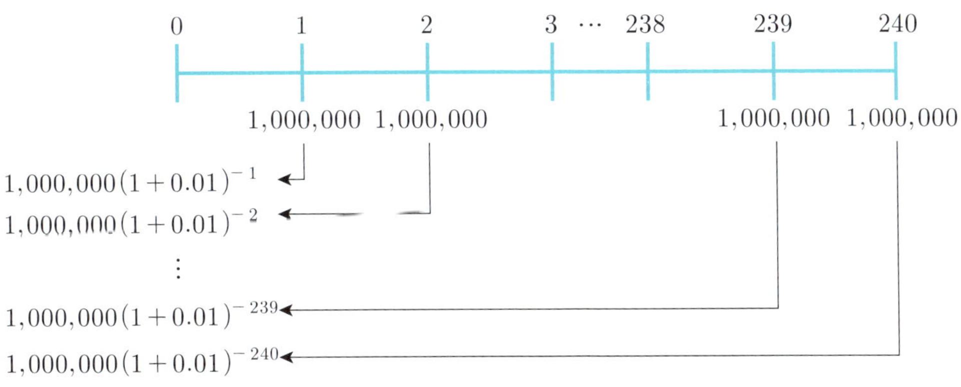

〈그림 9.14〉 매월 말에 이루어지는 정기적인 지불의 현재가치

2) 1)에서 만약 그가 20년 동안 매월 초에 1,000,000원을 받을 수 있는 연금 상품을 구매하고자 한다면 그는 이 상품을 구매하는데 얼마를 투자해야 하는가?

풀이

이 문제는 선불연금의 현재가치를 구하는 문제로써 먼저 〈그림 9.15〉에서와 같이 매월 초에 지급되는 연금 1,000,000원들의 현재가치를 계산한 후 이러한 240개의 현재가치들의 합을 다음과 같이 계산하면 선불연금의 현재가치(즉, 조 상무의 총투자금액) $\tilde{P}_{240}$을 구할 수 있다.

$$\tilde{P}_{240} = 1{,}000{,}000 + 1{,}000{,}000(1+0.01)^{-1} + \cdots + 1{,}000{,}000(1+0.01)^{-239}$$

$$= \frac{1{,}000{,}000\{1-(1+0.01)^{-240}\}}{1-(1+0.01)^{-1}}$$

↑
(식 (9.5) 또는 (9.11)에 의해)

$$= \frac{1{,}000{,}000\{1-(1.01)^{-240}\}}{0.01}(1+0.01)$$

$$\approx 90{,}819{,}000 \times 1.01 = 91{,}727{,}190\text{원}.$$

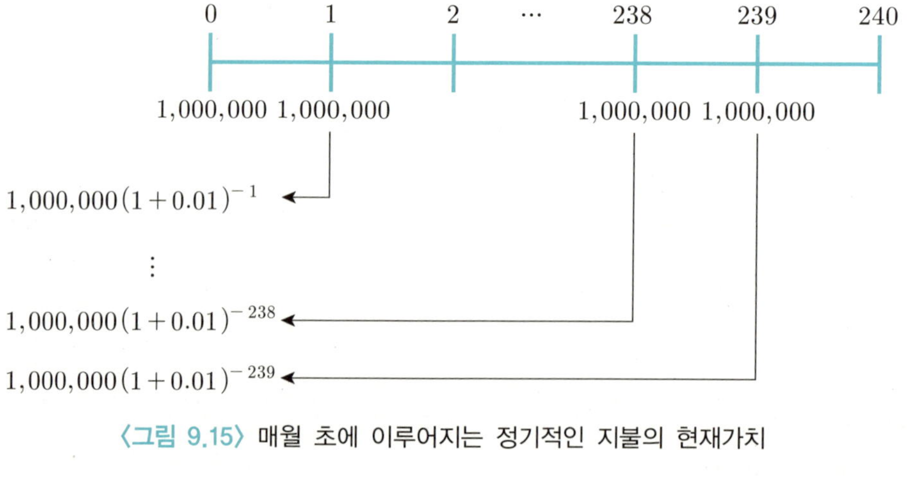

〈그림 9.15〉 매월 초에 이루어지는 정기적인 지불의 현재가치

예제 9.11

김 부장은 향후 2년 동안 매월 말에 정기적으로 지불되는 연금 상품을 구매하기 위해 10,000,000원을 투자했다고 가정하자. 만약 이 상품은 연이자율이 12%이고 월복리가 적용된다면 매월 말에 정기적으로 지불되는 금액은 얼마인가?

풀이

이 문제는 연금의 현재가치가 10,000,000원이고 연이자율이 12%이면서 월복리가 적용된다고 할 때 매월 말에 정기적으로 지불되는 연금액을 구하는 문제이다. 이제 매월 말에 정기적인 지불되는 연금액을 A원이라고 하자. 그러면 연이자율이 12%이므로 월복리이자율은 $i=\frac{0.12}{12}=0.01$이고 총연금 지급 개월수는 $n=12\times 2=24$이므로 〈그림 9.16〉에서와 같이 먼저 매월 말에 지급되는 연금 A원들의 현재가치를 계산한 후 이러한 24개의 현재가치들의 합(즉, 연금의 현재가치) P_{24}를 계산하여 $10,000,000=P_{24}$를 만족하는 A를 다음과 같이 구하면 된다.

$$10,000,000=A(1+0.01)^{-1}+A(1+0.01)^{-2}+\cdots+A(1+0.01)^{-24}$$

$$=\frac{A\{1-(1+0.01)^{-24}\}}{0.01}$$

↑
((9.10)에 의해)

$$\Rightarrow A=10,000,000\frac{0.01}{1-(1.01)^{-24}}\approx 10,000,000\times 0.04707=470,700\text{원}$$

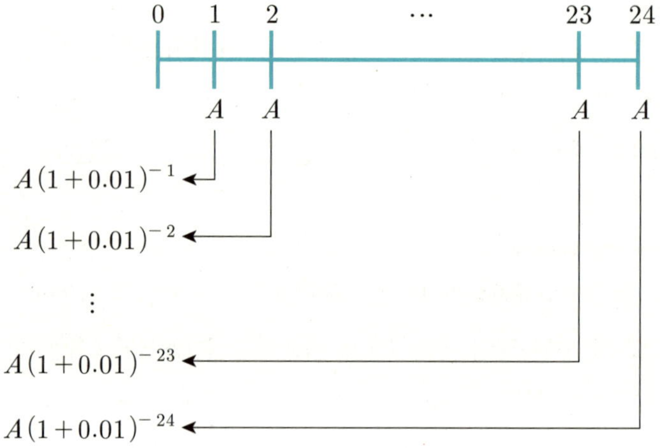

〈그림 9.16〉 매월 말에 이루어지는 정기적인 지불의 현재가치

연습문제

01. 다음 함수의 그래프를 그려라.

(1) $y=-2^{2x}$

(2) $y=2^{-2x}$

(3) $y=-3e^{2x}$

(4) $y=3e^{-2x}$

(5) $y=-\log_2 x$

(6) $y=\log_2(-x)$

(7) $y=-\ln(\frac{1}{x})$

(8) $y=\ln(\frac{e^x}{x})$

(9) $y=e^x+e^{-x}$

(10) $y=\frac{\ln x}{x}$

(11) $y=\frac{1}{1+e^{-x}}$

(12) $y=\frac{1}{\sqrt{2\pi}}e^{-\frac{x^2}{2}}$

02. 다음을 계산하라.

(1) $\log_2 16$

(2) $\log_3 81$

(3) $\log_9 3$

(4) $\log_4(\frac{1}{4})$

(5) $\log_{10} 6$

(6) $\log_{12} 10$

03. 다음의 방정식을 지수 형태로 변환하여 풀어라.

(1) $\log_2 x=5$

(2) $\log_3 x=-1$

(3) $\log_4(2x+3)=1$

(4) $\log_5(1-2x)=2$

04. 다음 함수의 도함수를 구하라.

(1) $f(x)=e^{-3x^2}$

(2) $f(x)=\frac{2x+1}{e^{-x}}$

(3) $f(x)=\ln\{x^2(3-4x)\}$

(4) $f(x)=\ln(\frac{1-3x}{2x+1})$

(5) $f(x)=\frac{\ln(x+1)}{e^{2x}}$

(6) $f(x)=(x+1)^{\ln x}$

(7) $f(x)=\log_2(x+e^{-x})$

(8) $f(x)=2^{-x+\ln x}$

05. 제7장에서 논의된 로피탈의 정리를 사용하여 다음의 극한을 구하라.

(1) $\lim_{x\to+\infty}\frac{e^{3x}}{2x}$

(2) $\lim_{x\to+\infty}\frac{\sqrt{x+1}}{e^x+1}$

(3) $\lim_{x\to+\infty}\frac{\sqrt{x+1}}{\ln x+1}$

(4) $\lim_{x\to+\infty}\frac{(\ln x)^2}{x}$

(5) $\lim_{x\to0}\frac{1-e^x}{x(1+e^{-x})}$

(6) $\lim_{x\to0}\frac{x+\ln(x+1)}{1-e^{-3x}}$

(7) $\lim_{x\to1}\frac{\ln x}{1-e^{5x-5}}$

(8) $\lim_{x\to1}\frac{x-1}{\ln x}$

(9) $\lim_{x\to-\infty}\frac{e^{-(2x+1)}}{x+5}$

(10) $\lim_{x\to-\infty}\frac{\ln(x^2+1)}{x^2+5}$

(11) $\lim_{x\to+\infty}e^{-5x}\ln(2x+1)$

(12) $\lim_{x\to+\infty}\frac{x}{(1+x)^{3x}}$

06. 20,000,000원을 2.5%의 연이자율이 제공되는 상품에 투자했다고 하자.

(1) 만약 이자가 분기복리(compounded quarterly)라면 3년 후의 원리금은 얼마인가?

(2) 만약 이자가 연속복리라면 3년 후의 원리금은 얼마인가?

07. 지금으로부터 5년 후에 50,000,000원이 필요하다고 가정하자. 이 자금을 마련하기 위해 연이자율이 3%이고 분기복리가 적용되는 상품에 돈을 투자한다면 얼마를 투자해야 하는가?

08. 연복리이자율이 5%인 상품에 5,000,000원을 투자할 예정이라고 할 때 투자금이 두배가 되기 위해서는 얼마동안 상품에 투자해야 하는가?

09. 김 선생님은 분기복리이자율이 8%인 적금상품에 2년 동안 매분기 말에 1,000,000원을 적금할 예정이라고 한다. 3년 말에 그의 적금 잔고는 얼마인가?

10. 김 선생님은 분기복리이자율이 8%인 적금상품에 2년 동안 매분기 초에 1,000,000원을 적금할 예정이라고 한다. 3년 말에 그의 적금 잔고는 얼마인가?

11. 은행이 6%의 연복리이자율을 제공하는 예금상품을 판매한다고 하자. 향후 5년 동안 매년 말에 5,000,000원을 받기 위해서는 지금 얼마를 예금해야 하는가?

12. 은행이 6%의 연복리이자율을 제공하는 예금상품을 판매한다고 하자. 향후 5년 동안 매년 초에 5,000,000원을 받기 위해서는 지금 얼마를 예금해야 하는가?

13. 이 여사님은 향후 5년 동안 매년 말에 정기적으로 지불되는 연금 상품을 구매하기 위해 20,000,000원을 투자했다고 가정하자. 만약 이 상품의 연복리이자율이 5%라면 매년 말에 정기적으로 지불되는 금액은 얼마인가?

찾아보기

| 자자약력 |

조 건 전남대학교 수학과에서 이학사(1983), 서울대학교 수학과에서 이학석사(1986), 퍼듀대학교 산업공학과에서 공학박사(1994)를 취득하였다. 1996년도부터 전남대학교 경영학부 교수로 재직 중이며, 경영수학, 생산운영관리, 공급사슬관리, 경영의사결정론 등을 강의하고 있다. 2012년도에는 전남대학교 경영전문대학원 원장을 역임하였다.

김재윤 전남대학교 산업공학과에서 공학사(1995), 공학석사(1997), 공학박사(2001)를 취득하였다. 전남대학교 경영학부 교수로 2004년부터 재직 중이며, 경영수학, 생산운영관리, 의사결정론 등을 강의하고 있다. 전남대학교 경영대학 부학장과 한국연구재단 인문사회연구본부 사회과학단 전문위원을 역임하였다.

경영수학 –기본과 핵심–

2019년 8월 25일 1판 1쇄 발행
2022년 2월 25일 1판 2쇄 발행

저 자 | 조 건 · 김재윤
발행인 | 이수영
발행처 | 도서출판 청람
서울시 마포구 독막로 288(대흥동, 세양상가 109호)
전 화 | 02)3272-2601~2
팩 스 | 02)3272-2603
E-mail | crbooks@daum.net
홈페이지 | http://www.crbooks.co.kr
등 록 | 2000년 8월 26일 제6-0509호

ISBN 978-89-5972-717-9 93320 [정가 20,000원]